D1541817

ITALIAN FIRST YEAR

Angelo Gimondo

Adjunct Associate Professor
Long Island University, New York

When ordering this book, please specify:
either **R 164 W** or ITALIAN FIRST YEAR/WORKBOOK EDITION

AMSCO SCHOOL PUBLICATIONS, INC.
315 Hudson Street / New York, N.Y. 10013

ISBN 0-87720-593-0

Printed in the United States of America

PREFACE

Italian First Year/Workbook Edition equips the student of Italian with a useful tool for mastering the fundamentals of the Italian language. After the teacher of a Level I class has presented a topic audiolingually, he or she can refer students to this workbook. As the students use the book, the teacher can be confident that the task of reinforcing learning will be done thoroughly, logically, and—most important—interestingly, first by clear and concise explanations and then by an abundant variety of exercises.

To promote easier use of the book and to provide greater flexibility for individual teachers, we have organized the text into convenient units: Verbs, Grammatical Structures, Idioms, Vocabulary, and Civilization. Each lesson treats a specific topic to be mastered and then offers an abundance of drills to ensure mastery. Medial review lessons and mastery exercises afford more comprehensive testing. Two of the lessons have been classified as Optional because, although some teachers may want to include them, they are not part of the usual offering of a first-year course.

The section on vocabulary building, consisting of antonyms, synonyms, and useful topical vocabularies, presents each lesson as an individual unit. Besides providing more freedom for the individual teacher, this arrangement lends itself quite well to independent study and individualized instruction.

Since no meaningful language study can take place without an understanding of the culture of the people who speak the language, the unit on civilization provides information on the major facets of Italian culture.

To help develop listening and reading skills, we have included various types of auditory comprehension exercises and passages for reading comprehension. In order to keep interest at a high level, the auditory and reading selections, often amusing, are geared to the interests of teenagers.

Since a workbook of this type permits students to write answers on the same page as the corresponding questions, there is no need for a separate notebook. Pages of the workbook are perforated so that they can be removed and handed in to the teacher for correction. Drilled holes in the pages permit students to keep completed work in their looseleaf notebooks.

With its unique organization and rich variety of material, *Italian First Year/Workbook Edition* should serve as a valuable aid to the teacher as well as the student.

Note. At one time only the grave accent (ˋ) was used in Italian for words with accented final vowels or to distinguish between words having the same form but different meanings. Today, however, the acute accent (ˊ) is sometimes used on accented final *i*, *u*, and close *e*. Since many Italian writers still use only the grave accent, and since it is simpler for beginning students of the language, we have used only the grave accent in this book.

CONTENTS

Part I. Verbs: Structure and Usage

Part II. Other Grammatical Structures

Part III.   Idiomatic Expressions

Part IV.   Vocabulary Study

Part V.   Civilization

Part I. Verbs: Structure and Usage

1. Present Tense of Regular *-ARE* Verbs: Affirmative

parl*are,* to speak, to talk
io parlo: *I speak, I am speaking, I do speak*

Singular	Plural
io parl*o*	noi parl*iamo*
tu parl*i*	voi parl*ate*
Lei parl*a*	Loro parl*ano*
egli, lui, esso parl*a*	essi, loro parl*ano*
ella, lei, essa parl*a*	esse, loro parl*ano*

Note

1. The personal endings of the present tense of the **-are** verbs are: **-o, -i, -a, -iamo, -ate, -ano.**

2. In Italian, there are four pronouns meaning *you*: **tu, voi, Lei, Loro.** Tu (*you*, singular) is the familiar form used to address a child, a member of the family, or a close friend. **Voi** (*you*, plural) is the familiar form used in addressing several members of the family, a group of friends, or a meeting of business associates. **Voi** is also used in audience situations. In other situations, the more formal and polite terms **Lei** (*you*, singular) and **Loro** (*you*, plural) are generally used. Both **Lei** and **Loro** are usually spelled with initial capitals, and appear capitalized in this text. The capitalization will help the student to distinguish these forms from other forms similarly spelled.

3. In conversational Italian, the pronouns *he, she,* and *they* are generally expressed by **lui** (*he*), **lei** or **essa** (*she*), and **loro** (*they,* masculine and feminine). In written Italian, the preferred forms are **egli** (*he*), **ella** (*she*), **essi** (*they,* masculine), and **esse** (*they,* feminine).

4. Subject pronouns are frequently omitted in Italian unless they are necessary for clarity, emphasis, or contrast. The pronouns *it* (**esso**, masculine, and **essa**, feminine) and *they* (**essi**, masculine, and **esse**, feminine), referring to animals or things, are generally omitted in Italian.

   In this text, the subject pronouns are used extensively in order to help the student establish the relationship between a verb's personal endings and the subject pronouns.

Parlo sempre francese con il signor Fournier.	I always speak French with Mr. Fournier.
But:	
Egli parla francese, non io.	*He* speaks French, not I.

1

Quando comincia la partita?	When does the game begin?
Comincia alle sette.	It begins at seven o'clock.
I quadri sono belli. Quanto costano?	The paintings are beautiful. How much are they?

5. In combining two or more nouns of different genders, the masculine form **essi** or **loro** is used.

La madre ed *il padre* di Giorgio abitano qui?	Do George's mother and father live here?
Sì, *essi* abitano qui.	Yes, they live here.

SOME COMMON *-ARE* VERBS

abitare, to live, reside
arrivare, to arrive
ascoltare, to listen
ballare, to dance
cancellare, to erase
cantare, to sing
comprare, to buy
contare, to count

desiderare, to desire, want
lavorare, to work
parlare, to speak, talk
passare, to pass, spend (time)
pattinare, to skate
pensare, to think
piantare, to plant
portare, to take, carry, wear (clothing)

pranzare, to dine
raccontare, to tell
salutare, to greet
sposare, to marry
suonare, to sound, play (a musical instrument), ring
visitare, to visit

EXERCISES

A. Underline the correct subject pronoun, and then translate the sentence into English:

1. (Esse, Egli, Tu) lavora dieci ore al giorno. _____

    _____

2. (Voi, Noi, Essi) pranzano spesso con noi. _____

    _____

3. (Lei, Tu, Esse) balli molto bene. _____

    _____

4. (Io, Noi, Loro) cancellano gli sbagli. _____

    _____

5. (Essi, Tu, Voi) arrivate in orario. _____

    _____

6. (Io, Essi, Lei) abito a Milano. _____

    _____

7. (Loro, Voi, Essa) comprano il pane. _____

    _____

8. (Noi, Ella, Tu) desidera cantare con noi. _____

    _____

9. (Lui, Essa, Esse) domandano quando arriva il treno. _____

10. (Noi, Lei, Loro) visitiamo spesso il museo. _____

B. Complete each sentence by supplying the correct form of the present tense of the verb in parentheses:

1. (comprare)   Maria _____ la rivista italiana.

2. (ballare)   Noi _____ ogni settimana.

3. (cancellare)   Io _____ lo sbaglio.

4. (lavorare)   Tu e Marisa _____ poco.

5. (cantare)   Mio cugino _____ molto bene.

6. (parlare)   Tu _____ italiano abbastanza bene.

7. (salutare)   Giorgio _____ il professore.

8. (piantare)   Oggi essi _____ dei fiori nel giardino.

9. (pensare)   Mio fratello ed io _____ di giocare al calcio.

10. (raccontare)   I nonni _____ molte belle favole.

C. Change the subject and the verb to the plural:

1. Tu arrivi sempre tardi.   _____ sempre tardi.

2. Ella parla inglese male.   _____ inglese male.

3. Egli balla con la cugina.   _____ con le cugine.

4. Io pattino quando fa freddo.   _____ quando fa freddo.

5. Lei compra troppi regali.   _____ troppi regali.

D. Replace the subject nouns by pronouns:

1. Pierino conta in italiano.   _____ conta in italiano.

2. Maria porta un vestito rosso.   _____ porta un vestito rosso.

3. Gisella e Roberto pattinano oggi.   _____ pattinano oggi.

4. I ragazzi trovano molte cose.   _____ trovano molte cose.

5. La radio suona troppo forte.   _____ suona troppo forte.

6. Le due signorine cantano in francese.   _____ cantano in francese.

7. Lo zio e la zia pranzano nel giardino.   _____ pranzano nel giardino.

8. Il treno passa alle nove.   _____ passa alle nove.

9. La famiglia lavora otto ore al giorno.   _____ lavora otto ore al giorno.

10. Tu e Maria parlate troppo.   _____ parlate troppo.

E. Translate the Italian verb into English in *three* ways:

1. Il coltello taglia la carne.

The knife _____ the meat.

2. Noi viaggiamo in molti paesi.

We _____ in many countries.

3. I signori desiderano il conto.

The gentlemen _____ the bill.

4. Voi ascoltate con attenzione.

You _____ attentively.

5. Essa ascolta la radio.

She _____ to the radio.

F. Underline the correct form of the verb. Then translate each sentence into English:

1. Essi (portano, porta, portate) la cravatta verde. _____

_____

2. Voi (arrivo, arriviamo, arrivate) sempre insieme. _____

_____

3. Noi (suoniamo, suonano, suonate) in un'orchestra famosa. _____

_____

4. Io (visita, visito, visitate) la nonna ogni domenica. _____

_____

5. L'autobus (passi, passa, passano) per questa strada. _____

_____

6. Le ragazze (ballate, ballano, balla) una danza moderna. _____

_____

7. Tu (conta, conti, contate) i giorni. _____

_____

8. Il bambino (cancella, cancello, cancelli) lo sbaglio. _____

_____

9. Loro (desideri, desiderate, desiderano) pranzare subito. _____

_____

10. Lui (ascolta, ascoltiamo, ascolto) la musica. _____

_____

G. Rewrite each sentence using the subjects indicated:

1. Mia madre lavora troppo.   (Voi, Essi)

---

2. Noi desideriamo pattinare. (Tu, Filippo)

---

3. Essa canta una canzone italiana. (Io, I ragazzi)

---

4. Io suono il pianoforte. (Noi, Lui)

---

5. Voi portate dei fiori. (Tu, Loro)

H. Complete the Italian sentences:

1. John lives in the city. Giovanni _ _ _ _ _ _ _ _ _ _ _ _ _ _ _ _ _ _ _ in città.

2. We are taking the flowers to the hospital. _ _ _ _ _ _ _ _ _ _ _ _ _ _ _ _ _ _ i fiori all'ospedale.

3. He does travel often by plane. _ _ _ _ _ _ _ _ _ _ _ _ _ _ _ _ _ _ spesso in aereo.

4. I always listen to my father. _ _ _ _ _ _ _ _ _ _ _ _ _ _ _ _ _ _ sempre mio padre.

5. They are buying meat and vegetables. _ _ _ _ _ _ _ _ _ _ _ _ _ _ _ _ _ _ della carne e degli ortaggi.

6. I do want to buy that record. _ _ _ _ _ _ _ _ _ _ _ _ _ _ _ _ _ _ comprare quel disco.

7. We are thinking of spending one month in Rome. _ _ _ _ _ _ _ _ _ _ _ _ _ _ _ _ _ _ di passare un mese a Roma.

8. Paul and Albert work too much. Paolo ed Alberto _ _ _ _ _ _ _ _ _ _ _ _ _ _ _ _ troppo.

9. You and Sylvia do dance well together. Tu e Silvia _ _ _ _ _ _ _ _ _ _ _ _ _ _ bene insieme.

10. Here are Louise and Carl. They sing at the Metropolitan. Ecco Gina e Carlo. _ _ _ _ _ _ _ _ _ _ _ _ _ _ al Metropolitan.

2. Present Tense of Regular -*ARE* Verbs: Interrogative, Negative, and Negative Interrogative

INTERROGATIVE

Are you working too hard? Do you work too hard?

> *a.* Lavora Lei troppo?
> *Or:*
> *b.* Lavora troppo Lei?
> *Or:*
> *c.* Lei lavora troppo?

Note

In Italian a question is formed by:

a. placing the subject after the verb, or
b. placing the subject at the end, if the sentence is short, or
c. using a statement and changing the inflection of the voice.

NEGATIVE

He is not working today. He does not work today.

> Egli non lavora oggi.

NEGATIVE INTERROGATIVE

Is he not working today? Does he not work today?

> *a.* Non lavora egli oggi?
> *Or:*
> *b.* Non lavora oggi egli?
> *Or:*
> *c.* Egli non lavora oggi?

Note

A verb is usually made negative in Italian by placing **non** directly in front of it.

But:

If the verb is preceded by an object pronoun, **non** is placed before the pronoun and not directly before the verb.

Non lo compro spesso.	I don't buy it often.
Non la vedi più?	Don't you see her any longer?

OTHER COMMON *-ARE* VERBS

aiutare, to help
amare, to love
aspettare, to wait
camminare, to walk
cenare, to have supper
chiamare, to call
costare, to cost
cucinare, to cook
dimenticare, to forget

entrare, to enter
guardare, to look, look at, watch
imparare, to learn
incontrare, to meet
indossare, to wear, put on (clothing)
insegnare, to teach
lavare, to wash

mandare, to send
mostrare, to show
nuotare, to swim
prestare, to lend
rimproverare, to scold
rispettare, to respect
sperare, to hope
volare, to fly

EXERCISES

A. Translate into English in two ways:

1. Aiuta Lei gli amici?

   ----

2. Tu impari il tedesco?

   ----

3. Lei non insegna la matematica?

   ----

4. Entrate presto voi?

   ----

5. Noi nuotiamo oggi?

   ----

6. Aspettano essi il treno?

   ----

7. Non ceniamo adesso?

   ----

8. Io cammino molto?

   ----

9. Che indossi tu stasera?

----

10. Non volate con l'Alitalia voi?

B. Complete each sentence by using the present tense of the verb in parentheses:

1. (cucinare) Chi _____ il pranzo oggi?

2. (lavare) Non _____ i piatti Diana e Lisa?

3. (nuotare) Noi non _____ tanto.

4. (rimproverare) _____ Lei gli alunni cattivi?

5. (sperare) _____ Loro di arrivare in tempo?

6. (rispettare) Io _____ i genitori.

7. (indossare) _____ tu il vestito rosso oggi?

8. (guardare) Che programma _____ voi alla televisione?

9. (mandare) Lui _____ molte lettere a Gina?

10. (prestare) Noi non _____ mai i libri.

C. Change the following statements to questions in three ways:

1. Lei lavora con Giorgio.

----

2. Essi amano molto la patria.

----

3. Voi guardate l'album di fotografie.

----

4. Tu impari presto l'italiano.

----

5. Loro non abitano lontano.

_____

_____

_____

D. Change the following sentences to the negative:

1. Elena porta l'impermeabile giallo. _____

_____

2. Maria pattina con Luisa. _____

_____

3. Pensiamo d'andare al giardino pubblico. _____

_____

4. Elvira canta bene stasera. _____

_____

5. Cammino in fretta. _____

_____

E. Complete each sentence with the correct form of the verb in italics:

1. Io *aspetto* l'autobus. Anche Aldo _____ l'autobus.

_____ tu l'autobus?

2. Egli *ama* la città. _____ voi la città? No, noi non

_____ la città.

3. Chi *entra* nel salotto? Una bambina _____ nel salotto. Perchè

_____ Lei nel salotto?

4. L'uccello *vola*. Dove _____ esso? Io desidero

_____.

5. Io *imparo* la lezione d'italiano. _____ Loro la lezione d'italiano?

Noi non _____ la lezione d'italiano.

F. *Progressive Substitution.* This drill begins with a complete Italian sentence. As you complete each of the following sentences, substitute the new word or words given. Use as much of the preceding sentences as possible.

For example, begin with this sentence: Egli insegna bene.

INCOMPLETE SENTENCES	COMPLETED SENTENCES
_____ insegniamo _____.	*Noi* insegniamo *bene*.
_____ ballate _____.	*Voi* ballate *bene*.
Loro _____.	Loro *ballano bene*.

Presta Lei l'orologio?

1. _____ essa _____?

2. Compra _____?

3. _____ essi _____?

4. Portano _____?

5. _____ voi _____?

6. _____ lui _____?

7. Porti _____?

8. _____ noi _____?

9. Guardiamo _____?

10. _____ voi _____?

G. Answer the following questions in the affirmative:

1. Parlate italiano voi? Sì, noi _____.

2. Balla Lei spesso? Sì, io _____.

3. Cantano Loro nella classe d'italiano? Sì, noi _____.

4. Ascolta Lei la radio ogni giorno? Sì, io _____.

5. Rispettate voi i professori? Sì, noi _____.

6. Desidera abitare in Italia Lei? Sì, io _____.

7. Ama la Sua famiglia la campagna? Sì, la mia _____.

H. Answer the following questions in the negative:

1. Desidera pranzare Lei? No, io _____.

2. Taglia lui il pane? No, lui _____.

3. Cucino bene io? No, tu _____.

4. Abitano Loro a Firenze? No, noi _____.

5. Nuota Lei quando fa freddo? No, io _____.

6. Parlano esse russo? No, esse _____.

7. Lavori tu ogni giorno? No, io _____.

I. Complete the Italian sentences:

1. I do not lend my records.   _____ i miei dischi.

2. Isn't she waiting in the office?   _____ nell'ufficio.

3. We do not walk in the park at night.   _____ nel parco di notte.

4. Who is bringing the cake?   Chi _____ la torta?

5. Are you learning a new song?   _____ voi una nuova canzone?

6. Don't I swim well? Yes, you do.   _____ bene? Sì, nuoti bene.

7. Do they still live in Naples?   _____ ancora a Napoli?

8. Why don't you leave your coat here?   Perchè _____ Lei il cappotto qui?

9. Isn't he entering the house?   _____ nella casa?

10. We are washing all the windows.   _____ tutte le finestre.

Remains of an ancient temple in the Roman Forum.

3. Present Tense of Regular -*ERE* Verbs

vend*ere*, to sell

AFFIRMATIVE

io vendo: *I sell, I am selling, I do sell*

io vend*o*	noi vend*iamo*
tu vend*i*	voi vend*ete*
Lei vend*e*	Loro vend*ono*
egli, lui, esso vend*e*	essi, loro vend*ono*
ella, lei, essa vend*e*	esse, loro vend*ono*

INTERROGATIVE

vendo io? *am I selling? do I sell?*

vendo io?	vendiamo noi?
vendi tu?	vendete voi?
vende Lei?	vendono Loro?
vende egli (essa, etc.)	vendono essi (esse, etc.)

NEGATIVE

io non vendo:
I am not selling, I do not sell

NEGATIVE INTERROGATIVE

non vendo io?
am I not selling? do I not sell?

io non vendo	non vendo io?
tu non vendi	non vendi tu?
Lei non vende	non vende Lei?
egli (etc.) non vende	non vende egli (etc.)?
noi non vendiamo	non vendiamo noi?
voi non vendete	non vendete voi?
Loro non vendono	non vendono Loro?
essi (etc.) non vendono	non vendono essi (etc.)?

Note

1. The personal endings of the present tense of **-ere** verbs are: **-o, -i, -e, -iamo, -ete, -ono.**

2. The number of regular **-ere** verbs is small.

SOME COMMON *-ERE* VERBS WITH REGULAR PRESENT TENSE FORMS

battere, to hit, beat, knock
chiedere, to ask
chiudere, to close
conoscere, to know,
   be acquainted with
correre, to run
credere, to believe
dividere, to share, divide

godere, to enjoy
leggere, to read
mettere, to put
perdere, to lose
piangere, to cry
prendere, to take
promettere, to promise
ricevere, to receive

ripetere, to repeat
risolvere, to solve
rispondere, to reply, answer
scrivere, to write
temere, to fear
vendere, to sell
vivere, to live

EXERCISES

A. Complete the sentences by adding the present tense of the verb indicated in parentheses. Then translate each sentence into English:

1. (ripetere)   Io _____ la frase.

    _____

2. (correre)   I ragazzi _____ nel giardino.

    _____

3. (credere)   Egli non _____ a nessuno.

    _____

4. (leggere)   Voi _____ il giornale italiano?

    _____

5. (piangere)   Il bambino _____ sempre.

    _____

6. (ricevere)   Noi _____ molte lettere.

    _____

7. (ridere)   Perchè _____ sempre tu?

    _____

8. (prendere)   A che ora _____ Carlo il treno?

    _____

9. (rispondere)   Essi non _____ in inglese.

    _____

10. (scrivere)   Renato ed io _____ gli esercizi.

    _____

11. (ridere)   Elsa e Stella _____ spesso.

    _____

12. (chiudere)   Chi _____ la porta?

    _____

13. (vivere)   Il signor Morani _____ come un re.

_____

14. (vedere)   Che _____ voi qui?

_____

15. (promettere) Noi _____ di fare i compiti.

_____

B. Change the subject and verb to the plural:

1. Egli vende frutta e verdura.   _____ frutta e verdura.

2. Io divido le caramelle.   _____ le caramelle.

3. Essa ripete le parole   _____ le parole
   lentamente.   lentamente.

4. Tu perdi molto tempo.   _____ molto tempo.

5. Lei promette di studiare   _____ di studiare tutti
   tutti i giorni?   i giorni?

C. Underline the correct verb form:

1. Noi non (credono, crediamo, credete) la notizia.
2. Esse (perdi, perdiamo, perdono) sempre le chiavi.
3. Loro (prendete, prendo, prendono) il treno per Venezia?
4. Egli (mette, metto, mettono) i soldi in tasca.
5. Voi non (ripetono, ripetiamo, ripetete) ad alta voce.
6. Perchè (piangete, piange, piango) la ragazza?
7. Lei (temono, temiamo, teme) il mio cane?
8. Elsa non (rispondo, rispondi, risponde) mai bene.
9. Io (scrivono, scrivo, scrivi) una lettera alla nonna.
10. Tu (legge, leggo, leggi) molto bene l'italiano.

D. Rewrite the sentences using each of the subjects indicated:

1. Le alunne scrivono le frasi.   (Umberto, Mario e Pietro, Io)

_____

_____

_____

2. Dove metti tu il cappotto?   (Lei, noi, Loro)

_____

_____

_____

3. Essa scrive con il gesso.   (L'alunno, Le ragazze, Noi)

_____

_____

_____

4. Io prendo il caffè espresso. (Franco, I signori, Lei)

----

5. Sergio vede l'amico del nonno. (Essi, Tu, Voi)

E. Complete the Italian sentences:

1. The children are running through the field. I bambini _____ per il campo.

2. I am always losing my umbrella. Io _____ sempre l'ombrello.

3. Don't you sell stamps here? _____ Loro francobolli qui?

4. I receive many gifts from my friends. _____ molti regali dai miei amici.

5. Who sees the error in the word? Chi _____ l'errore nella parola?

F. Complete the Italian sentences:

1. My brother is beating the rug. Mio fratello _____ il tappeto.

2. They often do ask about you. Loro _____ spesso di te.

3. We enjoy good health. Noi _____ buona salute.

4. Aren't you solving the problem? _____ voi il problema?

5. We believe in democracy. Noi _____ nella democrazia.

6. He doesn't fear anything. Lui _____ nulla.

7. Don't I always answer your questions? _____ sempre alle tue domande?

8. Do they receive much mail from Italy? _____ molta posta dall'Italia?

9. The guard is closing the doors. La guardia _____ le porte.

10. Paul promises to write more often. Paolo _____ di scrivere più spesso.

G. Answer the following questions in Italian affirmatively or negatively, as indicated:

1. Conosce Lei il signor Rossi? No, io _____

---.

2. Leggono Loro molti libri nell'estate? Sì, noi _____

   _____

3. Riceve Lei molte lettere dall'Italia? No, io _____

   _____ .

4. Crede Lei nel progresso? Sì, io _____

   _____ .

5. Rispondono Loro in inglese? No, noi _____

   _____ .

6. Prende Lei l'autobus ogni giorno? Sì, io _____

   _____ .

7. Chiudi tu tutte le finestre? Si, io _____

   _____ .

8. Mette Lei il latte nel frigorifero? Sì, io _____

   _____ .

9. Vede lui bene senza occhiali? No, lui _____

   _____ .

10. Perde Lei molte cose? No, io _____

    _____ .

4. Present Tense of Regular -*IRE* Verbs

There are two types of -**ire** verbs. One type follows the pattern of **aprire** and the other that of **capire**. However, the present tense endings of both types are the same. The only difference between the two types is that verbs like **capire** add -**isc** before the ending in all persons except **noi** and **voi**.

The present tense of **aprire** and **capire** follows:

apr*ire*, to open

AFFIRMATIVE

io apro: *I open, I am opening, I do open*

io apr*o*	noi apr*iamo*
tu apr*i*	voi apr*ite*
Lei apr*e*	Loro apr*ono*
egli, lui, esso apr*e*	essi, loro apr*ono*
ella, lei, essa apr*e*	esse, loro apr*ono*

INTERROGATIVE

apro io? *am I opening? do I open?*

apro io?	apriamo noi?
apri tu?	aprite voi?
apre Lei?	aprono Loro?
apre egli (etc.)?	aprono essi (etc.)?

cap*ire*, to understand

AFFIRMATIVE

io capisco: *I understand, I am understanding, I do understand*

io cap*isco*	noi cap*iamo*
tu cap*isci*	voi cap*ite*
Lei cap*isce*	Loro cap*iscono*
egli, lui, esso cap*isce*	essi, loro cap*iscono*
ella, lei, essa cap*isce*	esse, loro cap*iscono*

Note

1. The personal endings of the present tense of -**ire** verbs are: -**o**, -**i**, -**e**, -**iamo**, -**ite**, -**ono**.

2. Most -**ire** verbs follow the pattern of **capire**.

3. The -**ire** verbs form the negative and negative interrogative in the same manner as -**are** and -**ere** verbs.

17

<table>
<tr><td align="center">NEGATIVE</td><td align="center">NEGATIVE INTERROGATIVE</td></tr>
<tr><td align="center">**io non apro:**</td><td align="center">**non apro io?**</td></tr>
<tr><td align="center">*I am not opening, I do not open*</td><td align="center">*am I not opening? do I not open?*</td></tr>
</table>

io non apro
noi non apriamo
essi non aprono

io non capisco
noi non capiamo
essi non capiscono

non apro io?
non apriamo noi?
non aprono essi?

non capisco io?
non capiamo noi?
non capiscono essi?

SOME COMMON *-IRE* VERBS FOLLOWING THE PATTERN OF *APRIRE*

bollire, to boil   **offrire,** to offer   **sentire,** to hear, feel
dormire, to sleep   **partire,** to leave, depart   **servire,** to serve

SOME COMMON *-IRE* VERBS FOLLOWING THE PATTERN OF *CAPIRE*

costruire, to build   **obbedire,** to obey   **pulire,** to clean
finire, to finish, end   **preferire,** to prefer   **spedire,** to send, mail

EXERCISES

A. Complete the sentences by supplying the correct form of the present tense of the verb in parentheses. Then translate the sentences into English:

1. (aprire)   I ragazzi _____ le finestre.

   _____

2. (capire)   Io non _____ la ragione.

   _____

3. (partire)   I signori Bonaldi _____ oggi da Roma.

   _____

4. (sentire)   _____ voi il tuono?

   _____

5. (finire)   Oggi noi _____ la prima lezione.

   _____

6. (pulire)   Mia cugina _____ la cucina.

   _____

7. (dormire)   Non _____ troppo tu?

   _____

8. (obbedire)   I bambini _____ sempre ai loro genitori.

   _____

9. (servire)   Il cameriere _____ il caffè.

10. (bollire)   Mamma _____ l'acqua per il tè.

11. (capire)   Non _____ voi il francese?

12. (costruire) Essi _____ un ospedale nuovo.

13. (spedire)   Io _____ un pacco alla mia nonna.

14. (offrire)   Aldo _____ il gelato a sua sorella.

15. (preferire) _____ Lei vedere un altro programma?

B. Supply a suitable subject pronoun. Then translate each sentence into English:

1. _____ capisce tutto adesso?

2. _____ puliscono la tavola presto.

3. Apri _____ la finestra o la porta?

4. Di solito _____ dorme otto ore.

5. _____ serviamo la colazione oggi.

6. Preferisce _____ il caffè o il tè?

7. A che ora finite _____ il lavoro?

8. Non offri _____ niente a Bruno?

9. _____ non sento bene la radio.

10. Capite _____ il proverbio?

C. Rewrite the sentences using each of the subjects indicated:

1. Riccardo e Gino finiscono i compiti.   (Io, Noi, Egli)

   ----

2. Non capisce Lei la regola?   (tu, voi, essi)

   ----

3. Essa non parte adesso.   (Loro, Noi, Io)

   ----

4. Noi serviamo il tè con i biscotti.   (Io, Essa, Esse)

   ----

5. Perchè spedisce Lei un telegramma?   (tu, Loro, voi)

D. Change the following sentences to the negative:

1. Mio cugino pulisce le finestre. --

   ----

2. Egli obbedisce a tutte alle regole. ------------------------------------

   ----

3. Essi costruiscono un nuovo ponte. -----------------------------------

   ----

4. Senti una voce lì fuori? ---

   ----

5. Noi dormiamo senza coperte. ---------------------------------------

   ----

E. Complete the Italian sentences:

1. Are they building a large house?   ------------------------------ una casa grande?

2. The man is opening his suitcase. L'uomo _____ la valigia.

3. I prefer to read the newspaper. _____ leggere il giornale.

4. We are not leaving for Rome now. _____ per Roma adesso.

5. Do you understand the problem? _____ tu il problema?

F. Write the appropriate form of the present tense for the verbs in parentheses:

1. (offrire) Giorgio _____ una sigaretta al signor Russo.

2. (capire) Noi non _____ la musica moderna.

3. (partire) I signori inglesi _____ per l'Inghilterra.

4. (preferire) Io _____ ballare con Carla.

5. (servire) Che _____ Lei con il tè?

6. (finire) Voi non _____ mai la colazione.

7. (spedire) Dove _____ Loro le lettere?

8. (pulire) Perchè non _____ la tua stanza?

9. (sentire) Lui non _____ nessun dolore.

10. (costruire) Essi _____ un'autostrada moderna.

G. Change the following statements into questions:

1. Tu obbedisci a tutte le leggi. _____

2. Loro partono in questo momento. _____

3. Ella non sente il campanello. _____

4. Lei finisce sempre prima di tutti. _____

5. Essi non spediscono il messaggio. _____

H. Change the following sentences to the negative:

1. Io capisco bene la tua spiegazione. _____

2. Ella bolle l'acqua per gli spaghetti. _____

3. Preferite voi la città alla campagna? _____

_____

4. Sente Lei il rumore del treno? _____

_____

5. Noi spediamo molti oggetti d'arte in America. _____

_____

I. Answer in complete Italian sentences:

1. Capisce Lei l'arte moderna? _____

_____

2. Dorme Lei bene la notte? _____

_____

3. Quale sport preferisce Lei? _____

_____

4. Chi pulisce la Sua stanza? _____

_____

5. Obbedisce Lei sempre alla legge? _____

_____

6. Spedisce Lei molte lettere? _____

_____

7. A che ora finisce Lei la lezione d'italiano? _____

_____

8. Parte Lei per l'Italia domani? _____

_____

9. Offre Lei il Suo posto alle vecchiette? _____

_____

10. Sente Lei il rumore di una macchina? _____

_____

5. Imperative of Regular Verbs

FAMILIAR FORMS

	parl*are*	vend*ere*	apr*ire*	fin*ire*
(tu) (voi)	parl*a*, speak parl*ate*, speak	vend*i*, sell vend*ete*, sell	apr*i*, open apr*ite*, open	fin*isci*, finish fin*ite*, finish

Note

1. Subject pronouns **tu, voi, Lei, Loro, noi** are generally omitted with the imperative.

2. In general, the familiar forms of the imperative are the same as the corresponding forms of the present indicative. The exception is the **tu** form of the **-are** verbs in which the **-i** ending of the present indicative becomes **-a** in the imperative. Example: **tu parli** (you speak) becomes **parla** (speak).

POLITE FORMS

	parl*are*	vend*ere*	apr*ire*	fin*ire*
(Lei) (Loro)	parl*i*, speak parl*ino*, speak	vend*a*, sell vend*ano*, sell	apr*a*, open apr*ano*, open	fin*isca*, finish fin*iscano*, finish

FIRST PERSON PLURAL COMMANDS

Whenever a command is addressed to a group that includes the speaker, the first person plural of the present tense is used. In English, the expression "let us" (or "let's") is used.

Cantiamo!	Let's sing!
Vendiamo!	Let's sell!
Finiamo!	Let's finish!

NEGATIVE IMPERATIVE

non parlare (tu)	do not (don't) speak (*fam. sing.*)
non parlate (voi)	do not speak (*fam. pl.*)
non parliamo (noi)	let us (let's) not speak
non parli (Lei)	do not speak (*pol. sing.*)
non parlino (Loro)	do not speak (*pol. pl.*)

Note

1. The imperative is generally made negative in the regular way by placing the word **non** before the affirmative imperative.

non vendete (voi)	do not sell
non vendiamo (noi)	let us not sell
non venda (Lei)	do not sell
non vendano (Loro)	do not sell

2. The exception is the familiar singular (**tu**), which is formed by using **non** with the infinitive.

non parlare (tu)	do not speak
non vendere (tu)	do not sell
non aprire (tu)	do not open
non finire (tu)	do not finish

EXERCISES

A. Change the following sentences to the command form:

1. Voi rispondete correttamente. _____ correttamente.

2. Tu tagli il pane. _____ il pane.

3. Noi finiamo la lezione. _____ la lezione.

4. Lei chiude il negozio. _____ il negozio.

5. Loro puliscono la tavola. _____ la tavola.

6. Tu dividi il numero per due. _____ il numero per due.

7. Noi non arriviamo tardi. _____ tardi.

8. Voi ascoltate il programma italiano. _____ il programma italiano.

9. Lei finisce la frase. _____ la frase.

10. Tu conti fino a dieci. _____ fino a dieci.

B. Change the verb in parentheses to the proper command form as required by the sentence:

1. (ripetere) Ragazzi, _____ queste frasi.

2. (chiudere) Alfredo, _____ la finestra, per piacere.

3. (parlare) _____ al microfono, signorina.

4. (comprare) Angela, _____ la camicetta verde.

5. (correre) Bambini, non _____ presso la piscina.

6. (finire) Signori, _____ pure le bibite.

7. (piangere) Pierino, non _____ così.

8. (dimenticare) Zii, non _____ di scrivere.

9. (costruire) _____ un muro solido, signor Antonelli.

10. (ascoltare) Amici, _____ (noi) una canzone napoletana.

C. Write a sentence in Italian, using the polite form, to tell someone to perform each of the following acts:

1. to close the door.

   ----

2. to answer the letter promptly.

   ----

3. not to sell the house.

   ----

4. to finish the story now.

   ----

5. not to lose the money.

   ----

6. to repeat the number.

D. In Italian, tell a close friend or a child:

1. to buy a record.

   ----

2. not to cry.

   ----

3. not to forget the ticket.

   ----

4. to obey the commands.

   ----

5. not to leave early.

   ----

6. to answer the question.

E. Write the five command forms of the following verbs:

1. (cantare)   ----------------   ----------------   ----------------

   ----------------   ----------------

2. (ballare)   ----------------   ----------------   ----------------

   ----------------   ----------------

3. (portare)   ----------------   ----------------   ----------------

   ----------------   ----------------

4. (leggere) ------------------ ------------------ ------------------

------------------ ------------------

5. (rispondere) ------------------ ------------------ ------------------

------------------ ------------------

6. (mettere) ------------------ ------------------ ------------------

------------------ ------------------

7. (partire) ------------------ ------------------ ------------------

------------------ ------------------

8. (spedire) ------------------ ------------------ ------------------

------------------ ------------------

9. (pulire) ------------------ ------------------ ------------------

------------------ ------------------

F. Rewrite each sentence, replacing the verb in italics with the equivalent form of each verb in parentheses:

1. *Aprite* il pacco.   (portare, prendere)

----

2. *Scrivi* gli esercizi.   (copiare, ripetere)

----

3. Non *comprare* la frutta.   (bollire, vendere)

----

4. *Partiamo* subito.   (entrare, rispondere)

----

5. *Leggano* quel libro.   (prestare, spedire)

G. Complete the Italian sentences:

1. Speak softly, please.   ------------------------ (Loro) a bassa voce, per piacere.

2. Let's serve the dinner later.   ------------------------ il pranzo più tardi.

3. Please dance with her.   ------------------------ (Lei) con lei, per piacere.

4. Do not sing yet.   _____ (voi) ancora.

5. Obey the rules.   _____ (Loro) alle regole.

6. Don't lose the keys.   _____ (tu) le chiavi.

7. Read the first chapter.   _____ (voi) il primo capitolo.

8. Do not play in the street. _____ (tu) nella strada.

9. Run home immediately.   _____ (voi) subito a casa.

10. Send the package Monday. _____ (Lei) il pacco lunedì.

6. Review: Lessons 1–5

A. Write the present tense of the verb in parentheses:

1. (conoscere)   io _____   noi _____
2. (contare)   voi _____   i ragazzi _____
3. (finire)   la figlia _____   Lei _____
4. (ripetere)   Loro _____   tu _____
5. (dormire)   i vicini _____   noi _____
6. (partire)   loro _____   il treno _____
7. (scrivere)   il direttore _____   gli avvocati _____
8. (arrivare)   il piroscafo _____   i nonni _____
9. (capire)   tu ed io _____   Franco e Nella _____
10. (suonare)   i nipoti _____   tu e Michele _____

B. Complete the English sentences:

1. Ella ascolta la radio.   _____ the radio.
2. Parliamo a bassa voce.   _____ in a low voice.
3. Perchè perdi sempre l'ombrello?   Why _____ your umbrella?
4. Finisce lui l'esercizio?   _____ the exercise?
5. Chi abita in quella casa?   Who _____ in that house?
6. Non scrivete sui muri.   _____ on the walls.
7. Paolo vende dei giornali.   Paul _____ newspapers.
8. La bambina non piange adesso.   The little girl _____ now.
9. Chi risponde alla domanda?   Who _____ the question?
10. Non capisco le tue azioni.   _____ your actions.
11. Conosce Lei mio zio?   _____ my uncle?
12. Non comprare questa giacca.   _____ this jacket.
13. Chiudete il libro, per piacere.   _____ the book, please.
14. Silvia ed io nuotiamo nella piscina.   Sylvia and I _____ in the pool.
15. Tu e Davide credete quella storia?   Do you and David _____ that story?

C. Complete each sentence, using the correct form of the verb in italics:

1. *Capisce* Lei la lezione? Io non _____ la lezione, ma mia sorella la

   _____ .

2. *Prendete* l'autobus? Sì, noi _____ l'autobus. Perchè non

   _____ Eugenio l'autobus?

3. Quando *parti* per l'Italia? Io _____ oggi. Loro

   _____ domani.

4. *Entrate* nella sala da pranzo. Lui _____ nella sala da pranzo. Emilio e

   Roberta _____ nella sala da pranzo.

5. Chi *balla* il tango? Il giovane Argentino _____ il tango. Francesca ed

   io _____ il tango.

D. Rewrite each sentence, replacing the verb in italics with the correct form of each verb in parentheses:

1. Egli non *capisce* la risposta. (ascoltare, ripetere)

   _____

   _____

2. *Studiano* essi in questa stanza? (dormire, lavorare)

   _____

   _____

3. Io e mio fratello *parliamo* troppo. (leggere, dormire)

   _____

   _____

4. *Partite* subito, ragazzi! (entrare, rispondere)

   _____

   _____

5. Gli uomini *costruiscono* l'edificio. (guardare, chiudere)

   _____

   _____

E. Complete the Italian sentences:

1. Andrew and Louis prefer milk.   Andrea e Luigi _____
   il latte.

2. Do you hear the dog?   _____ (voi) il cane?

3. At what time do you finish supper?   A che ora _____ tu la cena?

4. Let's listen to one more record.   _____ un altro disco.

5. When are his relatives leaving for Europe?

    Quando _____ i suoi parenti per l'Europa?

6. Do you know my sister-in-law?

    _____ (Lei) mia cognata?

7. He doesn't hear well.

    _____ bene.

8. Don't you obey your teachers?

    _____ (voi) ai vostri professori?

9. She is singing a beautiful song.

    _____ una bella canzone.

10. How many windows are they closing?

    Quante finestre _____?

11. How much does this radio cost?

    Quanto _____ questa radio?

12. Her neighbors are selling the store.

    I suoi vicini _____ il negozio.

13. Let's finish the soccer game

    _____ la partita di calcio.

14. They are now living in Italy.

    _____ adesso in Italia.

15. Joseph, please put the meat in the refrigerator.

    Giuseppe, _____ la carne nel frigorifero, per piacere.

16. The mother is washing the child's hands.

    La madre _____ le mani al bambino.

17. You are always losing your pen.

    Tu _____ sempre la penna.

18. Don't believe everything you hear.

    _____ (Lei) tutto quello che sente.

19. Let's all enjoy life.

    _____ tutti la vita.

20. Why don't you greet him?

    Perchè non lo _____ (voi)?

21. Rina is serving the coffee.

    Rina _____ il caffè.

22. I am helping my aunt and uncle.

    _____ mia zia e mio zio.

23. Where does she buy her clothes?

    Dove _____ gli abiti?

24. They are building a new hospital.

    _____ un nuovo ospedale.

25. Doesn't Robert ever lend his bicycle?

    _____ mai la bicicletta Roberto?

F. Answer in complete Italian sentences:

1. Legge Lei la lingua francese? _____

_____

2. Che imparano Loro in questa classe? _____

   _____

3. Visita Lei gli amici stasera? _____

   _____

4. Finiscono Loro i compiti in tempo? _____

   _____

5. A scuola il tempo vola? _____

   _____

6. Aspetta Lei l'autobus la mattina? _____

   _____

7. A chi rispondono Loro in classe? _____

   _____

8. Rispetta Lei la legge? _____

   _____

9. Teme Lei i tuoni? _____

   _____

10. Quale stagione preferiscono Loro? _____

    _____

A street market in Naples.

G. *Progressive Substitution.* This drill begins with a complete Italian sentence. As you complete each of the following sentences, substitute the new word or words given. Use as much of the preceding sentence as possible.

For example, begin with this sentence: Egli aiuta il professore.

INCOMPLETE SENTENCES	COMPLETED SENTENCES
_ _ _ _ _ _ aiutiamo _ _ _ _ _ _ _ _ _ _ _ _ _ _ _ .	*Noi* aiutiamo *il professore.*
_ _ _ _ _ _ rispettano _ _ _ _ _ _ _ _ _ _ _ _ _ .	*Essi* rispettano *il professore.*
Io_ .	Io *rispetto il professore.*

Che desidera Lei?

1. _ lui?
2. _ _ _ _ _ _ _ _ _ desiderate _ _ _ _ _ _ _ _ _ ?
3. _ _ _ _ _ _ _ _ _ vendete _ _ _ _ _ _ _ _ _ ?
4. _ esse?
5. _ _ _ _ _ _ _ _ _ _ _ _ _ _ _ _ _ _ _ tu?
6. _ _ _ _ _ _ _ _ _ _ _ _ _ _ _ _ _ _ Gino?
7. _ _ _ _ _ _ _ _ _ chiude _ _ _ _ _ _ _ _ _ _ ?
8. _ Loro?
9. _ _ _ _ _ _ _ _ _ _ _ _ _ _ _ _ _ _ _ ella?
10. _ _ _ _ _ _ _ _ _ cucini _ _ _ _ _ _ _ ?

Egli aiuta la donna.

11. Noi _ .
12. Loro _ .
13. _ _ _ _ _ _ _ _ _ conoscete la donna.
14. Paolo _ .
15. Tu _ .
16. Lei _ .
17. _ _ _ _ _ _ _ _ _ chiamano _ _ _ _ _ _ _ _ _ _ _ _ _ _ _ _ _ _ .
18. _ _ _ _ _ _ _ chiamo _ _ _ _ _ _ _ _ _ _ _ _ _ _ _ _ _ _ .
19. I ragazzi _ .
20. Mia cugina _ .

7. Present Tense of *Avere* and *Essere*

avere, to have

io ho: *I have, I do have,*
I am having

io *ho*
tu *hai*
Lei *ha*
egli, lui, esso *ha*
ella, lei, essa *ha*
noi *abbiamo*
voi *avete*
Loro *hanno*
essi, loro *hanno*
esse, loro *hanno*

INTERROGATIVE

ho io? *have I? do I have?*
am I having?

ho io?
hai tu?
ha Lei?
ha egli, lui, esso?
ha ella, lei, essa?
abbiamo noi?
avete voi?
hanno Loro?
hanno essi, loro?
hanno esse, loro?

essere, to be

AFFIRMATIVE

io sono, tu sei, Lei è:
I am, you are, he is

io *sono*
tu *sei*
Lei *è*
egli, lui, esso *è*
ella, lei, essa *è*
noi *siamo*
voi *siete*
Loro *sono*
essi, loro *sono*
esse, loro *sono*

INTERROGATIVE

sono io? sei tu? è Lei?
am I? are you? is he?

sono io?
sei tu?
è Lei?
è egli, lui, esso?
è ella, lei, essa?
siamo noi?
siete voi?
sono Loro?
sono essi, loro?
sono esse, loro?

Note

1. **Avere** and **essere** are the two most common Italian verbs.

2. The negative and negative interrogative of **avere** and **essere** are formed in the same manner as regular verbs.

egli non ha, he doesn't have   **non ha egli?** doesn't he have?
noi non siamo, we aren't   **non siamo noi?** aren't we?

3. The use of **essere** with **ci**:

c'è	there is	**non c'è**	there isn't
ci sono	there are	**non ci sono**	there aren't
c'è?	is there?	**non c'è?**	isn't there?
ci sono?	are there?	**non ci sono?**	aren't there?

EXERCISES

A. Supply a suitable subject pronoun:

1. _____ siete tristi.

2. _____ ha la matita.

3. _____ non siamo ammalati.

4. _____ non hai burro?

5. _____ è al lago.

6. _____ ho mal di denti.

7. _____ non abbiamo le forchette.

8. _____ sono nel salotto.

9. _____ hanno il pepe.

10. Dove sei _____ adesso?

B. Write the present tense of the verb in parentheses, and then translate each sentence into English:

1. (avere)   Egli _____ il numero vincente.

   _____

2. (essere)   Noi _____ in ritardo.

   _____

3. (essere)   Io _____ un attore americano.

   _____

4. (avere)   Esse _____ i capelli biondi.

   _____

5. (essere)   Lei _____ il direttore?

   _____

6. (avere)   Voi _____ una bella casa.

   _____

7. (avere)   Tu _____ tanti amici simpatici.

   _____

8. (essere)   Essi _____ poveri.

   _____

9. (essere)   Voi _____ diligenti.

   _____

10. (avere)   Noi non _____ l'automobile.

   _____

C. Change the subject and the verb to the plural:

1. Lei non ha figli? _____ figli?

2. Tu sei pigro. _____ pigri.

3. Io ho mal di testa. _____ mal di testa.

4. Egli è cattivo. _____ cattivi.

5. Io non sono sgarbato. _____ sgarbati.

6. Hai tu il giradischi? _____ il giradischi?

7. Ella è felice. _____ felici.

8. Io non ho il fazzoletto. _____ il fazzoletto.

9. Il ragazzo ha del dolce. _____ del dolce.

10. Io sono stanco. _____ stanchi.

D. Change to the negative:

1. Noi siamo in città. _____

2. Ha Lei un cane? _____

3. Sono Loro all'aeroporto? _____

4. Io ho una bicicletta da corsa. _____

5. Sei tu un bravo alunno? _____

6. Esse hanno i biglietti per il concerto. _____

7. Ci sono delle sedie qui. _____

8. Noi abbiamo le valigie? _____

9. Sono io in orario? _____

10. La chiave è nella porta. _____

E. Supply the missing form of **avere** or **essere**:

1. Brava, Maria. Tu _____ sempre diligente.

2. Lei _____ una bell'automobile.

3. Cantiamo perchè _____ felici.

4. Grazie, signorina Torelli. Lei _____ molto gentile.

5. Ci _____ delle lampade sulla tavola.

6. _____ tu un bicchiere, Paolo?

7. Mio fratello _____ molti pesci tropicali.

8. Hai il tuo foglio di carta? Sì, _____ il mio foglio di carta.

9. Essi _____ uno zio molto ricco.

10. Questi alunni _____ cattivi.

11. Chi _____ i biglietti? Noi _____ i biglietti.

12. L'Italia _____ una repubblica.

13. Dove _____ gli amici di Marisa?

14. Anna _____ una magnifica voce.

15. Noi siamo in casa del signor De Rosa. Dove _____ voi?

F. Rewrite the sentences, using each of the subjects indicated:

1. Noi abbiamo una casetta in campagna. (Io, Mio nonno, Tu)

   _____

   _____

   _____

2. Io sono di Perugia. (La signorina Rossi, Essi, Noi)

   _____

   _____

   _____

3. Rina ha la camicetta gialla. (Tu, Lei, Io)

   _____

   _____

   _____

4. Sono alla stazione. (Noi, Loro, Mio padre)

   _____

   _____

   _____

5. È in albergo Antonio? (i turisti, tu, voi)

   _____

   _____

   _____

G. Answer in complete Italian sentences:

1. Ha Lei un fratello in Argentina? _____

_____ .

2. È Lei francese? _____

_____ .

3. Quanti mesi ci sono nell'anno? _____

_____ .

4. Chi ha la rivista? Lei _____

_____ .

5. È ricca la Sua famiglia? _____

_____ .

6. Quante sorelle ha Lei? _____

_____ .

7. È bianca o nera la neve? _____

_____ .

8. Dov'è Lei adesso? _____

_____ .

9. Ha Lei un pianoforte in casa? _____

_____ .

10. Chi sono gli alunni alti nella classe d'italiano? _____

_____ .

11. Chi è il direttore della nostra scuola? _____

_____ .

12. Hanno Loro dei dischi italiani? Sì, _____

_____ .

13. Chi è il presidente degli Stati Uniti? _____

_____ .

14. C'è un alunno spagnolo in questa classe? _____

_____ .

15. Chi ha un gatto? Carla e Liana _____

_____ .

8. Present Tense and Imperative of *Andare, Dare, Fare, Stare*

andare, to go

io *vado*	noi *andiamo*
tu *vai*	voi *andate*
Lei *va*	Loro *vanno*
egli, lui, esso *va*	essi, loro *vanno*
ella, lei, essa *va*	esse, loro *vanno*

dare, to give

io *do*	noi *diamo*
tu *dai*	voi *date*
Lei *dà*	Loro *danno*
egli, lui, esso *dà*	essi, loro *danno*
ella, lei, essa *dà*	esse, loro *danno*

IMPERATIVE

	andiamo (*1st per.*)
va' (*fam.*)	*andate* (*fam.*)
vada (*pol.*)	*vadano* (*pol.*)

	diamo (*1st per.*)
da' (*fam.*)	*date* (*fam.*)
dia (*pol.*)	*diano* (*pol.*)

fare, to do, make

io *faccio*	noi *facciamo*
tu *fai*	voi *fate*
Lei *fa*	Loro *fanno*
egli, lui, esso *fa*	essi, loro *fanno*
ella, lei, essa *fa*	esse, loro *fanno*

stare, to stay, remain, be

io *sto*	noi *stiamo*
tu *stai*	voi *state*
Lei *sta*	Loro *stanno*
egli, lui, esso *sta*	essi, loro *stanno*
ella, lei, essa *sta*	esse, loro *stanno*

IMPERATIVE

	facciamo (*1st per.*)
fa' (*fam.*)	*fate* (*fam.*)
faccia (*pol.*)	*facciano* (*pol.*)

	stiamo (*1st per.*)
sta' (*fam.*)	*state* (*fam.*)
stia (*pol.*)	*stiano* (*pol.*)

Note

1. Most Italian verbs follow the models given for the regular verbs **parlare, vendere, partire, finire.** Verbs that do not follow the models in all forms are called irregular verbs.

2. It is helpful to remember that all four verbs **andare, dare, fare,** and **stare** have the same endings in the present tense: -o, -i, -a, -iamo, -ate, -anno.

3. When **stare** is used idiomatically in expressions of health, it means *to be, to feel.*

Come sta Lei?	How are you? (How do you feel?)
Sto bene, grazie.	I'm fine, thank you. (I feel fine, thank you.)

EXERCISES

A. Supply a suitable subject pronoun:

1. _____ facciamo.
2. _____ va.
3. _____ stai.
4. _____ vanno.
5. _____ date.

6. _____ fate.
7. _____ sta.
8. _____ faccio.
9. _____ stanno.
10. _____ diamo.

11. _____ vado.
12. _____ sto.
13. _____ dà.
14. _____ fanno.
15. _____ andate.

B. Write the correct form of the verb in the present tense:

1. *fare:*   Io non _____ nulla stasera.

2. *andare:*   Dove _____ tu, Giorgio?

3. *dare:*   Ella _____ un regalo a sua zia.

4. *stare:*   Come _____ Lei, signorina Palmieri?

5. *fare:*   Antonio ed io _____ i compiti insieme.

6. *andare:*   I signori Romano _____ al teatro oggi.

7. *dare:*   Voi _____ sempre del danaro ai poveri.

8. *stare:*   Noi _____ con degli amici stasera.

9. *fare:*   Che _____ voi qui, ragazzi?

10. *andare:*   _____ esse alla festa di ballo?

C. Underline the verb that best completes the meaning of the sentence. Then translate the sentence into English:

1. Io (sto, faccio, do) bene, grazie. _____
   _____

2. (Andate, Date, State) i libri al maestro. _____
   _____

3. Essi (stanno, vanno, fanno) un lavoro difficile. _____
   _____

4. Non (fare, dare, andare) solo al parco. _____
   _____

5. Noi (stiamo, diamo, facciamo) in casa di Roberto. _____
   _____

6. Io non (do, vado, faccio) alla partita oggi. _____
   _____

7. Lei (va, sta, fa) sempre molto lavoro. _____
   _____

D. Change the subject and the verb to the plural. Then translate the sentences into English:

1. Va Lei in campagna adesso? _____ in campagna adesso?

   _____

2. Io sto meglio stamane. _____ meglio stamane.

   _____

3. Essa dà la merenda a   _____ la merenda a
   Violetta.   Violetta.

   _____

4. Lei fa molti progressi. _____ molti progressi.

   _____

5. Non va egli al cinema? _____ al cinema?

   _____

6. Io vado spesso in bicicletta. _____ spesso in bicicletta.

   _____

7. Tu fai bene tutti i compiti. _____ bene tutti i compiti.

   _____

8. Non sta Lei in città? _____ in città?

   _____

9. Egli non dà mai niente ai   _____ mai niente ai
   poveri.   poveri.

   _____

10. Quando vai tu dal dottore? _____ dal dottore?

    _____

E. Rewrite the sentences, using each of the subjects indicated:

1. Essi non fanno niente adesso.   (Tu, Marcello, Io)

   _____

   _____

   _____

2. Come sta Lei, signor Peroni?   (Anna, egli, esse)

   _____

   _____

   _____

3. Non vado all'opera stasera.   (Noi, Tu, Voi)

   _____

----

4. Che fai tu qui così presto?   (Lei, Loro, voi)

----

5. Noi diamo i fiori all'attrice.   (Io, Egli, Essi)

F. Answer in complete Italian sentences:

1. Come sta Lei oggi? --

----

2. Come sta tuo padre? --

----

3. Dove vai questo pomeriggio? --

----

4. Quanto fanno dieci più cinque? --

----

5. Fate voi molti errori? --

----

6. Dove sta Lei adesso? --

----

7. Dà Lei dei regali ai Suoi amici? -----------------------------------

----

8. Andate voi a scuola la domenica? ------------------------------------

----

9. Vanno Loro spesso al cinema? --

----

10. Dai tu molto denaro ai poveri? -------------------------------------

----

9. Present Tense and Imperative of *Bere, Dovere, Volere*

bere, to drink

io *bevo*	noi *beviamo*
tu *bevi*	voi *bevete*
Lei *beve*	Loro *bevono*
egli, lui, esso *beve*	essi, loro *bevono*
ella, lei, essa *beve*	esse, loro *bevono*

dovere, to have to, must, to owe

io *devo* (*debbo*)	noi *dobbiamo*
tu *devi*	voi *dovete*
Lei *deve*	Loro *devono* (*debbono*)
egli, lui, esso *deve*	essi, loro *devono*
ella, lei, essa *deve*	esse, loro *devono*

IMPERATIVE

	beviamo (*1st per.*)
bevi (*fam.*)	*bevete* (*fam.*)
beva (*pol.*)	*bevano* (*pol.*)

(**Dovere** has no imperative forms.)

volere, to wish, want

io *voglio*	noi *vogliamo*
tu *vuoi*	voi *volete*
Lei *vuole*	Loro *vogliono*
egli, lui, esso *vuole*	essi, loro *vogliono*
ella, lei, essa *vuole*	esse, loro *vogliono*

IMPERATIVE

	vogliamo (*1st per.*)
	vogliate (*fam.*)
voglia (*pol.*)	*vogliano* (*pol.*)

Note

1. The imperative forms of **volere** are seldom required except in the sense of "please."

   Voglia ascoltare.   Please listen.

2. The irregularities of some verbs such as **bere** and **dovere** can be explained by the fact that language changes over the years. Some verbs retain in certain forms the stem of their original infinitive. The endings of these verbs are regular. For example:

Infinitive Form	Original Infinitive	Present Tense
bere, to drink	*bevere*	*bevo*, I drink
dire, to tell	*dicere*	*dico*, I tell
dovere, to have to	*devere*	*devo*, I have to
uscire, to go out	*escire*	*esco*, I go out

EXERCISES

A. Complete each sentence with the present tense of the verb in parentheses, and then translate the sentence into English:

1. (bere)   Io non _____ bibite troppo fredde.

   _____

2. (dovere)   Noi _____ telefonare al signor Marino.

   _____

3. (volere)   _____ voi andare al cinema con Alberto?

   _____

4. (dovere)   Anita _____ comprare un paio di scarpe.

   _____

5. (bere)   Ragazzi, che _____ voi?

   _____

6. (volere)   Io non _____ cantare più stasera.

   _____

7. (bere)   Io e Giovanni _____ del caffè espresso.

   _____

8. (volere)   Che _____ fare voi adesso?

   _____

9. (dovere)   Esse _____ partire alle tre.

   _____

10. (volere) Chi _____ un gelato?

   _____

B. Rewrite the sentences, using each of the subjects indicated:

1. Vuole egli venire con noi?   (Loro, Carla, tu)

   _____

   _____

   _____

2. Non bevete voi il vino italiano?   (Lei, noi, essi)

   _____

   _____

   _____

3. Io devo fare subito i compiti d'italiano.   (Noi, Giancarlo, Loro)

   _____

---

4. Mio fratello vuole fare colazione..   (I ragazzi, Io, Noi)

---

5. Noi non dobbiamo dimenticare i poveri.   (Voi, Essi, Io)

C. Change the subject and the verb to the singular:

1. Vogliono Loro giocare a tennis? ------------------------------------

2. Noi non beviamo mai liquori. ------------------------------------

3. Essi devono partire subito. ------------------------------------

4. Bevete voi latte fresco all'ora del pasto? ------------------------------------

5. Noi non vogliamo arrivare tardi al teatro. ------------------------------------

D. Change the subject and the verb to the plural:

1. Io voglio andare alla spiaggia. ------------------------------------

2. Ella beve del tè con limone. ------------------------------------

3. Tu devi lavorare stasera? ------------------------------------

4. Egli non vuole giocare con noi. ------------------------------------

5. Lei non deve parlare così. ------------------------------------

E. Complete the Italian sentences:

1. Don't you want some meat?   ------------------------ Lei un po' di carne?

2. She does not drink any milk now.   _____ latte adesso.

3. We must help the poor.   _____ aiutare i poveri.

4. Do you drink much coffee?   _____ voi molto caffè?

5. I want to read today's newspaper.   _____ leggere il giornale
di oggi.

    F. Answer in the affirmative, using complete Italian sentences:

1. Beve Michele troppa Coca-Cola? _____

_____

2. Signor Palmieri, deve partire subito Lei? _____

_____

3. Vogliono della frutta i bambini? _____

_____

4. Signorine, bevono Loro della cioccolata? _____

_____

5. Marina, vuoi venire al ballo stasera? _____

_____

    G. Answer in the negative, using complete Italian sentences:

1. Devi tu andare dal dentista oggi? _____

_____

2. Vuoi accompagnare Giorgio alla macelleria? _____

_____

3. Generalmente bevono i Tedeschi molto vino? _____

_____

4. Vuole Giorgio andare in bicicletta questo pomeriggio? _____

_____

5. Devono Loro finire il lavoro oggi? _____

_____

10. Present Tense and Imperative of *Potere, Sapere, Sedere, Tenere*

potere, to be able

io *posso*	noi *possiamo*
tu *puoi*	voi *potete*
Lei *può*	Loro *possono*
egli, lui, esso *può*	essi, loro *possono*
ella, lei, essa *può*	esse, loro *possono*

sapere, to know, know how to

io *so*	noi *sappiamo*
tu *sai*	voi *sapete*
Lei *sa*	Loro *sanno*
egli, lui, esso *sa*	essi, loro *sanno*
ella, lei, essa *sa*	esse, loro *sanno*

IMPERATIVE

(**Potere** has no imperative forms.)

	sappiamo (*1st per.*)
sappi (*fam.*)	*sappiate* (*fam.*)
sappia (*pol.*)	*sappiano* (*pol.*)

sedere, to sit

io *siedo, seggo*	noi *sediamo*
tu *siedi*	voi *sedete*
Lei *siede*	Loro *siedono, seggono*
egli, lui, esso *siede*	essi, loro *siedono, seggono*
ella, lei, essa *siede*	esse, loro *siedono, seggono*

tenere, to hold

io *tengo*	noi *teniamo*
tu *tieni*	voi *tenete*
Lei *tiene*	Loro *tengono*
egli, lui, esso *tiene*	essi, loro *tengono*
ella, lei, essa *tiene*	esse, loro *tengono*

IMPERATIVE

	sediamo (*1st per.*)
siedi (*fam.*)	*sedete* (*fam.*)
sieda, segga (*pol.*)	*siedano, seggano* (*pol.*)

	teniamo (*1st per.*)
tieni (*fam.*)	*tenete* (*fam.*)
tenga (*pol.*)	*tengano* (*pol.*)

Note

1. There are two possible forms with **io** and **loro** in the present tense of **sedere** as well as in the polite imperative:

Present Tense	Imperative
io siedo (io seggo)	sieda (segga)
loro siedono (loro seggono)	siedano (seggano)

2. The present tense of **potere** is often translated by the word *can:*

Puoi venire alla festa?   *Can* you come to the party?

3. **Sapere** followed by the infinitive means *to know how to.*

Noi sappiamo nuotare.	We know how to swim.
Sapete pattinare voi?	Do you know how to skate?

4. In Italian as in some other languages, there are two verbs that mean *to know:* **sapere** and **conoscere.**

Sapere means *to know the facts* or *to have knowledge of something.*

Sai tu la riposta?	Do you know the answer?
So che parte oggi.	I know that he is leaving today.

Conoscere means *to know somebody (to be acquainted with somebody).* This verb also means *to have a deep understanding of something.*

Conosco Sua cugina Lisa.	I know your cousin Lisa.
Conosce bene la loro tradizione.	He knows their tradition well.

EXERCISES

A. Complete each sentence by supplying the current form of **potere.** Then translate the sentences into English:

1. Oggi io non _ _ _ _ _ _ _ _ _ _ _ _ _ _ _ _ _ _ _ andare al parco.

   _

2. _ _ _ _ _ _ _ _ _ _ _ _ _ _ _ _ _ _ voi risolvere questo problema?

   _

3. Noi _ _ _ _ _ _ _ _ _ _ _ _ _ _ _ _ _ vedere la città dalla finestra.

   _

4. Le ragazze non _ _ _ _ _ _ _ _ _ _ _ _ _ _ _ _ _ _ entrare qui.

   _

5. Alfredo _ _ _ _ _ _ _ _ _ _ _ _ _ _ _ _ sollevare cento chili.

   _

B. Complete each sentence by supplying the correct form of **sapere.** Then translate the sentences into English:

1. Pierino _ _ _ _ _ _ _ _ _ _ _ _ _ salire gli alberi.

   _

2. Io non _ _ _ _ _ _ _ _ _ _ _ _ _ nuotare ancora.

   _

3. _ _ _ _ _ _ _ _ _ _ _ _ Loro parlare italiano?

   _

4. I nonni _ _ _ _ _ _ _ _ _ _ _ _ _ molti racconti.

   _

5. Non _ _ _ _ _ _ _ _ _ _ _ _ tu dov'è il museo?

_ _

C. Complete each sentence by supplying the correct form of **sedere**. Then translate the sentences into English:

1. Maria non _ _ _ _ _ _ _ _ _ _ _ _ _ _ mai in questo posto.

_ _

2. Perchè _ _ _ _ _ _ _ _ _ _ _ _ _ _ voi in prima fila?

_ _

3. Loro _ _ _ _ _ _ _ _ _ _ _ _ _ _ sempre insieme a tavola.

_ _

4. Dove _ _ _ _ _ _ _ _ _ _ _ _ _ _ tu nella classe d'italiano?

_ _

5. Questa volta io _ _ _ _ _ _ _ _ _ _ _ _ _ _ con te.

_ _

D. Complete each sentence by supplying the correct form of **tenere**. Then translate the sentences into English:

1. La madre _ _ _ _ _ _ _ _ _ _ _ _ _ _ il bambino per la mano.

_ _

2. Per piacere, _ _ _ _ _ _ _ _ _ _ _ _ _ _ (tu) la scala mentre scendo.

_ _

3. Noi _ _ _ _ _ _ _ _ _ _ _ _ _ _ le chiavi in mano.

_ _

4. Io _ _ _ _ _ _ _ _ _ _ _ _ _ _ l'ombrello nella mano destra.

_ _

5. Essi _ _ _ _ _ _ _ _ _ _ _ _ _ _ la porta aperta per il loro nonno.

_ _

E. Change the subject and the verb to the plural:

1. Dove siedi tu al concerto? _

_ _

2. Io non posso andare con te stasera. _

_ _

3. Sa Lei la data di oggi? _

_ _

4. Il soldato tiene la bandiera. _____

5. Io so viaggiare in questo paese. _____

F. Change the subject and the verb to the singular:

1. Noi sappiamo usare il registratore. _____

2. Esse siedono sempre vicino alla finestra. _____

3. Tenete voi la corda? _____

4. Essi non sanno contare in italiano. _____

5. Possono Loro andare in campagna? _____

G. Complete the Italian sentences:

1. Peter is sitting with his brother.   Pietro _____ con il fratello.
2. Let's hold the ladder together.   _____ la scala insieme.
3. Do you know how to play tennis?   _____ voi giocare a tennis?
4. We can study at my house today.   _____ studiare a casa mia oggi.
5. The cat is sitting on the chair.   Il gatto _____ sulla sedia.
6. Do you know her telephone number?   _____ tu il suo numero di telefono?
7. Lucy can play the piano.   Lucia _____ suonare il piano.
8. They never sit in the park.   Essi non _____ mai nel parco.
9. Do you know this word?   _____ Lei questa parola?
10. We don't know their names.   _____ i loro nomi.

H. Answer in complete Italian sentences:

1. Sa suonare la chitarra Lei? _____

2. Chi può curare gli ammalati? I medici _____

3. Sedete voi in un teatro? Sì, noi _____

4. Che tiene Lei in mano? _____

    _____

5. Sanno ballare i Suoi amici? _____

    _____.

6. Può entrare egli adesso? _____

    _____.

7. So parlare inglese io? Ma certo, Lei _____

    _____.

8. Siedono Loro quando cantano l'inno nazionale? _____

    _____.

9. In quale mano tiene Lei la forchetta per mangiare? _____

    _____.

10. Può scrivere bene Lei con la sinistra? _____

    _____.

11. Present Tense and Imperative of *Dire, Uscire, Venire*

dire, to say, tell

io *dico*	noi *diciamo*
tu *dici*	voi *dite*
Lei *dice*	Loro *dicono*
egli, lui, esso *dice*	essi, loro *dicono*
ella, lei, essa *dice*	esse, loro *dicono*

uscire, to go out, come out, exit, leave

io *esco*	noi *usciamo*
tu *esci*	voi *uscite*
Lei *esce*	Loro *escono*
egli, lui, esso *esce*	essi, loro *escono*
ella, lei, essa *esce*	esse, loro *escono*

IMPERATIVE

	diciamo (*1st per.*)
di' (*fam.*)	*dite* (*fam.*)
dica (*pol.*)	*dicano* (*pol.*)

	usciamo (*1st per.*)
esci (*fam.*)	*uscite* (*fam.*)
esca (*pol.*)	*uscano* (*pol.*)

venire, to come

io *vengo*	noi *veniamo*
tu *vieni*	voi *venite*
Lei *viene*	Loro *vengono*
egli, lui, esso *viene*	essi, loro *vengono*
ella, lei, essa *viene*	esse, loro *vengono*

IMPERATIVE

	veniamo (*1st per.*)
vieni (*fam.*)	*venite* (*fam.*)
venga (*pol.*)	*vengano* (*pol.*)

EXERCISES

A. Complete each sentence by supplying the correct form of **dire**:

1. Che _____ Rosina alla madre?

2. Io non _____ nulla a Giovanni.

3. Giorgio ed io _____ sempre la verità.

4. Tu non _____ mai bugie?

5. I figli _____ buona notte ai genitori?

Italians busy at a centuries-old occupation: pressing grapes for wine.

B. Complete each sentence by supplying the correct form of **uscire**:

1. _ _ _ _ _ _ _ _ _ _ _ _ _ _ _ _ _ tu dal teatro presto?

2. Noi _ _ _ _ _ _ _ _ _ _ _ _ _ _ _ _ dal parco di buon'ora.

3. _ _ _ _ _ _ _ _ _ _ _ _ _ _ _ _ voi dal ristorante insieme?

4. Il treno _ _ _ _ _ _ _ _ _ _ _ _ _ _ _ dalla stazione lentamente.

5. _ _ _ _ _ _ _ _ _ _ _ _ _ _ _ _ Lei dall'ufficio alle sei?

C. Complete each sentence by supplying the correct form of **venire**:

1. _ _ _ _ _ _ _ _ _ _ _ _ _ _ _ _ essi a Roma questo mese?

2. _ _ _ _ _ _ _ _ _ _ _ _ _ _ _ _ Lei all'opera con noi?

3. Questi turisti _ _ _ _ _ _ _ _ _ _ _ _ _ _ _ da New York.

4. Non _ _ _ _ _ _ _ _ _ _ _ _ _ _ _ _ voi a pranzo da noi?

5. Io _ _ _ _ _ _ _ _ _ _ _ _ _ _ _ _ al museo una volta alla settimana.

D. Change the subject and the verb to the plural:

1. Ella dice la verità. _

_ _

2. Io esco dal museo con Vittorio. _

_ _

3. A che ora vieni tu oggi? _

_ _

4. Io non dico niente al maestro. _

_ _

5. Quando esce Lei dalla biblioteca? _____

_____

E. Change the subject and the verb to the singular:

1. Che dite voi al medico? _____

_____

2. Noi non usciamo stasera. _____

_____

3. Essi vengono qui in bicicletta. _____

_____

4. Perchè non dite voi i fatti? _____

_____

5. Noi veniamo a Roma una volta all'anno. _____

_____

F. Complete the following commands in Italian:

1. Let's go out of this house.   _____ da questa casa.

2. Tell the truth, boys.   _____ la verità, ragazzi.

3. Do not come too late, Miss Parisi.   _____ troppo tardi, signorina
   Parisi.

4. Let us say good evening.   _____ buona sera.

5. Louis, come out of the garden.   Luigi, _____ dal giardino.

G. Complete the following Italian sentences:

1. Does he leave the hospital today?   _____ dall'ospedale oggi?

2. She does not say too much.   _____ troppo.

3. We leave the hotel at five o'clock.   _____ dall'albergo alle
   cinque.

4. What are they saying to the guide?   Che cosa _____ alla guida?

5. Are you coming by car?   _____ voi in automobile?

6. I am going out in a few minutes.   _____ fra pochi minuti.

7. Are you coming to the game today?   _____ tu alla partita oggi?

8. They are not telling everything.   _____ tutto.

9. Who is going out of the room?   Chi _____ dalla stanza?

10. Do you come here often, Mr. Russo?   _____ qui spesso, signor Russo?

H. Answer in complete Italian sentences:

1. Che dite voi quando io dico grazie? _____

   _____ .

2. A che ora esce Lei di casa la mattina? _____

   _____ .

3. Dicono tutti sempre la verità? _____

   _____ .

4. Viene Lei a scuola la domenica? _____

   _____ .

5. Con chi uscite oggi? _____

   _____ .

6. Vengono spesso da Lei i Suoi parenti? _____

   _____ .

7. A che ora esce Suo padre quando va a lavorare? _____

   _____ .

8. Esce Lei dall'aula con gli amici? _____

   _____ .

9. Chi viene questo pomeriggio? Noi _____

   _____ .

10. Usciamo dal cinema al principio o alla fine del film? _____

    _____ .

12. Review: Lessons 7–11

A. Write the present tense of the verb in italics, using the subjects indicated:

1. *dare*   (io, esso)   ----------------
   ----

2. *fare*   (voi, tu)   ----------------
   ----

3. *dire*   (tu, voi)   ----------------
   ----

4. *avere*   (io, essi)   ----------------
   ----

5. *potere*   (lui, tu)   ----------------
   ----

6. *sapere*   (noi, esse)   ----------------
   ----

7. *andare*   (ella, io)   ----------------
   ----

8. *volere*   (Lei, voi)   ----------------
   ----

9. *essere*   (io, Giorgio)   ----------------
   ----

10. *uscire*   (tu, noi)   ----------------
    ----

11. *tenere*   (Loro, egli)   ----------------
    ----

12. *stare*   (noi, io)   ----------------
    ----

13. *bere*   (essa, tu)   ----------------
    ----

14. *sedere*   (voi, Lei)   ----------------
    ----

15. *sapere*   (io, loro)   ----------------
    ----

16. *venire*   (noi, io)   ----------------
    ----

17. *dovere*   (essi, noi)   ----------------
    ----

18. *uscire*   (io, esse)   ----------------
    ----

19. *essere*   (Loro, voi)   ----------------
    ----

20. *avere*   (noi, ella)   ----------------

B. Complete the English sentences:

1. Mio padre dà le valigie al facchino.   My father ---------------- the suitcases to the porter.
2. Dov'è Renata adesso?   Where -------- Renata now?
3. Andate subito alla stazione.   -------- to the station immediately.
4. Non possiamo andare al cinema.   ---------------------------- to the movies.
5. Egli non viene a scuola oggi.   -------------------------------- to school today.
6. Pietro deve tornare alle sei.   Peter ------------ return at six o'clock.
7. Essi vogliono venire con noi.   ------------------------ to come with us.
8. Lei non sa chi sono?   -------------------------------- who I am?

55

9. Noi facciamo del caffè fresco.   _____ some fresh coffee.

10. Venga verso le nove.   _____ around nine o'clock.

11. Dove vai tu, Elvira?   Where _____, Elvira?

12. Noi abbiamo due automobili.   _____ two cars.

13. Come stanno i tuoi genitori?   How _____ your parents?

14. Lia non beve latte caldo.   Leah_____ hot milk.

15. Dobbiamo andare adesso?   _____ go now?

16. Chi sono quelle signorine?   Who _____ those young ladies?

17. A che ora uscite dall'ufficio?   At what time _____ the office?

18. Non sapete giocare a tennis?   _____ how to play tennis?

19. Giovanni siede con suo zio.   John _____ with his uncle.

20. Uscite subito tutti!   Everybody _____ immediately!

C. Complete each sentence with the correct form of the verb in italics:

1. Quando *esci* tu? Io _____ fra pochi minuti. Antonio e Michele

   _____ subito.

2. *Vogliono* fare una passeggiata? No, essi non _____ fare una passeggiata.

   Io _____ fare una passeggiata.

3. Che cosa *è* questo? _____ i libri di mio fratello. Non

   _____ niente di straordinario.

4. *Ha* Lei una macchina fotografica? Io non _____ una macchina foto-

   grafica, ma mio fratello _____ due macchine fotografiche.

5. Chi *sono* quelle ragazze? La bionda _____la cugina di Paolo. Le brune

   _____ le sorelle di Marisa.

D. Rewrite each sentence, replacing the verb in italics with the correct form of each verb in parentheses:

1. Rosella non *va* con voi?   (venire, stare)

   _____

   _____

2. Marco e Carlo *sono* in biblioteca.   (andare, studiare)

   _____

   _____

3. Chi *fa* il tè oggi?   (volere, avere)

----

4. Essi non *vengono* presto   (uscire, andare)

----

5. Noi non *diamo* niente.   (dire, fare)

E. Complete the Italian sentences:

1. I don't know what to do.   _____ che cosa fare.

2. What does the doctor say?   Che cosa _____ il medico?

3. Aren't your friends coming tonight?   _____ i vostri amici stasera?

4. We don't have time this week.   _____ tempo questa settimana.

5. Rina is not in this classroom.   Rina _____ in quest'aula.

6. We know the date of the party.   _____ la data della festa.

7. I'm doing the work at the office. _____ il lavoro in ufficio.

8. Let's go to the village.   _____ al villaggio.

9. He wants a glass of milk.   _____ un bicchiere di latte.

10. Give to the poor, my friends.   _____ ai poveri, amici miei.

11. He is making a big mistake.   _____ un grande sbaglio.

12. You must always say thank you. Voi _____ sempre dire grazie.

13. Where are they going tomorrow? Dove _____ domani?

14. Let's go out of this place.   _____ da questo posto.

15. Hold this package, Peter.   _____ questo pacco, Pietro.

16. I'm coming with my friend Lisa. _____ con la mia amica Lisa.

17. I never sit near the door.   Non _____ mai vicino alla porta.

18. Mario, say good morning to Miss Smith. Mario, _____ buon giorno alla signorina Smith.

19. I have a new teacher this year.   _____ un nuovo professore quest'anno.

20. Who knows why?   Chi _____ perchè?

F. Using complete Italian sentences, tell a close friend of yours:

1. to go to the doctor _____

2. to stay home _____

3. to keep the tickets _____

4. to stay well _____

5. to drink the coffee _____

6. to come immediately _____

G. Answer in complete Italian sentences:

1. Va Lei a scuola in bicicletta? _____

_____

2. Vuole Lei guardare la televisione? _____

_____

3. Ha Lei un cane a casa? _____

_____

4. È Lei italiano o americano? _____

_____

5. Fa Lei molti errori d'italiano? _____

_____

6. A che ora esce Lei di casa la mattina? _____

_____

7. Viene Lei a scuola oggi? _____

_____

8. Sa Lei il nome del direttore? _____

_____

9. A che ora esce Lei dalla scuola? _____

_____

10. Deve Lei andare a scuola il sabato? _____

_____

13. The Future Tense of Regular Verbs

parl*are*, to speak *I shall (will) speak*	vend*ere*, to sell *I shall (will) sell*	fin*ire*, to finish *I shall (will) finish*
io parl*erò*	io vend*erò*	io fin*irò*
tu parl*erai*	tu vend*erai*	tu fin*irai*
Lei parl*erà*	Lei vend*erà*	Lei fin*irà*
egli, lui, esso parl*erà*	egli, lui, esso vend*erà*	egli, lui, esso fin*irà*
ella, lei, essa parl*erà*	ella, lei, essa vend*erà*	ella, lei, essa fin*irà*
noi parl*eremo*	noi vend*eremo*	noi fin*iremo*
voi parl*erete*	voi vend*erete*	voi fin*irete*
Loro parl*eranno*	Loro vend*eranno*	Loro fin*iranno*
essi, loro parl*eranno*	essi, loro vend*eranno*	essi, loro fin*iranno*
esse, loro parl*eranno*	esse, loro vend*eranno*	esse, loro fin*iranno*

Note

1. The future tense of regular **-are** and **-ere** verbs is formed by adding the following personal endings to the stem of the verb: **-erò, -erai, -erà, -eremo, -erete, -eranno.**

2. For **-ire** verbs, add the following personal endings to the stem: **-irò, -irai, -irà, -iremo, -irete, -iranno.**

EXERCISES

A. Underline the correct verb form, and then translate each sentence into English:

1. La campana (suonerò, suonerà, suonerai) a mezzogiorno. _

_ _

2. Oggi noi non (guarderete, guarderemo, guarderanno) la televisione. _ _ _ _ _ _ _ _ _ _ _ _

_ _

3. Essi (visiteremo, visiterà, visiteranno) l'Italia la prossima estate. _ _ _ _ _ _ _ _ _ _ _ _ _ _

_ _

4. Io (studierò, studierete, studierà) la musica con un nuovo professore. _ _ _ _ _ _ _ _ _ _ _

_ _

5. Domani sera Giorgio (porterò, porterà, porteremo) dei dischi moderni. _ _ _ _ _ _ _ _ _ _

_ _

6. (Ritornerai, Ritornerete, Ritornerà) tu a casa tardi? _

_ _

7. Per domani voi (impareranno, imparerò, imparerete) il vocabolario. _____

_____

8. Il mese prossimo mio padre (comprerò, comprerà, compreranno) una bicicletta per il mio

compleanno. _____

_____

9. Stamattina io (passerò, passerà, passeremo) dal calzolaio. _____

_____

10. Dopodomani Anna (celebrerà, celebreranno, celebrerete) il suo anniversario. _____

_____

B. Write the future tense of the verb in parentheses, and then translate each sentence into English:

1. (ascoltare)   Ella _____ la radio italiana.

_____

2. (chiudere)   Essi non _____ tutte le finestre.

_____

3. (leggere)   _____ tu questo romanzo?

_____

4. (finire)   Io _____ l'esame prima di tutti.

_____

5. (arrivare)   A che ora _____ il treno a Venezia?

_____

6. (prendere)   Noi non _____ la gondola stasera.

_____

7. (costruire)   Essi _____ un nuovo ospedale.

_____

8. (partire)   Quando _____ voi per Genova?

_____

9. (indossare)   Che _____ Lei per ballo di stasera?

_____

10. (passare)   Dove _____ Loro le vacanze?

_____

C. Replace the verb in italics with the correct form of each verb in parentheses:

1. Quando *ritornerà* Matteo?   (partire, arrivare, scrivere)

_____

---

2. Dove *abiteranno* Loro?   (pranzare, dormire, arrivare)

---

3. *Offriremo* molto.   (ballare, ricevere, leggere)

---

4. *Troverò* la chiave.   (perdere, prendere, portare)

---

5. Che *leggerà* Carla?   (rispondere, servire, prendere)

---

6. *Pattinerete* voi oggi?   (camminare, partire, cantare)

---

7. Quanto *lavorerà* Michele?   (comprare, offrire, ricevere)

---

8. *Arriverò* domani.   (nuotare, rispondere, dormire)

---

9. *Pranzerai* stasera?   (scrivere, ballare, leggere)

---

10. I soldati *obbediranno*.   (ascoltare, scrivere, capire)

D. Change to the future, and then translate each new sentence into English:

1. Io finisco i compiti presto. ---

----

2. Noi ascoltiamo il concerto. --

----

3. Non pulisci la tua stanza? ---

----

4. L'uomo vendi il suo biglietto. ---

----

5. Mia sorella scrive all'avvocato. --

----

6. Prendo una tazza di caffè. ---

----

7. Quanti compagni inviti per il compleanno? ----------------------------------

----

8. Egli invia il telegramma all'albergo. --

----

9. Quando vende Lei la casa? ---

----

10. Comprano Loro una nuova automobile? -----------------------------------

----

E. Answer in complete Italian sentences:

1. Dove finirà Lei i compiti oggi? --

---.

2. A che ora ritornerà Lei a casa questo pomeriggio? -----------------------

---.

3. Chi cucinerà il pranzo a casa? --

---.

4. A che ora pranzerà la Sua famiglia? ---------------------------------------

---.

5. Guarderete voi la televisione stasera? Noi _____

_____

6. Ascolteranno Loro i dischi dopo pranzo? Noi _____

_____

7. Quando pulirà Lei la Sua stanza? _____

_____

8. Parlerete voi italiano a casa? _____

_____

9. Comprerà Lei un vestito nuovo domani? _____

_____

10. Quante ore dormirà Lei stanotte? _____

_____

    F. Complete each sentence in Italian:

1. Tomorrow they will receive the dresses.
    Domani _____ i vestiti.

2. We will dine in a good restaurant.
    _____ in un buon ristorante.

3. He will come down in a little while.
    _____ fra poco.

4. Who will receive the present?
    Chi _____ il regalo?

5. I will answer next week.
    _____ la settimana prossima.

6. Why won't she finish the meal?
    Perchè _____ il pasto?

7. Will you not count the money?
    Non _____ voi il denaro?

8. The waitress will put the dishes on the table.
    La cameriera _____ i piatti in tavola.

9. At what time will you leave Wednesday?
    A che ora _____ Loro mercoledì?

10. We will not finish this book today.
    _____ questo libro oggi.

14. The Future Tense of Irregular Verbs

Some verbs have irregular stems in the future. However, the endings are the same for all of them: -ò, -ai, -à, -emo, -ete, -anno. These endings are identical with those for the regular verbs.

Infinitive	Future	Meaning
andare	io *andrò*, tu *andrai*, etc.	I shall go, you will go, etc.
avere	io *avrò*, tu *avrai*, etc.	I shall have, you will have, etc.
bere	io *berrò*, tu *berrai*, etc.	I shall drink, you will drink, etc.
dare	io *darò*, tu *darai*, etc.	I shall give, you will give, etc.
dire	io *dirò*, tu *dirai*, etc.	I shall say, you will say, etc.
dovere	io *dovrò*, tu *dovrai*, etc.	I shall have to, you will have to, etc.
essere	io *sarò*, tu *sarai*, etc.	I shall be, you will be, etc.
fare	io *farò*, tu *farai*, etc.	I shall do (make), you will do (make), etc.
potere	io *potrò*, tu *potrai*, etc.	I shall be able, you will be able, etc.
sapere	io *saprò*, tu *saprai*, etc.	I shall know, you will know, etc.
stare	io *starò*, tu *starai*, etc.	I shall stay, you will stay, etc.
tenere	io *terrò*, tu *terrai*, etc.	I shall hold, you will hold, etc.
vedere	io *vedrò*, tu *vedrai*, etc.	I shall see, you will see, etc.
venire	io *verrò*, tu *verrai*, etc.	I shall come, you will come, etc.
vivere	io *vivrò*, tu *vivrai*, etc.	I shall live, you will live, etc.
volere	io *vorrò*, tu *vorrai*, etc.	I shall want, you will want, etc.

EXERCISES

A. Complete the English sentences:

1. Dopodomani vedremo una commedia.

   The day after tomorrow _ a comedy.

2. Essi non saranno a casa così presto.

   _ home so early.

3. Andrà Lisa a Milano questa primavera?

   _ _ _ _ _ _ _ _ _ _ _ _ _ _ _ _ _ _ _ to Milan this spring?

4. Quando sarai in Germania?

   When _in Germany?

5. Che cosa darà Lei a Carlo?

   What _ to Charles?

6. La settimana prossima esse verranno da Roma.

   Next week _ from Rome.

7. Quest'uomo vivrà più di cento anni.

   This man _ _ _ _ _ _ _ _ _ _ _ _ _ _ _ _ _ more than one hundred years.

8. L'anno venturo avrò una macchina nuova.

   Next year _ a new car.

9. Darai tu la mancia al cameriere?

   _ the tip to the waiter?

10. Sabato prossimo faremo una festa.

    Next Saturday _ a party.

B. Write the verb in the future, and then translate each sentence into English:

1. *venire:*   Noi _____ in automobile insieme.

_____

2. *dare:*   Ella _____ la medicina al bambino.

_____

3. *essere:*   Essi _____ tanto felici adesso.

_____

4. *fare:*   Che cosa _____ tu sabato?

_____

5. *avere:*   Questo pomeriggio io non _____ tempo per giocare.

_____

6. *sapere:*   Fra poco noi _____ il risultato dell'elezione.

_____

7. *vedere:*   Quando _____ voi il nuovo film italiano?

_____

8. *finire:*   Io _____ il lavoro presto.

_____

9. *andare:*   _____ Lei a Viareggio domenica prossima?

_____

10. *potere:*   Voi non _____ andare alla spiaggia oggi.

_____

C. Change to the future:

1. Mia sorella fa una bella torta per il compleanno. _____

_____

2. A che ora vai all'ufficio? _____

_____

3. Paolo non dice niente alla famiglia. _____

_____

4. Questa lezione è troppo facile. _____

_____

5. Non hanno essi i biglietti? _____

_____

6. Quando venite da noi? _____

7. Noi non stiamo a casa. _____

8. Oggi vediamo la città del Vaticano. _____

   _____

9. Essi vivono in pace in campagna. _____

   _____

10. Non devo partire domani. _____

    _____

D. Write the Italian equivalents, using the italicized sentences as models:

Tu ed io studieremo insieme.
1. You and I will stay together.

   _____

2. You and I will go together.

   _____

3. You and I will come together.

   _____

Elisa non prenderà niente.
1. Elise will not say anything.

   _____

2. Elise will not give anything.

   _____

3. Elise will not know anything.

   _____

Che cosa comprerete là?
1. What will you see there?

   _____

2. What will you do there?

   _____

3. What will you say there?

   _____

Sa che essi non riceveranno molto.
1. He knows that they won't do much.

   _____

2. He knows that they won't have much.

   _____

3. He knows that they won't see much.

   _____

E. Answer in complete Italian sentences:

1. Sarà una bella giornata domani? _____

   _____

2. Avrà Lei tempo per giocare questo pomeriggio? _____

   _____

3. Saprà Lei parlare italiano subito? _____

   _____

4. Che farà Lei questo weekend? _____

   _____

5. Andrà Lei in Italia l'anno venturo? _____

   _____

6. Verrà Lei a scuola lunedì prossimo? _____

   _____

7. Potrà Lei andare a teatro stasera? _____

   _____

8. Vedrà Lei un film questo sabato? _____

   _____

9. Quando darà Lei un dono a Sua madre? _____

   _____

10. Dove starà Lei quest'estate? _____

    _____

F. Change each statement into a question, following the pattern in the example:

Example: Andrò al cinema domani.
            Perchè andrà Lei al cinema domani?

1. Dovrò comprare un nuovo soprabito.

   _____

2. Non saprò la risposta alla domanda.

   _____

3. Dormiremo in albergo stanotte.

   _____

4. Oggi non faremo i compiti.

   _____

5. Verremo tardi al ristorante.

   _____

15. The Present Perfect Tense: Verbs With *Avere*

	par*lare*, to speak	vend*ere*, to sell	fin*ire*, to finish
	io ho parlato: *I spoke,* *I have spoken,* *I did speak*	**io ho venduto:** *I sold,* *I have sold,* *I did sell*	**io ho finito:** *I finished,* *I have finished* *I did finish*
io	*ho* par*lato*	*ho* vend*uto*	*ho* fin*ito*
tu	*hai* par*lato*	*hai* vend*uto*	*hai* fin*ito*
Lei	*ha* par*lato*	*ha* vend*uto*	*ha* fin*ito*
egli, lui, esso	*ha* par*lato*	*ha* vend*uto*	*ha* fin*ito*
ella, lei, essa	*ha* par*lato*	*ha* vend*uto*	*ha* fin*ito*
noi	*abbiamo* par*lato*	*abbiamo* vend*uto*	*abbiamo* fin*ito*
voi	*avete* par*lato*	*avete* vend*uto*	*avete* fin*ito*
Loro	*hanno* par*lato*	*hanno* vend*uto*	*hanno* fin*ito*
essi, loro	*hanno* par*lato*	*hanno* vend*uto*	*hanno* fin*ito*
esse, loro	*hanno* par*lato*	*hanno* vend*uto*	*hanno* fin*ito*

Note

1. The present perfect tense of most verbs is formed by combining the present tense of **avere** with the past participle of the verb.

2. The past participle of regular verbs and many irregular verbs is generally formed by dropping the infinitive endings (**-are, -ere, -ire**) and adding the following endings:

		EXAMPLE
-ato	for **-are** verbs	**parlato**
-uto	for **-ere** verbs	**venduto**
-ito	for **-ire** verbs	**finito**

3. To make a verb negative in the present perfect tense, place **non** before the verb **avere**. To form a question, place the subject after the past participle or leave the sentence as is, and change the inflection of the voice.

Paolo non ha venduto la casa. Paul has not sold the house.

Hanno pranzato i bambini?
Or:
I bambini hanno pranzato? } Have the children had dinner?

EXERCISES

A. Write the past participle:

1. ascoltare _____
2. sentire _____
3. pensare _____
4. perdere _____
5. godere _____

6. vendere _____
7. capire _____
8. domandare _____
9. ricevere _____
10. imparare _____

B. Translate the Italian sentences into English in three ways:

1. Noi abbiamo lavorato insieme.

   _____
   _____
   _____

2. Voi non avete ricevuto niente.

   _____
   _____
   _____

3. Esse hanno dormito poco.

   _____
   _____
   _____

4. Michele ha capito il problema.

   _____
   _____
   _____

5. Io ho dato subito la spiegazione.

   _____
   _____
   _____

C. Change to the negative:

1. Voi avete finito la lezione.

   _____

2. Maria ha perduto l'ombrello.

   _____

3. Io ho portato la macchina fotografica.

   ----

4. Hanno visitato i turisti la cattedrale?

   ----

5. Tu hai ricevuto una lettera oggi.

D. Rewrite each sentence, replacing the verb in italics with the correct form of the verbs in parentheses:

1. Abbiamo *comprato* la radio.   (ascoltare, vendere, costruire)

   ----

2. Avete *ballato* molto?   (cantare, viaggiare, capire)

   ----

3. Hai *lavorato* oggi?   (finire, cucinare, nuotare)

   ----

4. Non ho *parlato* troppo.   (spedire, perdere, pattinare)

   ----

5. Loro hanno *pranzato* bene.   (suonare, cantare, pulire)

E. Rewrite each sentence, using the subjects indicated:

1. Gina non ha perduto tempo.   (Essi, Io, Noi)

   ----

2. Io ho pulito la tavola.   (Ella, Tu, Esse)

----

3. Non hai capito la domanda?   (Lei, Loro, Voi)

----

4. Marisa non ha creduto niente.   (Noi, Egli, Io)

----

5. Avete comprato il giradischi a buon mercato?   (tu, essi, Lei)

F. Complete the following sentences, using the present perfect tense of the verbs in parentheses, and then translate the sentences into English:

1. (servire)   Il cameriere _____ il pranzo.

----

2. (cancellare)   Io _____ subito lo sbaglio.

----

3. (imparare)   Gli alunni _____ l'algebra quest'anno.

----

4. (perdere)   Quando _____ Lei le chiavi?

----

5. (portare)   Noi _____ i panini a casa.

----

6. (ripetere)   Voi non _____ tutto il dialogo.

----

7. (trovare)   Dove _____ tu la borsetta?

----

8. (ricevere)   _____ Loro il pacco dal signor Marino?

----

9. (finire)   Le signorine _____ la colazione.

_____

10. (credere)   Mio zio non _____ la mia spiegazione.

_____

G. Change the following sentences to the present perfect tense, and then translate the new sentences into English:

1. Aldo e Piero finiscono il lavoro.

_____

_____

2. Mio cugino balla con Matilde.

_____

_____

3. Ricevi tu molta posta dall'Italia?

_____

_____

4. Non capisco quel problema.

_____

_____

5. Ascoltiamo una bella canzone italiana.

_____

_____

6. Servite il formaggio con la frutta?

_____

_____

7. Il signor Breda vende l'automobile.

_____

_____

8. I miei compagni imparano le parole a memoria.

_____

_____

9. Saluti tu sempre il signor Rossi?

_____

_____

10. Quando spedisci il pacco a Venezia?

H. Answer in complete Italian sentences:

1. Ha abitato Lei mai a Roma? ---------------------------------------

    --.

2. Avete perduto voi il libro d'italiano? Noi ----------------------

    --.

3. Quante ore ha dormito Lei ieri notte? --------------------------

    --.

4. Ha visitato l'Europa la Sua famiglia? --------------------------

    --.

5. Hanno salutato Loro il professore oggi? Noi --------------------

    --.

6. Avete pattinato voi quest'anno? Noi ----------------------------

    --.

7. A che ora ha pranzato Lei ieri? --------------------------------

    --.

8. Ha ricevuto Lei mai un telegramma? -----------------------------

    --.

9. Avete veduto voi molti edifici moderni? Noi --------------------

    --.

10. Hanno finito Loro i compiti per domani? Noi -------------------

    --.

16. The Present Perfect Tense: Verbs With *Essere*

arrivare, to arrive

io sono arrivato: *I arrived, I have arrived, I did arrive*

Masculine Subjects	Feminine Subjects	Masculine Subjects	Feminine Subjects
io *sono* arriv*ato*	io *sono* arriv*ata*	noi *siamo* arriv*ati*	noi *siamo* arriv*ate*
tu *sei* arriv*ato*	tu *sei* arriv*ata*	voi *siete* arriv*ati*	voi *siete* arriv*ate*
Lei *è* arriv*ato*	Lei *è* arriv*ata*	Loro *sono* arriv*ati*	Loro *sono* arriv*ate*
egli, lui, esso *è* arriv*ato*	ella, lei, essa *è* arriv*ata*	essi, loro *sono* arriv*ati*	esse, loro *sono* arriv*ate*

Note

1. Many verbs form their present perfect with **essere** instead of **avere**. It is helpful to remember that many of these verbs involve motion from one place to another. The following common verbs, all with regular past participles, take **essere:**

andare, to go	**entrare,** to enter	**scappare,** to run away
arrivare, to arrive	**partire,** to depart	**stare,** to stay
cadere, to fall	**ritornare,** to return, come back	**tornare,** to return, go (come) back
diventare, to become	**salire,** to go up	**uscire,** to go out

2. The past participles of verbs conjugated with **essere** always agree with the subject in gender and number.

Mio *fratello* è partit*o*.   Mia *sorella* è partit*a*.
I *ragazzi* sono partit*i*.   Le *ragazze* sono partit*e*.

3. Since the pronouns **io, tu, Lei, noi, voi, Loro** may be either masculine or feminine, the past participles used with them must vary accordingly in **o** (*m. sing.*), **a** (*f. sing.*), **i** (*m. pl.*), **e** (*f. pl.*).

EXERCISES

A. Write the past participle of each verb in parentheses. Be sure that the past participle agrees with the subject in gender and number:

1. (uscire)   Lo zio non è _____ in fretta.

2. (salire)   I nostri vicini non sono _____ ancora.

3. (cadere)   Le foglie sono _____ dagli alberi.

4. (diventare)   La signorina Crespi non è _____ famosa.

5. (partire)   Le ragazze sono _____ stamane.

6. (tornare)   Il signor Esposito è _____ all'albergo.

7. (stare)   In quale albergo sei _____?

8. (andare)   Quando sono _____ essi all'opera?

9. (entrare) L'alunno è _____ molto tardi oggi.

10. (arrivare) Il treno non è _____ in orario.

B. Change the verb to the present perfect:

1. Antonio ed io arriviamo al teatro presto. _____

2. Egli non va al cinema stasera. _____

3. Quando partirà Lei, signora Martino? _____

4. Cade Carla per le scale? _____

5. Essi non torneranno in città questa settimana. _____

6. Esce presto oggi la donna? _____

7. A che ora arriverà il piroscafo? _____

8. La cameriera entra in cucina. _____

9. Perchè vai dal dottore, Angelo? _____

10. Esse ritornano al villaggio a piedi? _____

C. Complete the Italian sentences:

1. They came back late on Tuesday. Esse _____ tardi martedì.

2. She went to the airport immediately. Ella _____ subito all'aeroporto.

3. Grace fell in front of the station. Grazia _____ davanti alla stazione.

4. Who has entered the house? Chi _____ in casa?

5. Have the Lombardos left for Europe already? I Lombardo _____ già per l'Europa?

6. My parents have arrived today. I miei genitori _____ oggi.

7. Today I went to the market early. Oggi _____ al mercato di buon'ora.

8. The thief ran away. Il ladro _____ .

9. Where did you go this morning, Robert? Dove _____ stamane, Roberto?

10. They went to the party with George. Esse _____ alla festa con Giorgio.

D. Rewrite the sentences, substituting for each masculine subject the equivalent feminine subject:

Example: L'uomo è venuto alla porta. La donna è venuta alla porta.

1. Essi non sono arrivati a Napoli.

_____

2. Il ragazzo è caduto nella cucina.

   ----

3. È tornato dal giardino il figlio?

   ----

4. Gli zii sono usciti con la loro nipote.

   ----

5. Egli è diventato famoso immediatamente.

   ----

6. Il maestro è andato in città.

   ----

7. I cugini sono partiti di buon'ora.

   ----

8. I fratelli sono tornati in Italia?

   ----

9. Essi sono diventati amici.

   ----

10. Il mio nonno non è stato con noi ieri sera.

E. Rewrite each sentence, substituting the present perfect of the verbs indicated:

1. Hanno viaggiato in automobile.　　　　(partire, arrivare)

   ----

2. Quando ha risposto Anna?　　　　(tornare, entrare)

   ----

3. Voi avete finito presto.　　　　(uscire, scappare)

   ----

4. Dove hanno studiato Franco e Gino?　　　　(cadere, andare)

   ----

5. Non hanno ancora cominciato, signori?　　　　(salire, partire)

F. Answer in complete Italian sentences:

1. È andato(a) Lei alla spiaggia ieri? _____

   _____

2. In che stagione sono cadute le foglie? _____

   _____

3. È stato(a) Lei con i Suoi amici sabato scorso? _____

   _____

4. È andata recentemente in campagna la Sua famiglia? _____

   _____

5. A che ora è uscito(a) Lei di casa stamattina? _____

   _____

6. È arrivato tardi a casa Suo padre ieri sera? _____

   _____

7. Il Suo cane è scappato di casa? _____

   _____

8. Sono partiti i Suoi parenti per l'Italia? _____

   _____

9. È diventato(a) Lei molto pallido(a)? _____

   _____

10. Quando è arrivato(a) Lei a scuola oggi? _____

    _____

17. Verbs With Irregular Past Participles

Some common verbs have irregular past participles. Some of these verbs take **avere**, others **essere**.

COMMON *AVERE* VERBS WITH IRREGULAR PAST PARTICIPLES

Infinitive	Past Participle	Infinitive	Past Participle
aprire, to open	*aperto,* opened	**mettere,** to put	*messo,* put
bere, to drink	*bevuto,* drunk	**offrire,** to offer	*offerto,* offered
conoscere, to know, meet	*conosciuto,* known, met	**perdere,** to lose	*perso* or *perduto,* lost
dire, to say, tell	*detto,* said, told	**piangere,** to cry	*pianto,* cried
dividere, to divide	*diviso,* divided	**prendere,** to take	*preso,* taken
fare, to do, make	*fatto,* done, made	**scrivere,** to write	*scritto,* written
leggere, to read	*letto,* read	**vedere,** to see	*visto,* seen

COMMON *ESSERE* VERBS WITH IRREGULAR PAST PARTICIPLES

Infinitive	Past Participle
essere, to be	*stato,* been
morire, to die	*morto,* died
nascere, to be born	*nato,* born
vivere, to live	*vissuto,* lived
scendere, to go down, descend	*sceso,* descended
succedere, to happen	*successo,* happened
venire, to come	*venuto,* came

EXERCISES

A. Write the past participle of each verb in parentheses, and then translate the sentences into English:

1. (aprire)   Chi ha _____ il guardaroba?

   _____

2. (leggere)   Gualtiero ha _____ il giornale.

   _____

3. (succedere)   Dov'è _____ l'incidente ieri sera?

   _____

4. (prendere)   Stamattina abbiamo _____ il treno.

   _____

5. (dire)   Che hai _____ al tuo vicino?

   _____

6. (scrivere)   Ragazzi, avete _____ la data?

   _____

7. (nascere)   Io sono _ _ _ _ _ _ _ _ _ _ _ _ _ _ _ _ _ _ a febbraio.

_ _

8. (venire)   Siamo _ _ _ _ _ _ _ _ _ _ _ _ _ _ _ _ _ _ a scuola un po' tardi.

_ _

9. (offrire)   Essi hanno _ _ _ _ _ _ _ _ _ _ _ _ _ _ _ _ _ _ dei biscotti ai bambini.

_ _

10. (morire)   Suo nonno è _ _ _ _ _ _ _ _ _ _ _ _ _ _ _ _ _ _ .

_ _

B. Change the verb to the present perfect tense, and then translate the new sentences into English:

1. La bambina piange tutta la notte. _

_ _

2. Non conosco nessuno in quel paese. _

_ _

3. Quel soldato è molto coraggioso. _

_ _

4. I miei amici vivono molto bene. _

_ _

5. Perchè non scende tuo fratello? _

_ _

6. Prendete il caffè nel salotto? _

_ _

7. Che succede alla partita? _

_ _

8. La mamma divide la torta in sei porzioni. _

_ _

9. Molti bambini nascono in quest'ospedale. _

_ _

10. Scrivo al mio avvocato oggi. _

_ _

C. Complete the Italian sentences:

1. They wrote immediately to   _ subito a
   Richard.   Riccardo.

2. He hasn't been here this week.   Non _ _ _ _ _ _ _ _ _ _ _ _ _ _ qui questa settimana.

3. I didn't take the bus yesterday.   Non _____ l'autobus ieri.

4. His uncle read the letter quickly.   Suo zio _____ la lettera rapidamente.

5. You didn't say goodbye to the teacher.   Voi non _____ arrivederci al professore.

6. Have they written the exercises?   _____ gli esercizi?

7. Columbus was born in Genoa.   Colombo _____ a Genova.

8. When did you come to New York, Mario?   Quando _____ a New York, Mario?

9. Fortunately, the woman did not die.   Fortunatamente la donna non _____.

10. Where did you put your notebooks?   Dove _____ Loro i quaderni?

D. Rewrite each sentence, substituting the present perfect of the verbs indicated:

1. La signora Ferrari è nata a Napoli.   (venire, morire)

    _____

    _____

2. Che avete letto questa settimana?   (scrivere, fare)

    _____

    _____

3. Io ho scritto a Milano.   (essere, nascere)

    _____

    _____

4. Noi abbiamo offerto il denaro.   (dividere, prendere)

    _____

    _____

5. Quando ha scritto ella?   (scendere, morire)

    _____

    _____

E. Answer in complete Italian sentences:

1. Hanno Loro letto il giornale oggi? Noi _____

    _____.

2. È stato(a) Lei mai in Francia? _____

    _____.

3. Ha scritto Lei una lettera ieri sera? --
--.

4. Avete messo i libri sul banco? Noi ---
--.

5. Hanno conosciuto Loro il direttore? ---
--.

6. Dov'è nato(a) Lei? --
--.

7. Chi ha aperto le finestre? --
--.

8. Avete detto voi buon giorno al direttore? Noi -----------------------------------
--.

9. Hanno preso Loro il caffè stamattina? ---
--.

10. Sono vivi o morti i Suoi nonni? --
--.

The island of Capri, in the Bay of Naples, attracts many tourists.

18. Review: Lessons 13-17

A. Underline the two verb forms that may be correctly used with the subject indicated:

1. Quando (pianta, hanno piantato, pianteranno) essi questi alberi?
2. Anche noi (partiremo, partono, siamo partiti) il due luglio.
3. Luisa e Giorgio (andranno, sono andati, sono andate) a sciare.
4. Pietro, dove (sei stata, sei stato, sarai) verso le tre del pomeriggio?
5. Voi (siete venuti, verrete, vengono) con la nave *Michelangelo?*
6. Oggi io non (potrò, può, ho potuto) comprare niente al mercato.
7. Certo Lei (rispetterò, rispetterà, ha rispettato) questi signori.
8. Daniele ed io (prenderemo, abbiamo preso, prendono) lo stesso treno.
9. Quando (siete arrivati, è arrivato, arriverete) voi all'aeroporto Leonardo da Vinci?
10. Io (sono vissuto, sei vissuto, vivrò) bene in quel luogo.
11. Qui le foglie degli alberi (cadranno, siamo cadute, cadono) in autunno.
12. Quest'anno noi (faranno, faremo, abbiamo fatto) un viaggio in Europa.
13. La signorina Bertini (è diventata, sono diventata, diventerà) una cantante magnifica.
14. (Sono stati, sarà, saranno) Loro dal dentista stamane?
15. Quando (andrà, andrai, è andato) Suo figlio in Italia?

B. Change the subject and the verb to the plural, and then translate the new sentences into English:

1. Tu hai parlato con l'ingegnere poco fa? _____

   _____

2. Quando ritornerà Lei in ufficio? _____

   _____

3. Ella non è uscita ancora dalla bottega. _____

   _____

4. Egli comprenderà molto bene il tuo dilemma. _____

   _____

5. Io non avrò tempo per questo progetto. _____

   _____

6. Ella ha ricevuto un caloroso applauso. _____

   _____

7. A che ora chiuderai il negozio stasera? _____

   _____

8. Io non dirò niente a tua madre. _____

   _____

9. Ella è nata in Argentina come noi. _____

_____

10. Hai preso il treno o l'autobus stamane? _____

_____

C. Change the verb to the future tense and then to the present perfect tense:

1. Antonio mostra la via giusta al turista. _____ _____

2. Accetti tu il conto per la cena stasera? _____ _____

3. Essi devono sapere tutta la verità. _____ _____

4. Perchè scrivi una lettera a tuo zio? _____ _____

5. Non ceniamo mai in quel ristorante. _____ _____

6. Chi insegna il corso di chimica quest'anno? _____ _____

7. Stasera essi non vanno all'opera insieme? _____ _____

8. A che ora arriva l'aeroplano da Napoli? _____ _____

9. Perchè non pattinate con noi questo pomeriggio? _____ _____

10. Noi diamo l'informazione a Bruno. _____ _____

11. Dove costruite voi la nuova casa? _____ _____

12. Che cosa facciamo adesso, amici? _____ _____

13. Oggi egli non fa niente. _____ _____

14. Io non posso trovare un buon impiego da dattilografa. _____ _____

15. Che cosa dite nel vostro messaggio? _____ _____

16. Quale treno prendiamo per Venezia? _____ _____

17. Ma tu non vieni alla gita con noi? _____ _____

18. Oggi vedo Roma con mio cugino Carlo. _____ _____

19. Siete pronti per gli esami finali? _____ _____

20. Non avete molto tempo per completare il lavoro. _____ _____

D. Rewrite each sentence, replacing the verb in italics with the correct form of the verbs indicated:

1. Che cosa *spedirai* all'avvocato? (dare, mandare)

   ----

2. Il cane di Marco *è scappato* stamane. (tornare, uscire)

   ----

3. Amici, *avete comprato* il giornale oggi? (leggere, vedere)

   ----

4. Di recente non *ho lavorato* abbastanza. (camminare, leggere)

   ----

5. Marcello ed io *passeremo* là tutta l'estate. (stare, lavorare)

E. Complete the Italian sentences:

1. When did Mr. Gorini leave for Milan?

   Quando _____ per Milano il signor Gorini?

2. I will not drink that water anymore.

   _____ più quell'acqua.

3. Will you be able to go to the game this afternoon?

   _____ andare alla partita questo pomeriggio?

4. Haven't you opened that package yet?

   Tu non _____ ancora _____ quel pacco?

5. We have been with our friends until now.

   _____ con i nostri amici fino adesso.

6. Mrs. Pacini fell on the sidewalk yesterday.

   La signora Pacini _____ sul marciapiede ieri.

7. My grandparents remained at home because of the weather.

   I miei nonni _____ a casa a causa del tempo.

8. I will definitely know the result at six o'clock.

   Senz'altro _____ il risultato alle sei.

9. Why didn't you drink the coffee?

   Perchè _____ Lei il caffè?

10. Unfortunately, the poor boy died.

   Sfortunatamente, il povero ragazzo _____ .

11. We did not have any difficulty in Russia.

   _____ nessuna difficoltà in Russia.

12. They have left the theater already.

   _____ già dal teatro.

13. Where did he put his hat and gloves?

   Dove _____ il capello ed i guanti?

14. When did you get back from the country?

   Quando _____ voi dalla campagna?

15. Tonight we saw a big comet in the sky.

   Stanotte _____ una grande cometa nel cielo.

F. Complete the sentences by supplying the correct form of **avere** or **essere**:

1. Il bambino _____ caduto nella piscina.

2. Noi _____ partiti per Milano dopo di voi.

3. Essi _____ venuti in automobile a Torino.

4. Io non _____ perduto l'ombrello.

5. Gino _____ sceso dal secondo piano.

6. _____ dato tu una mancia al portiere?

7. Voi _____ scritto il tema, non è vero?

8. L'incidente _____ successo in questa strada?

9. Alfredo non _____ risposto mai alla mia lettera.

10. Questi pittori _____ diventati ricchi e famosi.

19. Mastery Exercises

A. For each subject given below, write the present, future, and present perfect forms of the verbs indicated:

	Present	Future	Present Perfect
1. *avere:*	egli	Lei	noi
	-------------	------------------	-------------------
2. *essere:*	voi	tu	esse
	-------------	------------------	-------------------
3. *leggere:*	essi	Loro	Lei
	-------------	------------------	-------------------
4. *salire:*	noi	io	essi
	-------------	------------------	-------------------
5. *perdere:*	Loro	essa	io
	-------------	------------------	-------------------
6. *andare:*	tu	voi	ella
	-------------	------------------	-------------------
7. *ricevere:*	Lei	egli	voi
	-------------	------------------	-------------------
8. *mettere:*	io	noi	Loro
	-------------	------------------	-------------------
9. *scrivere:*	tu	essi	egli
	-------------	------------------	-------------------
10. *sentire:*	essa	ella	noi
	-------------	------------------	-------------------

B. Write the subject and the verb in the plural, and then translate each new sentence into English:

1. La lampada è sulla tavola.

   -- sulla tavola.

   ----

2. Ella ha perso le valigie.

   -- le valigie.

   ----

3. Io capisco la lezione adesso.

   -- la lezione adesso.

   ----

4. Egli partirà venerdì.

   -- venerdì.

   ----

5. È arrivato Lei in treno?

   -- in treno?

   ----

6. Andrai tu alla farmacia?

   -- alla farmacia?

   ----

7. Ella è nata a Parigi dieci anni fa.

   -- a Parigi dieci anni fa.

   ----

8. Il ragazzo sa pensare in italiano.

   -- in italiano.

   ----

9. Io ho dato i soldi a Giovanni.

   -- i soldi a Giovanni.

   ----

10. Terrà Lei queste riviste?

    -- queste riviste?

C. Change to the negative:

1. Egli ha detto buon giorno.

   ----

2. I bambini sanno l'alfabeto adesso.

   ----

3. Ella ha invitato molte persone alle nozze.

   ----

4. Sono nati in Italia i Suoi genitori?

   ----

5. È tornata Maria dal mercato?

D. Change to the interrogative by properly changing the word order:

1. Voi andrete ai supermercato domani.

   ----

2. Lei parte per la Sicilia stasera.

   ----

3. Il signor Marini è di Milano.

   ----

4. Tuo fratello ha ricevuto i biglietti.

   ----

5. Essi ceneranno in un ristorante cinese.

E. Change to the negative interrogative:

1. Antonio è arrivato a tempo.

   ----

2. Il padre di Marco è avvocato.

   ----

3. Essi vorranno venire con me.

   ----

4. Lei ha saputo la risposta.

   ----

5. Tu puoi scendere adesso.

F. Write the Italian familiar imperative in both the singular and plural forms. An example appears on the first line.

	Familiar Singular	Familiar Plural
speak	*parla*	*parlate*
1. listen		
2. do not lose		
3. do not speak		
4. promise		
5. open		
6. don't cry		

G. Write the Italian polite imperative in both the singular and plural forms. An example appears on the first line.

	Polite Singular	Polite Plural
buy	*compri*	*comprino*
1. answer		
2. sing		
3. do not hold		
4. do not repeat		
5. study		
6. don't wait		

H. Write the Italian for the following:

1. let's go _____ 4. let's not take _____

2. let's run _____ 5. let's take _____

3. let's hear _____ 6. let's give _____

I. Change the verb to the future tense, and then translate the new sentences into English:

1. La signora Bonpiani pranza da noi. _____

_____

2. Io metto le chiavi sulla scrivania. _____

_____

3. Che imparate in questa classe? _____

_____

4. L'attrice è ricca e famosa. _____

_____

5. Vanno al ristorante insieme. _____

_____

6. Usciamo dall'ufficio a mezzogiorno. _____

_____

7. Abbiamo una nuova vicina di casa. _____

_____

8. Non compra mai un'automobile piccola. _____

_____

9. Serviamo del caffè espresso e della pizza. _____

_____

10. Qui costruiscono un nuovo ponte. _____

_____

J. Underline the correct translation of the Italian sentence:

1. Che darai a Rosanna?

    a. What did you give Rosanne?
    b. What will you give Rosanne?
    c. What are you giving Rosanne?

2. Sono andato da mia zia.

    a. I went to my aunt's house.
    b. I am going to my aunt's house.
    c. I'll go to my aunt's house.

3. Non capiamo bene lo spagnolo.

    a. They don't understand Spanish well.
    b. We didn't understand Spanish well.
    c. We don't understand Spanish well.

4. Aprono i libri.

    a. They are opening the books.
    b. We are opening the books.
    c. Open the books.

5. Dico la verità.

    a. He told the truth.
    b. I am telling the truth.
    c. Tell the truth.

6. Non avrò molto tempo.

    a. I will not have much time.
    b. She will not have much time.
    c. I do not have much time.

7. Quando sono arrivati?

    a. When will they arrive?
    b. When did they arrive?
    c. When do they arrive?

8. Ripeti la risposta.

    a. He repeats the answer.
    b. I repeat the answer.
    c. Repeat the answer.

9. Ho ricevuto il pacco.

    a. He received the package.
    b. We received the package.
    c. I received the package.

10. Nuotano nel lago.

    a. They swim in the lake.
    b. They will swim in the lake.
    c. We swim in the lake.

K. Underline the verb form that is *incorrect* for the subject indicated:

1. Essi (vengono, sono venuti, vengo) al concerto.
2. Lei (so, sa, ha saputo) suonare il piano?
3. Noi (hanno, avremo, abbiamo) un cane.
4. Io (posso, ho potuto, può) rispondere subito.
5. Egli non (capisce, capirai, ha capito) la spiegazione.
6. Che (ha fatto, fai, fa) Lei giovedì?
7. Noi (andiamo, siamo andati, vanno) al cinema.
8. Il professore (legge, ha letto, leggerò) un racconto.
9. I ragazzi (esce, escono, sono usciti) dal teatro.
10. Io (compro, comprerò, hai comprato) il biglietto.
11. Voi non (sentite, sentirete, avremo sentito) l'esplosione?
12. Non (trova, ha trovato, trovi) Lei il cappello?

13. Ella (dorme, dormirò, ha dormito) solo cinque ore.
14. Mario non (ha voluto, voglio, vuole) vendere l'orologio.
15. Non (partono, siamo partiti, partiranno) Loro oggi?

L. Supply the correct form of **essere** or **avere** as required, and then translate each sentence into English:

1. Essa _____ scritto l'esercizio nel quaderno.

_____

2. Noi _____ partiti dopo di voi.

_____

3. Il cane _____ caduto nel fiume.

_____

4. Io _____ perduto il cappello nuovo.

_____

5. Gli alunni _____ fatto i compiti.

_____

6. Egli non _____ sceso dal treno.
7. Gloria non _____ risposto alla domanda.

_____

8. Perchè non _____ ritornato tuo padre?

_____

9. Marta e Mirella _____ entrate adesso.

_____

10. Non _____ venuti i vostri amici?

_____

M. Answer each question as in the example below:

Example: Oggi ascolto la radio. E domani?
Domani ascolterò la radio.

1. Oggi noi siamo diligenti. E domani? _____

_____

2. Oggi mio padre lavora. E ieri? _____

_____

3. Ieri sera sono passato da mio nonno. E oggi? _____

_____

4. Stamane mia sorella va al mercato. E domani? _____

_____

5. Oggi studio una lezione nuova. E ieri? _____

_____

6. Domani leggerò il giornale. E ieri? _____

_____

7. Adesso esse parlano al telefono. E domani? _____

_____

8. Ieri abbiamo visitato degli amici. E la settimana prossima? _____

_____

9. Stasera essi escono presto. E dopodomani? _____

_____

10. Adesso tu pulisci le scarpe. E domani? _____

_____

N. Answer in complete Italian sentences:

1. Avete fatto tutti i compiti oggi. No, noi _____

_____ .

2. Chi ha obbedito al professore? Gli alunni _____

_____ .

3. Il signor Bianchi ha venduto la casa? No, egli _____

_____ .

4. Dove pranzerà Lei stasera? _____

_____ .

5. È stato(a) Lei a scuola ieri? _____

_____ .

6. Leggerete voi molti libri questo mese? Sì, noi _____

_____ .

7. Capisce Lei sempre le domande del professore? _____

_____ .

8. Quando è nato(a) Lei? _____

_____ .

9. Hanno imparato Loro le regole? Sì, noi _____

_____ .

10. Parlerete voi italiano in classe domani? Sì, noi _____

_____ .

20. Spelling Changes in Certain -*ARE* Verbs—Optional

Verbs ending in **-care** and **-gare**, in order to retain the hard sound of the **c** and **g**, add an **h** before **-e** or **-i.**

dimenti*care*, to forget

PRESENT TENSE	
io dimentico	noi dimenti*chiamo*
tu dimenti*chi*	voi dimenticate
Lei dimentica	Loro dimenticano
egli, lui, esso dimentica	essi, loro dimenticano
ella, lei, essa dimentica	esse, loro dimenticano

IMPERATIVE	
	dimenti*chiamo* (*1st per.*)
dimentica (*fam.*)	dimenticate (*fam.*)
dimenti*chi* (*pol.*)	dimenti*chino* (*pol.*)

FUTURE TENSE	
io dimenti*cherò*	noi dimenti*cheremo*
tu dimenti*cherai*	voi dimenti*cherete*
Lei dimenti*cherà*	Loro dimenti*cheranno*
egli, lui, esso dimenti*cherà*	essi, loro dimenti*cheranno*
ella, lei, essa dimenti*cherà*	esse, loro dimenti*cheranno*

pa*gare*, to pay, pay for

PRESENT TENSE	
io pago	noi pa*ghiamo*
tu pa*ghi*	voi pagate
Lei paga	Loro pagano
egli, lui, esso paga	essi, loro pagano
ella, lei, essa paga	esse, loro pagano

IMPERATIVE		
	pa*ghiamo* (*1st per.*)	
paga (*fam.*)	pagate (*fam.*)	
pa*ghi* (*pol.*)	pa*ghino* (*pol.*)	

FUTURE TENSE	
io pa*gherò*	noi pa*gheremo*
tu pa*gherai*	voi pa*gherete*
Lei pa*gherà*	Loro pa*gheranno*
egli, lui, esso pa*gherà*	essi, loro pa*gheranno*
ella, lei, essa pa*gherà*	esse, loro pa*gheranno*

Some common **-care** and **-gare** verbs are:

cercare, to look for, search for **toccare**, to touch **pagare**, to pay, pay for
dimenticare, to forget **investigare**, to investigate **pregare**, to pray
giocare, to play **negare**, to deny **spiegare**, to explain
indicare, to indicate

Verbs ending in **-ciare** and **-giare** drop the **i** of the stem before endings that begin with **-e** or **-i**.

comin*ciare*, to begin

PRESENT TENSE	
io comincio	noi cominc*iamo*
tu cominc*i*	voi cominciate
Lei comincia	Loro cominciano
egli, lui, esso comincia	essi, loro cominciano
ella, lei, essa comincia	esse, loro cominciano

IMPERATIVE		
	cominc*iamo* (*1st per.*)	
comincia (*fam.*)	cominciate (*fam.*)	
cominc*i* (*pol.*)	cominc*ino* (*pol.*)	

FUTURE TENSE	
io cominc*erò*	noi cominc*eremo*
tu cominc*erai*	voi cominc*erete*
Lei cominc*erà*	Loro cominc*eranno*
egli, lui, esso cominc*erà*	essi, loro cominc*eranno*
ella, lei, essa cominc*erà*	esse, loro cominc*eranno*

man*giare,* to eat

PRESENT TENSE	
io mangio	noi mang*iamo*
tu mang*i*	voi mangiate
Lei mangia	Loro mangiano
egli, lui, esso mangia	essi, loro mangiano
ella, lei, essa mangia	esse, loro mangiano

IMPERATIVE	
	mang*iamo* (*1st per.*)
mangia (*fam.*)	mangiate (*fam.*)
mang*i* (*pol.*)	mang*ino* (*pol.*)

FUTURE TENSE	
io mang*erò*	noi mang*eremo*
tu mang*erai*	voi mang*erete*
Lei mang*erà*	Loro mang*eranno*
egli, lui, esso mang*erà*	essi, loro mang*eranno*
ella, lei, essa mang*erà*	esse, loro mang*eranno*

Some common **-ciare** and **-giare** verbs are:

baciare, to kiss	**lasciare,** to let, leave	**passeggiare,** to stroll
bruciare, to burn	**assaggiare,** to taste	**viaggiare,** to travel

Note

Verbs ending in **-cere** and **-scere** add an **i** before the past participle ending **-uto** in order to retain the soft sound.

conoscere, to know, recognize	*conosciuto,* known, recognized
crescere, to grow	*cresciuto,* grown
piacere, to like	*piaciuto,* liked
tacere, to keep quiet	*taciuto,* kept quiet

EXERCISES

A. Complete each sentence, writing first the present tense and then the future tense of the verb in parentheses:

1. (giocare)   Tu _ _ _ _ _ _ _ _ _ _ _ _ _ _ _ _ _ _ _ a tennis ogni sabato?

                      _ _ _ _ _ _ _ _ _ _ _ _ _ _ _ _ _

2. (mangiare)   Noi _ _ _ _ _ _ _ _ _ _ _ _ _ _ _ _ _ _ _ tre volte al giorno.

                      _ _ _ _ _ _ _ _ _ _ _ _ _ _ _ _ _

3. (pagare)   _____ io il conto al cassiere?

          _____

4. (dimenticare)   Perchè _____ tu le chiavi?

          _____

5. (viaggiare)   Voi _____ spesso in treno?

          _____

6. (cominciare)   A che ora _____ la celebrazione?

          _____

7. (assaggiare)   Generalmente noi _____ il vino prima di ordinare.

          _____

8. (bruciare)   A mezzogiorno il sole _____ troppo.

          _____

9. (investigare)   La polizia _____ i motivi del delitto.

          _____

10. (spiegare)   Noi _____ il problema agli studenti.

          _____

The Appian Way, a famous highway of the ancient Romans. Parts of the road are still in use.

B. Rewrite each sentence, replacing the verb in italics with the correct form of the verb in parentheses:

1. *Lava* la frutta adesso, Antonio. (mangiare)

----

2. Anch'io *ho studiato* troppo. (tacere)

----

3. *Abbiamo salutato* il signor Sinatra. (conoscere)

----

4. *Faremo* la festa per il compleanno di Vittorio. (cominciare)

----

5. *Sei entrato* mai in quel ristorante? (mangiare)

----

6. *Accenda* il carbone, per favore. (cercare)

----

7. Mia cugina Marisa *ha imparato* rapidamente. (crescere)

----

8. Signor Moretti, non *porti* l'ombrello oggi. (dimenticare)

----

9. *Finirai* la lezione d'italiano fra poco? (spiegare)

----

10. *Vedrete* una partita di calcio questo weekend? (giocare)

C. *Progressive Substitution.* This drill begins with a complete Italian sentence. As you complete each of the following sentences, substitute the new word or words given. Use as much of the preceding sentence as possible.

For example, begin with this sentence: Egli canta bene.

Incomplete Sentences	Completed Sentences
_ _ _ _ _ _ cantiamo _ _ _ _ _ _ _ _ .	Noi cantiamo bene.
_ _ _ _ _ _ ballate _ _ _ _ _ _ _ _ _ .	Voi ballate bene.
Esse _ _ _ _ _ _ _ _ _ _ _ _ _ _ _ _ _ .	Esse ballano bene.

Io cerco la lettera.

1. Noi _ .

2. Tu _ .

3. _ _ _ _ _ _ _ spieghi _ .

4. Egli _ _ _ _ _ _ _ _ _ _ _ _ _ _ la lezione.

5. Noi _____ .

6. Essi _____ .

7. _____ paghiamo il conto.

8. Tu _____ .

9. Chi _____ ?

10. _____ pago _____ .

D. Give the Italian equivalent for each of the following:

1. let us begin, let us play, let us eat

   _____

2. he will burn, he will travel, he will forget

   _____

3. she was silent, she became acquainted, she has grown

   _____

4. we shall let, we shall taste, we shall pay

   _____

5. you (**tu**) deny, you play, you explain

   _____

E. Complete the sentences in Italian, using the correct form of the verb in italics:

1. Che *spiegate?* Noi _____ il proverbio.

2. Quanto *pagherà* Lei per il biglietto? Io _____ mille lire.

3. *Giocate* a tennis questo pomeriggio? No, noi _____
   stamattina.

4. Tu *viaggi* raramente, vero? No, io _____ spesso.

5. *Cerchi* qualche cosa? No, non _____ niente.

6. *Negherete* i fatti? No, noi _____ mai i fatti.

7. A che ora *passeggerete* stasera? Noi _____ verso le sette.

8. *Cominci* il lavoro subito, Mario? Sì, _____ il lavoro adesso.

9. *Hai conosciuto* la signorina Falco? Sì, _____ la signorina.

10. Chi *brucia* queste foglie? Noi _____ le foglie.

21. Reflexive Verbs—Optional

A reflexive verb expresses action performed by the subject on itself; that is, the one who performs the action also receives it.

Egli si lava.	He is washing himself.
Io mi vesto.	I am dressing myself.

lavarsi, to wash oneself

PRESENT TENSE

Affirmative	Interrogative
I wash *(am washing, do wash) myself*	*am I washing* *(do I wash) myself?*
io *mi lavo* tu *ti lavi* Lei *si lava* egli, lui, esso *si lava* ella, lei, essa *si lava* noi *ci laviamo* voi *vi lavate* Loro *si lavano* essi, loro *si lavano* esse, loro *si lavano*	mi lavo io? ti lavi tu? si lava Lei? si lava egli, lui, esso? si lava ella, lei, essa? ci laviamo noi? vi lavate voi? si lavano Loro? si lavano essi, loro? si lavano esse, loro?

Negative	Negative Interrogative
I am not washing *(do not wash) myself*	*am I not washing* *(do I not wash) myself?*
io *non* mi lavo tu *non* ti lavi Lei *non* si lava egli, lui, esso *non* si lava ella, lei, essa *non* si lava noi *non* ci laviamo voi *non* vi lavate Loro *non* si lavano essi, loro *non* si lavano esse, loro *non* si lavano	non mi lavo io? non ti lavi tu? non si lava Lei? non si lava egli, lui, esso? non si lava ella, lei, essa? non ci laviamo noi? non vi lavate voi? non si lavano Loro? non si lavano essi, loro? non si lavano esse, loro?

AFFIRMATIVE IMPERATIVE

Familiar	*lavati* *lavatevi*	wash yourself wash yourselves
Polite	*si lavi* *si lavino*	wash yourself wash yourselves
"Let's" Form	*laviamoci*	let's wash ourselves

NEGATIVE IMPERATIVE

Familiar	*non ti lavare* *non vi lavate*	don't wash yourself don't wash yourselves
Polite	*non si lavi* *non si lavino*	don't wash yourself don't wash yourselves
"Let's" Form	*non ci laviamo*	let's not wash ourselves

Note

1. The reflexive pronouns **mi, ti, si, ci, vi, si** generally precede the verb.

2. In the familiar forms of the affirmative imperative, the reflexive pronoun follows the verb and is connected to it.

3. Except for the use of the reflexive pronouns, the negative imperative of reflexive verbs is formed like the negative imperative of regular verbs. (See pages 23–24.)

4. Reflexive verbs are always conjugated with **essere**. Therefore, the past participle must agree with the subject.

Maria si è svegl*iata* tardi stamane.	Marie woke up late this morning.
Enrico si è svegl*iato* tardi stamane.	Henry woke up late this morning.
Esse si sono divert*ite* sabato.	They (*f.*) had a good time on Saturday.
Essi si sono divert*iti* sabato.	They (*m.*) had a good time on Saturday.

5. The final vowel of the infinitive is dropped before adding any reflexive pronoun.

sedere + si = *sedersi*	to seat oneself, sit down
lavare + si = *lavarsi*	to wash oneself, get washed
vestire + si = *vestirsi*	to dress oneself, get dressed

6. Some verbs are reflexive in Italian but not in English.

Si alzano presto.	They get up early.
Mi sento molto bene.	I feel very well.
Ci riposiamo.	We are resting.

COMMON REFLEXIVE VERBS

alzarsi, to get up
chiamarsi, to be called, be named
coricarsi, to lie down, go to bed
divertirsi, to enjoy oneself,
   have a good time
guardarsi, to look at oneself

lavarsi, to wash oneself,
   get washed
riposarsi, to rest
scusarsi, to apologize
sedersi, to sit down

sentirsi bene (male), to
   feel well (ill)
sposarsi, to get married
svegliarsi, to wake up
vestirsi, to dress oneself,
   get dressed

EXERCISES

A. Rewrite each sentence, using the subjects indicated:

1. Michele si diverte molto.   (Io, Essi, Voi)

   ----

2. A che ora si sveglia Adriana?   (tu, il bambino, i tuoi genitori)

   ----

3. Non mi sono alzato presto.   (Noi, Mia sorella, Le ragazze)

   ----

4. Lidia si guarda nello specchio spesso.   (Tu, Voi, Esse)

   ----

5. Non mi sento tanto bene oggi.   (Egli, Essi, Noi)

B. Complete the sentences by supplying the correct reflexive pronouns:

1. I ragazzi _____ alzeranno tardi.

2. Noi _____ siamo divertiti alla festa.

3. Pietro non _____ sente bene oggi.

4. Alberto, alza _____ e vesti _____ subito!

5. Signorina, come _____ chiama Lei?

6. A che ora _____ sono alzati i tuoi amici?

7. Perchè non _____ sedete sul divano?

8. Signori, _____ lavino qui, per favore.

9. Dobbiamo riposar _____ un poco.

10. Mio fratello non _____ è svegliato ancora.

C. Rewrite each sentence, replacing the verb in italics with the correct form of each verb in parentheses, and then translate the new sentences into English:

1. Come *lavora* quell'operaio?　　　(chiamarsi, sentirsi)

---

2. Gli uomini *arrivano* adesso.　　　(alzarsi, svegliarsi)

---

3. Roberto *corre* adesso.　　　(sedersi, coricarsi)

---

4. In estate io *vado* in campagna.　　　(riposarsi, divertirsi)

---

5. Andrea, perchè non *dormi* un po'?　　　(riposarsi, coricarsi)

D. Complete the Italian sentences:

1. My son's name is John.　　　Mio figlio _____ Giovanni.

2. She doesn't rest enough. `_____ abbastanza.`

3. We get dressed in a hurry. `_____ in fretta.`

4. I woke up about seven o'clock. `_____ verso le sette.`

5. Today I don't feel too well. Oggi `_____ tanto bene.`

6. They will have a good time at the party. `_____ alla festa.`

7. Linus, wash your hands quickly. Lino, `_____ subito le mani.`

8. Why don't you lie down a while, Dad? Perchè `_____ un po',` babbo?

9. You must rest when you are tired. `_____ quando sei` stanco.

10. They are getting dressed now. Essi `_____ adesso.`

   E. Answer in complete Italian sentences:

1. Come si chiama Lei? `_____`
   `_____.`

2. Si lava Lei le mani prima di mangiare? `_____`
   `_____.`

3. Ci alziamo o ci sediamo quando cantiamo l'inno nazionale? `_____`
   `_____.`

4. A che ora si sveglia Lei la mattina? `_____`
   `_____.`

5. Vi divertite voi nella classe d'italiano? Noi `_____`
   `_____.`

6. Come si sente Lei oggi? `_____`
   `_____.`

7. Generalmente si veste Lei in fretta la mattina? `_____`
   `_____.`

8. Dove preferisce Lei sedersi nella classe? `_____`
   `_____.`

9. Si divertono Loro al cinema? Noi `_____`
   `_____.`

10. Come si chiamano Sua madre e Suo padre? `_____`
    `_____.`

Part II. Other Grammatical Structures

1. Definite and Indefinite Articles

The definite article, *the*, has seven forms in Italian: **il, lo, l', la, i, gli, le.**

il	before a masculine singular noun beginning with any consonant except **z** or impure **s** (**s** plus a consonant)	*il* cane	the dog
lo	before a masculine singular noun beginning with **z** or impure **s** (**s** plus a consonant)	*lo* zio *lo* sbaglio	the uncle the error
l'	before a singular noun (masculine or feminine) beginning with a vowel	*l'*uccello (*m.*) *l'*entrata (*f.*)	the bird the entrance
la	before a feminine singular noun beginning with a consonant	*la* casa	the house
i	before a masculine plural noun beginning with any consonant except **z** or impure **s** (**s** plus a consonant)	*i* cani	the dogs
gli	before a masculine plural noun beginning with **z** or impure **s** (**s** plus a consonant) or any vowel	*gli* zii *gli* specchi *gli* uccelli	the uncles the mirrors the birds
le	before all feminine plural nouns	*le* entrate *le* case	the entrances the houses

Note

1. The most common masculine forms of the definite article are **il** (singular) and **i** (plural).

2. The most common feminine forms of the definite article are **la** (singular) and **le** (plural).

3. The definite article agrees with its noun in gender and number.

4. The definite article must be expressed in Italian before each noun, although it may be omitted in English.

il padre e *la* madre   the father and mother
i maestri e *gli* alunni   the teachers and students

The indefinite article *a* (*an*) has four forms in Italian: **un, uno, una, un'**.

un	before a masculine singular noun beginning with any consonant except **z** or impure **s** (**s** plus a consonant) or with any vowel	*un* cane *un* uccello	a dog a bird
uno	before a masculine singular noun beginning with **z** or impure **s** (**s** plus a consonant)	*uno* zio *uno* specchio	an uncle a mirror
una	before a feminine singular noun beginning with a consonant	*una* casa	a house
un'	before a feminine singular noun beginning with a vowel	*un'*entrata	an entrance

Note

1. The more common masculine form of the indefinite article (*a* or *an*) is **un**.

2. The more common feminine form of the indefinite article is **una**.

3. The indefinite article agrees with its noun in gender.

4. The indefinite article must always be expressed in Italian before each noun, although it may be omitted in English. For example:

un quaderno e *una* penna	a notebook and pen
un cane e *un* gatto	a dog and cat
un coltello e *una* forchetta	a knife and fork

EXERCISES

A. Write the definite article (**il, lo, la, l', i, gli, le**) before each of the following nouns:

1. _____ musica
2. _____ gatto
3. _____ estate
4. _____ acqua
5. _____ spazio
6. _____ porte
7. _____ zucchero
8. _____ Italia
9. _____ soprabito
10. _____ amici
11. _____ animale
12. _____ edificio
13. _____ inverni
14. _____ signorine
15. _____ orologio
16. _____ giornali
17. _____ cappello
18. _____ orecchi
19. _____ amiche
20. _____ vicina
21. _____ vestito
22. _____ sbagli
23. _____ ragazzi
24. _____ giorno
25. _____ parole
26. _____ sedia
27. _____ ospedale
28. _____ calze
29. _____ soldi
30. _____ cognato

B. Write the indefinite article (**un, uno, una, un'**) before each of the following nouns:

1. _____ zebra
2. _____ violetta
3. _____ ora
4. _____ biglietto
5. _____ spillo
6. _____ stazione

7. _____ aula	15. _____ coltello	23. _____ Spagnolo
8. _____ letto	16. _____ zaino	24. _____ tazza
9. _____ lavoro	17. _____ vacca	25. _____ alunna
10. _____ nonno	18. _____ estate	26. _____ fratello
11. _____ viso	19. _____ sera	27. _____ zoppo
12. _____ stomaco	20. _____ poltrona	28. _____ scala
13. _____ tempesta	21. _____ uscita	29. _____ mercato
14. _____ insalata	22. _____ albero	30. _____ pioggia

C. Complete the following Italian sentences by underlining the correct article in parentheses:

1. (La, Il, Le) professore parla con (la, l', le) alunna.
2. Ha Lei (un, uno, una) dizionario a casa?
3. (La, Le, I) violette e (gli, i, l') gigli sono dei fiori.
4. (Lo, Gli, I) esami di mathematica sono difficili.
5. Ecco (un, una, un') cugino e (una, uno, un') cugina.
6. Dove sono (la, le, gli) zia e (le, lo, il) zio?
7. Chi è (il, l', lo) amico di Silvana?
8. C'è (un, una, un') arancia in quel cestino.
9. (Il, La, Le) nonna ha (un, una, uno) specchio molto grande.
10. (I, Gli, L') studenti comprano (i, gli, le) libri nuovi.

D. Complete the sentences by supplying the Italian equivalent of the article in parentheses. Then translate each sentence into English:

1. (a)   Tutti sanno che la vacca è _____ animale.

   _____

2. (the)   _____ zio e _____ nipote sono bruni.

   _____

3. (the)   Ecco _____ giacca e _____ pantaloni.

   _____

4. (the)   _____ uomo è con _____ amici stasera.

   _____

5. (a)   Porta _____ cravatta rossa e _____ vestito grigio.

   _____

6. (the)   Mi dia _____ aceto e _____ sale, per favore.

   _____

7. (the)   _____ ragazzi sono presso _____ automobile.

   _____

8. (the)   _____ signorine passeggiano per _____ città.

   _____

9. (the) _____ donna viaggia con _____ cugine.

10. (a) _____ contadino taglia _____ albero.

11. (the) _____ uccello mangia _____ pane.

12. (an) Preferisco mangiare _____ mela e _____ arancia.

13. (the) Amo _____ estate ma non _____ inverno.

14. (the) Parlo con _____ fratello e con _____ sorella.

15. (a) Ecco _____ forchetta e _____ cucchiaio.

E. Complete the Italian sentences:

1. He is buying a shirt and tie.

   Egli compra _____ .

2. She wants the watch now.

   Essa desidera _____ adesso.

3. Where are the coffee and milk?

   Dove sono _____?

4. Show the red shoes to Louise.

   Mostra _____ rosse a Luisa.

5. I have a pencil and notebook.

   Ho _____ .

6. Where are the teacher and pupil?

   Dove sono _____?

7. Give me the oil and vinegar, please.

   Dammi _____, per piacere.

8. Do you have a brother or sister?

   Ha Lei _____?

9. Here are Carl's uncle and aunt.

   Ecco _____ di Carlo.

10. We cannot find the paper and pen.

    Non possiamo trovare _____ .

2. Nouns: Gender and Formation of Plurals

GENDER

Nouns ending in **-o** and **-ore** are generally masculine. Most nouns referring to male persons or male animals are masculine.

il libro, the book	*il* favore, the favor	*l'*attore, the actor

Nouns ending in **-a**, **-ione**, and **-rice** are generally feminine. Most nouns referring to female persons or female animals are feminine.

la casa, the house	*la* lezione, the lesson	*l'*attrice, the actress

Nouns ending in **-e** may be either masculine or feminine. To remember the gender, it is helpful to learn nouns with the definite article.

il padre (*m.*), the father	*il* leone (*m.*), the lion
la madre (*f.*), the mother	*la* voce (*f.*), the voice

Note

1. Some feminine nouns end in **-o**.

    la man**o**, the hand   *la* radi**o**, the radio   *la* mot**o**, the motorcycle

2. Some masculine nouns end in **-a**.

il gorill**a**, the gorilla	*il* pirat**a**, the pirate	*il* programm**a**, the program
il clim**a**, the climate	*il* poet**a**, the poet	*il* vagli**a**, the money order
il dramm**a**, the drama	*il* problem**a**, the problem	

3. Some nouns ending in **-a** may be either masculine or feminine.

il pianist**a**, the (male) pianist	*la* pianist**a**, the (female) pianist
il ginnast**a**, the (male) gymnast	*la* ginnast**a**, the (female) gymnast
il turist**a**, the (male) tourist	*la* turist**a**, the (female) tourist

FORMATION OF PLURALS

Nouns ending in **-o** in the singular change the **-o** to **-i** in the plural.

Singular	Plural
il libro, the book	i libr**i**, the books
il ragazzo, the boy	i ragazz**i**, the boys
il giardino, the garden	i giardin**i**, the gardens

Nouns ending in **-a** in the singular change the **-a** to **-e** in the plural if they are feminine and the **-a** to **-i** if they are masculine.

la penn**a**, the pen	le penn**e**, the pens
la cas**a**, the house	le cas**e**, the houses
il programm**a**, the program	i programm**i**, the programs
il clim**a**, the climate	i clim**i**, the climates
il turist**a**, the tourist	i turist**i**, the tourists

Nouns, masculine and feminine, ending in **-e** in the singular change the **-e** to **-i** in the plural.

il padr**e**, the father	i padr**i**, the fathers
il can**e**, the dog	i can**i**, the dogs
la madr**e**, the mother	le madr**i**, the mothers
la voc**e**, the voice	le voc**i**, the voices

Note

1. Some nouns ending in **-o** are masculine in the singular and feminine in the plural.

il **braccio**, the arm	le bracci**a**, the arms
il **dito**, the finger	le dit**a**, the fingers
il **miglio**, the mile	le migli**a**, the miles
il **paio**, the pair	le pai**a**, the pairs
l'**uovo**, the egg	le uov**a**, the eggs

2. Nouns ending in **-go** generally change to **-ghi** in the plural.

l'**albergo**, the hotel	gli alber**ghi**, the hotels
il **lago**, the lake	i la**ghi**, the lakes
il **luogo**, the place	i luo**ghi**, the places

3. Nouns ending in **-co** generally change **-co** to **-chi** in the plural.

il **banco**, the bench	i ban**chi**, the benches
il **fuoco**, the fire	i fuo**chi**, the fires
il **parco**, the park	i par**chi**, the parks

4. Some nouns ending in **-co** change **-co** to **-ci** in the plural. They should be memorized.

l'**amico**, the friend	gli ami**ci**, the friends
il **medico**, the doctor	i medi**ci**, the doctors
il **sindaco**, the mayor	i sinda**ci**, the mayors

5. Nouns ending in **-ologo** generally change **-ologo** to **-ologi** in the plural.

l'**astrologo**, the astrologer	gli astr**ologi**, the astrologers
il **radiologo**, the radiologist	i radi**ologi**, the radiologists
il **teologo**, the theologian	i te**ologi**, the theologians

6. Nouns ending in **-io** (if the **i** is stressed) change **-io** to **-ii**. Otherwise the **-io** ending becomes simply **-i**.

lo **zio**, the uncle	gli z**ii**, the uncles
il **ronzio**, the buzzing	i ronz**ii**, the buzzings

But:

il **bacio**, the kiss	i bac*i*, the kisses
il **figlio**, the son	i figl*i*, the sons
l'**occhio**, the eye	gli occh*i*, the eyes

7. Nouns ending in an accented vowel remain unchanged in the plural.

la **città**, the city	le **città**, the cities
la **virtù**, the virtue	le **virtù**, the virtues

8. The masculine noun l'**uomo** (*the man*) has the irregular plural form **gli uomini** (*the men*).

EXERCISES

A. Supply the definite article for each noun:

1. _____ leone	11. _____ scarpa
2. _____ mano	12. _____ dramma
3. _____ dottore	13. _____ uccello
4. _____ inverno	14. _____ signore
5. _____ zucchero	15. _____ signorina
6. _____ fiore	16. _____ attore
7. _____ poeta	17. _____ mese
8. _____ professione	18. _____ violetta
9. _____ vestito	19. _____ addizione
10. _____ stagione	20. _____ comprensione

B. Supply the indefinite article for each noun:

1. _____ faccia	11. _____ anno
2. _____ albero	12. _____ direttrice
3. _____ cane	13. _____ fiume
4. _____ viso	14. _____ pesce
5. _____ uovo	15. _____ scrittore
6. _____ patata	16. _____ stazione
7. _____ problema	17. _____ radio
8. _____ esame	18. _____ signora
9. _____ scrivania	19. _____ scultore
10. _____ vetro	20. _____ valigia

C. Change to the plural:

1. il libro _____	3. il medico _____
2. l'esercizio _____	4. la carta _____

5. il topo _____
6. il cavallo _____
7. la stazione _____
8. il problema _____
9. il turista _____
10. il profeta _____
11. l'attore _____
12. il giornale _____

13. il dito _____
14. l'occhio _____
15. il disco _____
16. lo sbaglio _____
17. la direttrice _____
18. il dialogo _____
19. la città _____
20. il bicchiere _____

D. Change to the singular:

1. gli zii _____
2. le cravatte _____
3. gli amici _____
4. gli uomini _____
5. le donne _____
6. i direttori _____
7. i calzini _____
8. gli alberi _____
9. le lingue _____
10. i vestiti _____

11. le pianiste _____
12. i caffè _____
13. le braccia _____
14. gli spaghi _____
15. le uova _____
16. gli esercizi _____
17. le vacanze _____
18. i sofà _____
19. gli elefanti _____
20. le mani _____

E. Change each subject to the plural, following the example given:
Example: Dov'è la porta? Dove sono le porte?

1. Dov'è il ristorante? _____
2. Dov'è lo sbaglio? _____
3. Dov'è l'uomo? _____
4. Dov'è l'albergo? _____
5. Dov'è la ragazza? _____
6. Dov'è il medico? _____
7. Dov'è l'uovo? _____
8. Dov'è la casa? _____
9. Dov'è il professore? _____
10. Dov'è l'esame? _____
11. Dov'è il contadino? _____
12. Dov'è la forchetta? _____
13. Dov'è il dolce? _____

14. Dov'è l'attrice? _____

15. Dov'è il parco? _____

F. Change each subject to the singular, following the example given:
Example: Ecco i fiori. Ecco il fiore.

1. Ecco i leoni. _____

2. Ecco gli sbagli. _____

3. Ecco i problemi. _____

4. Ecco i televisori. _____

5. Ecco le città. _____

6. Ecco i coltelli. _____

7. Ecco le figlie. _____

8. Ecco le stanze. _____

9. Ecco gli specchi. _____

10. Ecco i luoghi. _____

G. Change all the words to the plural:

1. Il professore spiega la regola.

_____

2. La signorina porta il cappello.

_____

3. Il ragazzo mangia la patata.

_____

4. Guarda Lei il programma?

_____

5. Il bambino mangia l'uovo.

_____

6. L'attrice incontra l'amica.

_____

7. L'uomo guarda il fuoco.

_____

8. Il vecchio cerca l'albergo.

_____

9. La nonna chiama il bambino.

_____

10. L'alunno studia la lezione.

_____

3. Contractions With the Definite Article; Possession With *Di*; the Partitive Construction

Certain common prepositions, when used with the various forms of the definite article, combine to form contractions as shown in the following charts:

a, to, at
da, from, by

di, of, about (concerning)
in, in, into

su, on, above

SINGULAR FORMS

a + il = *al*	*al* parco	to the park
a + lo = *allo*	*allo* stadio	to the stadium
a + la = *alla*	*alla* donna	to the lady
a + l' = *all'*	*all'*amico	to the friend
da + il = *dal*	*dal* villaggio	from the village
da + lo = *dallo*	*dallo* zio	from the uncle
da + la = *dalla*	*dalla* spiaggia	from the beach
da + l' = *dall'*	*dall'*uomo	from the man
di + il = *del*	*del* ragazzo	of the boy
di + lo = *dello*	*dello* sport	of the sport
di + la = *della*	*della* città	of the city
di + l' = *dell'*	*dell'*aria	of the air
in + il = *nel*	*nel* treno	in the train
in + lo = *nello*	*nello* spazio	in the space
in + la = *nella*	*nella* stanza	in the room
in + l' = *nell'*	*nell'*ospedale	in the hospital
su + il = *sul*	*sul* piatto	on the dish
su + lo = *sullo*	*sullo* specchio	on the mirror
su + la = *sulla*	*sulla* tavola	on the table
su + l' = *sull'*	*sull'*albero	on the tree

PLURAL FORMS

a + i = *ai*	*ai* ragazzi	to the boys
a + gli = *agli*	*agli* Spagnoli	to the Spaniards
a + le = *alle*	*alle* signorine	to the young ladies
da + i = *dai*	*dai* parenti	from the relatives
da + gli = *dagli*	*dagli* sportivi	from the sportsmen
da + le = *dalle*	*dalle* donne	from the women

di + i = *dei* di + gli = *degli* di + le = *delle*	*dei* contadini *degli* studenti *delle* finestre	of the farmers of the students of the windows
in + i = *nei* in + gli = *negli* in + le = *nelle*	*nei* treni *negli* scaffali *nelle* stanze	in the trains in the bookcases in the rooms
su + i = *sui* su + gli = *sugli* su + le = *sulle*	*sui* libri *sugli* alberi *sulle* montagne	on the books on the trees on the mountains

Note

1. The preposition **con** (*with*) combines with the definite articles **il, lo, l', la, i, gli, le** to form **col, collo, coll', colla, coi, cogli, colle.** However, only the form **col** is still in common use. Today the separate forms **con il, con lo, con l', con la,** etc., are preferred.

2. Contractions with the preposition **per** (*through*) are used very seldom. Today the separate forms **per il, per lo, per l', per la,** etc., are preferred.

3. The preposition **da** (+ the article) is often used with a noun to mean *at the place of.*

> Maria è *dal* medico. Mary is at the doctor's.
> Carlo va *dallo* zio. Carl is going to his uncle's (house).

With first names used alone, the article is omitted.

> La festa è *da* Roberto. The party is at Robert's (house).

POSSESSION

In English, possession may be expressed in two ways. We may say "the president's office" or "the office of the president." In Italian, there is no form corresponding to *s* with the apostrophe. Possession must be expressed by the use of the various forms of the preposition **di.**

gli amici *di* Roberto	Robert's friends
il cappello *del* signore	the gentleman's hat
il libro *dello* studente	the student's book
la casa *dell'*attore	the actor's house
la borsa *della* signora	the lady's purse
le automobili *dei* vicini	the neighbors' cars
la stanza *delle* sorelle	the sisters' room
i quaderni *dei* ragazzi	the boys' notebooks

PARTITIVE CONSTRUCTION

In Italian, the partitive idea of *some* or *any* with a noun (singular or plural) is expressed in affirmative statements by **di** plus the definite article of the noun.

The partitive may be considered the plural form of the indefinite article.

Abbiamo comprato *dei* dischi.	We have bought some records.
Ho mangiato *della* frutta.	I have eaten some fruit.
Visiteranno *degli* amici domani.	They will visit some friends tomorrow.

In Italian negative sentences, the partitive *any* is generally not expressed. In interrogative sentences, it is often not expressed.

Non hai fatto errori?	Haven't you made any errors?
Non ho denaro adesso.	I do not have any money now.
Ha ricevuto posta oggi?	Has he received any mail today?

EXERCISES

A. Supply the correct form of the preposition **a** + the article. Then translate each sentence into English:

1. Essa offre la sedia _____ vicino.

   _____

2. Scrivete spesso _____ amici in Italia?

   _____

3. Ha parlato Lei _____ signorina Rossi?

   _____

4. A che ora è arrivato Lei _____ teatro?

   _____

5. Non sono andato _____ ospedale ieri sera.

   _____

6. I giovani sono _____ opera stasera.

   _____

7. Chi ha risposto _____ signor Bruni?

   _____

8. Mio zio è venuto _____ stazione con Paolo.

   _____

9. Hai parlato _____ ragazze nella classe?

   _____

10. Abbiamo visto il signor Biondi _____ cinema.

   _____

B. Supply the correct form of the preposition **da** + the article. Then translate each sentence into English:

1. Ho ricevuto un telegramma _____ America.

   _____

2. Stasera pranzeremo _____ nonna.

_____

3. Il signor Smith è venuto _____ Stati Uniti.

_____

4. Enrico spesso è punito _____ suoi genitori.

_____

5. Devo andare _____ barbiere questa settimana.

_____

6. È un programma preparato _____ studenti.

_____

7. È ammirato molto _____ ragazze e _____ ragazzi.

_____

8. È un libro scritto _____ professore.

_____

9. Sarà un pranzo preparato _____ nonna.

_____

10. Stanno _____ amico di Renato a Roma.

_____

C. Supply the correct form of the preposition **di** + the definite article. Then translate each sentence into English:

1. Ecco il quaderno _____ alunno.

_____

2. Abbiamo ricevuto il pacco _____ zia.

_____

3. Dovete comprare _____ scaffali domani.

_____

4. Vuole vedere le biciclette _____ Americani?

_____

5. Ho mangiato _____ dolci molto buoni.

_____

6. L'autore ha parlato _____ vita in Germania.

_____

7. Hanno comprato _____ riviste italiane.

_____

8. È la giacca _____ uomo alto.

----

9. Gli studenti parlano _____ nuovo film francese.

----

10. Hai visto il cane _____ attrice americana?

D. Supply the correct form of the preposition **in** + the article. Then translate each sentence into English:

1. Che c'è _____ lago?

----

2. _____ ristoranti italiani la gente mangia bene.

----

3. C'è molta gente _____ stadio oggi.

----

4. Il mio quaderno è _____ aula.

----

5. Non ha niente _____ valigie adesso.

----

6. _____ famiglie italiane fanno così.

----

7. Che c'è _____ mano di Pietro?

----

8. _____ giardino ci sono dei fiori molto belli.

----

9. Ho messo del pane _____ zaino.

----

10. _____ ufficio del direttore ci sono dei quadri moderni.

E. Supply the correct form of the preposition **su** + the article. Then translate each sentence into English:

1. La pioggia cade _____ tetti e _____ strade.

----

2. La neve è _____ alberi e _____ case.

----

3. Non hai messo il formaggio _____ spaghetti?

4. Voglio un po' di burro _____ patate.

5. Gli alunni mettono i libri _____ banchi.

6. Ci sono molte riviste e molti giornali _____ tavola.

7. Che c'è _____ banco di Luigi?

8. Metto il libro _____ scaffale.

9. Hanno visto un topo _____ pavimento.

10. Mirella fa i compiti _____ terrazza.

F. Change the words in italics to the plural. Then translate each new sentence into English:

1. La pioggia cade *sulla casa*. _____

2. Domani parlerò *al professore*. _____

3. Ho mangiato bene *nel ristorante*. _____

4. Siamo andati *allo sportello*. _____

5. *Nella famiglia* i figli rispettano i genitori. _____

6. Giuliano parla *alla bionda*. _____

7. Ritornano tardi *dall'ufficio*. _____

8. È la casa *dello zio*. _____

9. Mio fratello è andato *dal cugino*. _____

_____

10. Parlano *della partita* di calcio. _____

_____

11. Sono *sulla scrivania* i dizionari? _____

_____

12. È andata *alla lezione* di musica. _____

_____

13. Vittorio è ritornato *dal museo*. _____

_____

14. Telefonerò *all'amico* di mio fratello. _____

_____

15. I romanzi sono *sullo scaffale*. _____

_____

G. Complete the Italian sentences:

1. This afternoon we will go to the stadium.

Questo pomeriggio andremo _____ stadio.

2. Here is Mr. Rossi's house.

Ecco la casa _____ signor Rossi.

3. I'm coming from the doctor's office.

Vengo _____ ufficio del dottore.

4. The student's shirt is green.

La camicia _____ studente è verde.

5. Please go to the blackboard.

Vada _____ lavagna, per favore.

6. They have arrived from the mountains.

Sono arrivati _____ monti.

7. The teacher is speaking to the students.

Il professore parla _____ studenti.

8. In my family there are many relatives.

_____ mia famiglia ci sono molti parenti.

9. He carried the child on his (the) shoulders.

Ha portato il bambino _____ spalle.

10. Robert has come back from Italy.

Roberto è tornato _____ Italia.

11. He is the young ladies' father.

È il padre _____ signorine.

12. I bought some magazines today.

Ho comprato _____ riviste oggi.

13. We saw Louis' cousin yesterday.

Abbiamo visto la cugina _____ Gino ieri.

14. They have some Italian friends in New York.

Hanno _____ amici italiani a New York.

15. Your book is on Carl's desk.

Il tuo libro è _____ banco di Carlo.

H. Answer in complete Italian sentences:

1. È andato(a) Lei dal dottore la settimana scorsa? _____

   _____ .

2. Andrà Lei dal dentista domani? _____

   _____ .

3. Lei ha dei parenti in Italia? _____

   _____ .

4. Capite voi tutte le domande del professore? Noi _____

   _____ .

5. A che ora ritorna Suo padre dal lavoro? _____

   _____ .

6. Telefona Lei spesso ai Suoi amici? _____

   _____ .

7. Che c'è sulla scrivania del professore? _____

   _____ .

8. Quando ha scritto Lei agli zii? _____

   _____ .

9. Quante ragazze ci sono nella classe d'italiano? _____

   _____ .

10. È venuto(a) Lei alla lezione d'italiano ieri? _____

    _____ .

The Doges' Palace once housed the rulers of the Republic of
Venice.

4. Adjectives: Forms and Agreement

FORMS

	ADJECTIVES ENDING IN -O		ADJECTIVES ENDING IN -E	
	Masculine	Feminine	Masculine	Feminine
Singular	alt*o*	alt*a*	dolc*e*	dolc*e*
Plural	alt*i*	alt*e*	dolc*i*	dolc*i*

Note

1. Most Italian adjectives end in **-o** in the masculine singular. The feminine singular is regularly formed by changing the **-o** to **-a**.

2. Adjectives ending in **-e** in the masculine singular have the same form in the feminine singular.

3. The plural of adjectives is formed in the same manner as the plural of nouns.

4. The masculine plural of **-o** adjectives is regularly formed by changing the **-o** to **-i**.

5. The feminine plural of **-o** adjectives is regularly formed by changing the **-o** to **-e**.

6. The masculine and feminine plural of **-e** adjectives is regularly formed by changing the **-e** to **-i**.

7. Adjectives ending in **-co** in the masculine singular generally change **-c** to **-ch** in the plural (in order to retain the hard **c** sound).

> bianco, bianca, bian*ch*i, bian*ch*e (*white*)
> ricco, ricca, ric*ch*i, ric*ch*e (*rich*)

However, adjectives ending in **-co** in the masculine singular that are stressed on the third syllable from the end change **-co** to **-ci** in the masculine plural (with a resulting change to soft **c**). In the feminine plural, these adjectives change **c** to **ch** (resulting in hard **c**).

> pubblico, pubblica, pubbli*ci*, pubbli*ch*e (*public*)
> magnifico, magnifica, magnifi*ci*, magnifi*ch*e (*magnificent*)

8. Adjectives ending in **-go** in the masculine singular regularly change the **g** to **gh** in the plural (in order to retain the hard **g** sound).

> lungo, lunga, lun*gh*i, lun*gh*e (*long*)
> largo, larga, lar*gh*i, lar*gh*e (*wide*)

9. Adjectives of nationality are not capitalized in Italian. These words are capitalized only when they are used as nouns referring to persons. (Modern writers, however, tend not to capitalize such words.)

Amiamo tutti l'opera ***italiana***.	We all love Italian opera.
Hanno visto un nuovo film ***francese***.	They saw a new French film.
Molti ***Americani*** studiano ***l'italiano***.	Many Americans are studying Italian.
Molti ***Italiani*** studiano ***l'inglese***.	Many Italians are studying English.

10. Adjectives ending in unstressed **-io** change **-io** to **-i** in the masculine plural. The other forms are regular.

> vario, varia, var**i**, varie (*various*, *different*)
> contrario, contraria, contrar**i**, contrarie (*contrary*, *opposite*)
> grigio, grigia, grig**i**, grigie (*gray*)

AGREEMENT

Adjectives in Italian must agree in number (singular or plural) and gender (masculine or feminine) with the nouns or pronouns they modify.

Il ragaz**zo** non è alt**o**.	The boy is not tall.
La ragaz**za** non è alt**a**.	The girl is not tall.
La minestr**a** è cald**a**.	The soup is hot.
I libr**i** sul banco sono ross**i**.	The books on the desk are red.
Esse sono grazios**e**.	They are pretty.
Le ros**e** nel vaso sono ross**e**.	The roses in the vase are red.

An adjective that describes nouns of different genders is in the masculine plural.

Il cappello (*m.*) e la sciarpa (*f.*) sono ross**i**.	The hat and scarf are red.
Preferisco le scarpe (*f.*) e i vestiti (*m.*) italian**i**.	I prefer Italian shoes and dresses.

SOME COMMON ADJECTIVES

like **alto**, tall:

amaro, bitter
americano, American
azzurro, blue

basso, short, low
bravo, fine, good
brutto, ugly
buffo, funny

caldo, warm
caro, dear, expensive
cattivo, bad
contento, glad
corto, short

destro, right
duro, hard

famoso, famous
freddo, cold

garbato, polite
giallo, yellow
grasso, fat

italiano, Italian

leggero, light

magro, thin
moderno, modern
morbido, soft

nero, black
nuovo, new

piccolo, little, small
pieno, full
pigro, lazy
povero, poor
primo, first
pulito, clean

rosso, red

sgarbato, rude, impolite
sinistro, left
spagnolo, Spanish
sporco, dirty, filthy

ultimo, last

vecchio, old
vuoto, empty

like **dolce**, sweet:

celeste, sky-blue

difficile, difficult
diligente, diligent, industrious

eccellente, excellent
elegante, elegant

facile, easy
felice, happy
forte, strong
francese, French

gentile, kind, nice
giovane, young
inglese, English

intelligente, intelligent
interessante, interesting

pesante, heavy

triste, sad

verde, green

EXERCISES

A. Write the feminine of the following adjectives:

1. diligente _____   6. sporco _____
2. contento _____   7. pieno _____
3. vuoto _____   8. triste _____
4. cattivo _____   9. nuovo _____
5. celeste _____   10. basso _____

B. Write the plural of the following adjectives:

1. rosso _____   6. vecchio _____
2. verde _____   7. poco _____
3. lungo _____   8. cattivo _____
4. sporco _____   9. felice _____
5. pubblico _____   10. stanco _____

C. Write the correct form of the adjective in parentheses. Then translate the sentences into English:

1. (dolce)   Questo caffè è troppo _____.

   _____

2. (pigro)   Sono _____ gli studenti?

   _____

3. (elegante) Sono esse _____?

   _____

4. (azzurro)   Il cielo è _____ oggi.

   _____

5. (italiano) Preferiamo il cibo e la musica _____.

   _____

6. (sporco)   Il bambino ha le mani _____.

   _____

7. (garbato)   Anna e Lisa sono sempre _____.

   _____

8. (francese) Marisa studia la lingua _____ quest'anno.

   _____

9. (felice)   I nonni sono _____ nella nuova casa.

   _____

10. (sinistro) Io so scrivere con la mano _____.

   _____

D. Complete each sentence by underlining the correct form of the adjective in parentheses. Then translate each sentence into English:

1. La cravatta dell'attore è (giallo, gialla, gialli, gialle).

   ----

2. I quadri dell'artista sono tanto (interessante, interessanti).

   ----

3. La sua nonna è (italiano, italiana, italiani, italiane).

   ----

4. La bicicletta di Marco è (celeste, celesti).

   ----

5. La signorina è (garbato, garbata, garbati, garbate).

   ----

6. I coltelli e le forchette sono (pulito, pulita, puliti, pulite).

   ----

7. I quaderni e le penne sono (necessario, necessaria, necessari, necessarie).

   ----

8. Il caffè è (freddo, fredda, freddi, fredde) adesso.

   ----

9. Questa torta è troppo (dolce, dolci).

   ----

10. Esse sono (povero, povera, poveri, povere) ma (intelligente, intelligenti).

E. Replace the word in italics with the word in parentheses, making all the necessary changes:

Example: Il *vestito* è azzurro.   (camicia)
         La camicia è azzurra.

1. *Luisa* è giovane e felice.   (essi)

   ----

2. *Riccardo* non è mai cattivo.   (le sorelle)

   ----

3. I *mobili* sono pesanti.   (poltrona)

   ----

4. Preferisco il *tè* caldo.   (minestra)

   ----

5. Vediamo dei *ragazzi* gentili.   (signorine)

----

6. È ricco e famoso il *signor Duranti?*   (attrici)

----

7. Abbiamo visto una *chiesa* magnifica.   (laghi)

----

8. Perchè è triste *Maria?*   (i bambini)

----

9. Compro le *scarpe* leggere.   (soprabito)

----

10. Il *teatro* è pieno di gente.   (piazza)

F. Complete each sentence by writing the opposite of the adjective in italics. Then translate each sentence into English:

1. Il signor Marino non è *ricco;* è _____ .

----

2. È *pieno* il bicchiere? No, è _____ .

----

3. L'acqua non è *fredda;* è _____ .

----

4. Il letto non è *duro;* è _____ .

----

5. Sono *leggeri* i libri? No, sono _____ .

----

6. È *amaro* il caffè? No, è _____ .

----

7. Quella signorina non è *garbata;* è _____ .

----

8. Esse sono *magre;* non sono _____ .

----

9. È *sporco* il piatto? No, è _____ .

----

10. Vincenzo è *diligente;* non è _____ .

----

11. Ha Lei dei fratelli *anziani?* No, ho _____ .

_____

12. È *brutta* la sorella di Riccardo? No, è _____ .

_____

13. Gli spettacoli non sono *privati;* sono _____ .

_____

14. Un milionario non è *povero;* è _____ .

_____

15. Angelo non è un ragazzo *cattivo;* è _____ .

_____

16. La casa di Carlo non è *piccola;* è _____ .

_____

17. Oggi non sono *triste;* sono _____ .

_____

18. Le calze non sono *vecchie;* sono _____ .

_____

19. Hai le mani *sudice?* No, ho le mani _____ .

_____

20. Mio padre non è *basso;* è _____ .

_____

G. Complete each sentence by supplying the Italian equivalent of the adjective in parentheses:

1. (rich)   Ecco delle persone molto _____ .

2. (easy)   Non fare tante domande _____ .

3. (sad)   Perchè è così _____ Lisa?

4. (happy)   Mio padre e mia madre sono _____ .

5. (full)   La tazza è _____ di caffè.

6. (kind)   Grazie, Lei è molto _____ .

7. (old)   I nonni di Giorgio sono _____ .

8. (white)   Le stelle della bandiera americana sono _____ .

9. (small)   Abitano in una casa _____ .

10. (Spanish) Essi parlano bene la lingua _____ .

5. Position of Adjectives; Irregular Adjectives

POSITION OF ADJECTIVES

Unlike English adjectives, descriptive adjectives in Italian usually follow the noun they modify.

un ragazzo *italiano*	an Italian boy
una città *moderna*	a modern city
le strade *larghe*	the wide streets

Adjectives expressing number and quantity generally precede the noun they modify.

dieci giorni	ten days
molti medici	many doctors
parecchie ragazze	several girls
molto denaro	much money (a great deal of money)
pochi studenti	few students

The following common adjectives often precede the noun they modify:

antico, ancient	**buono,** good	**nuovo,** new
bello, beautiful, handsome	**cattivo,** bad	**piccolo,** little, small
bravo, fine, good	**giovane,** young	**povero,** poor
breve, short	**grande,** big, large	**stesso,** same
brutto, ugly	**lungo,** long	**vecchio,** old

Note

1. Adjectives that generally precede the noun may follow the noun to indicate emphasis.

Che casa *piccola!*	What a small house!
Che viaggio *lungo!*	What a long trip!

2. The meaning of certain adjectives may change according to their position. In general, they have a literal meaning when they follow the noun and a figurative meaning when they precede the noun.

un ragazzo *povero*	a poor boy (not rich)
un *povero* ragazzo	a poor boy (unfortunate)
un edificio *grande*	a large building (in size)
un *grand'*artista	a great artist (in reputation)

IRREGULAR ADJECTIVES

The adjectives **bello, buono, grande,** and **santo** have regular forms when they follow the noun, but special forms when they precede the noun.

Special forms of **BELLO:**

The special forms of **bello** follow the pattern of the definite article (**il, lo, l', la, i, gli, le**).

MASCULINE SINGULAR			
bel	before all consonants except z or impure s	un *bel* fiore	a beautiful flower
bello	before z or impure s	un *bello* scaffale	a beautiful bookcase
bell'	before all vowels	un *bell'*uccello	a beautiful bird

FEMININE SINGULAR			
bella	before all consonants	una *bella* rosa	a beautiful rose
bell'	before all vowels	una *bell'*estate	a beautiful summer

MASCULINE PLURAL			
bei	before all consonants except z and impure s	dei *bei* fiori	some beautiful flowers
begli	before z and impure s and all vowels	dei *begli* scaffali dei *begli* uccelli	some beautiful bookcases some beautiful birds

FEMININE PLURAL			
belle	before all consonants and all vowels	delle *belle* rose delle *belle* estati	some beautiful roses some beautiful summers

Special forms of **BUONO**:

The special forms of **buono** follow the pattern of the indefinite article (**un, uno, una, un'**). Only singular forms are shown in the chart, since plural forms are always regular.

MASCULINE SINGULAR			
buon	before all vowels and consonants except z and impure s	un *buon* vicino un *buon* amico	a good neighbor a good friend
buono	before z and impure s	un *buono* zio	a good uncle

FEMININE SINGULAR			
buona	before all consonants	una *buona* lezione	a good lesson
buon'	before all vowels	una *buon'*idea	a good idea

Special forms of **GRANDE**:

Grande has special forms in the singular only. In the plural, all forms are regular.

MASCULINE SINGULAR			
gran	before all consonants except z and impure s	un *gran* poeta	a great poet
grande	before z and impure s	un *grande* scrittore	a great writer
grand'	before all vowels	un *grand'*uomo	a great man

FEMININE SINGULAR			
grande	before all consonants except z and impure s	una *grande* città	a great city
grande	before z and impure s	una *grande* scienza	a great science
grand'	before all vowels	una *grand'*attrice	a great actress

Special forms of **SANTO**:

The special forms of **santo** are used only before certain proper names, masculine and feminine, to mean *saint*. Otherwise the regular forms are used in both singular and plural.

MASCULINE SINGULAR			
San	before all consonants except z and impure s	*San* Michele	Saint Michael
Santo	before z and impure s	*Santo* Stefano	Saint Stephen
Sant'	before all vowels	*Sant'*Antonio	Saint Anthony

FEMININE SINGULAR			
Santa	before all consonants	*Santa* Barbara	Saint Barbara
Sant'	before all vowels	*Sant'*Elena	Saint Helen

EXERCISES

A. Complete the sentences by supplying the correct form of the adjective in the proper position:

1. (italiano)   Maria e Nora sono due _____ ragazze _____.

2. (bello)   C'è un _____ specchio _____ nel palazzo.

3. (nuovo)   Ecco due _____ grattacieli _____.

4. (leggero)   Devo comprare dei _____ vestiti _____.

5. (grande)   L'ufficio è in un _____ edificio _____ .

6. (bianco)   Portiamo le _____ rose _____ a Sua madre.

7. (pigro)   Michele e Pierino sono degli _____ alunni

                _____ .

8. (elegante)   Giuditta porta un _____ cappello _____ oggi.

9. (pulito)   Mettono i fiori sulla _____ tavola _____ .

10. (vecchio)   È una _____ signora _____ di Roma.

11. (facile)   I professori non danno _____ esami

                _____ .

12. (francese)   Parla con le _____ signorine _____ al museo.

13. (buono)   Elisa è una _____ ragazza _____ .

14. (sgarbato)   Ci sono molti _____ giovani _____ in Italia.

15. (felice)   Ecco dei _____ bambini _____ nel parco.

B. Complete the Italian sentences:

1. Giselle is a French girl.

    Gisella è _____ .

2. John has bought a beautiful suit.

    Giovanni ha comprato _____ .

3. Mrs. Del Colle is a fine person.

    La signora Del Colle è _____ .

4. I have only a few friends here.

    Ho soltanto _____ qui.

5. The President lives in the White House.

    Il presidente abita _____ .

6. Mr. Rossi is an old friend.

    Il signor Rossi è _____ .

7. Dante Alighieri was a great poet.

    Dante Alighieri fu _____ .

8. What a poor family!

    Che famiglia _____ !

9. I'll have a cup of hot tea.

    Prenderò una tazza di _____ .

10. Who is your favorite actress?

    Chi è la tua ＿＿＿＿＿＿＿＿＿＿＿＿＿＿＿＿＿＿＿＿＿＿＿＿＿＿＿＿＿＿＿＿＿？

11. The young doctor is very kind.

    ＿＿＿＿＿＿＿＿＿＿＿＿＿＿＿＿＿＿＿＿＿＿＿＿＿＿＿＿ è molto gentile.

12. What a bad dog!

    Che ＿＿＿＿＿＿＿＿＿＿＿＿＿＿＿＿＿＿＿＿＿＿＿＿＿＿＿＿＿＿＿＿！

13. Claudia has beautiful eyes.

    Claudia ha dei ＿＿＿＿＿＿＿＿＿＿＿＿＿＿＿＿＿＿＿＿＿＿＿＿＿＿.

14. Today they are celebrating the feast of St. Joseph.

    Oggi celebrano la festa ＿＿＿＿＿＿＿＿＿＿＿＿＿＿＿＿＿＿＿＿＿＿＿.

15. It was an interesting program.

    È stato ＿＿＿＿＿＿＿＿＿＿＿＿＿＿＿＿＿＿＿＿＿＿＿＿＿＿＿＿＿＿.

C. Complete the sentences in each group, using the words indicated. Make all necessary changes:

1. È una bella giornata.

    ＿＿＿＿＿＿＿＿＿＿＿＿＿＿＿ albergo.

    ＿＿＿＿＿＿＿＿＿＿＿＿＿＿＿＿＿ sposi.

    ＿＿＿＿＿＿＿＿＿＿＿＿＿＿＿＿＿＿ signorine.

2. Il viaggio è lungo.

    I viaggi ＿＿＿＿＿＿＿＿＿＿＿＿＿＿＿.

    La strada ＿＿＿＿＿＿＿＿＿＿＿.

    Le strade ＿＿＿＿＿＿＿＿＿＿＿＿＿.

3. Ha comprato un cappello verde.

    ＿＿＿＿＿＿＿＿＿＿＿＿＿ dei pantaloni ＿＿＿＿＿＿＿.

    ＿＿＿＿＿＿＿＿＿＿＿＿ una camicetta ＿＿＿＿＿＿＿.

    ＿＿＿＿＿＿＿＿＿＿＿＿ delle scarpe ＿＿＿＿＿＿＿.

4. Che bella persona!

    ＿＿＿＿＿＿＿＿＿＿ racconto!

    ＿＿＿＿＿＿＿＿＿＿＿ spirito!

    ＿＿＿＿＿＿＿＿＿＿＿ idea!

5. Il giornale è nuovo.

    I giornali ＿＿＿＿＿＿＿＿＿＿＿＿＿.

    La rivista ＿＿＿＿＿＿＿＿＿＿＿.

    Le riviste ＿＿＿＿＿＿＿＿＿＿＿＿＿.

6. È la stessa strada.

_____ strade.

_____ anno.

_____ anni.

D. Underline the correct form of the adjective in parentheses:

1. È stato un (buon, buono) spettacolo ieri.
2. Ho comprato una (bell', bella) automobile.
3. Giotto era (was) un (grand', gran) pittore.
4. Dov'è la chiesa di (San, Sant') Onofrio?
5. Chi è questo (bel, bello) ragazzo?
6. Silvia è stata sempre una (buona, buon') alunna.
7. Ci sono due (bei, begli) alberi nel nostro giardino.
8. Dove hai comprato il tuo (bel, bello) vestito?
9. (San, Santo) Francesco d'Assisi è un santo famoso.
10. Questa scuola ha tante (bell', belle) aule.

E. Supply the correct form of the adjective in parentheses:

1. (Santo)   Avete visto la chiesa di _____ Anna?
2. (grande)   Il Brasile è un paese _____.
3. (buono)   _____ giorno, signor Guarnieri.
4. (bello)   Abbiamo veduto parecchi _____ spettacoli nella città.
5. (grande)   È un _____ avvocato italiano.
6. (buono)   Hai comprato dei _____ posti per il concerto?
7. (bello)   C'è un _____ quadro nel salotto.
8. (Santo)   È stato Lei in Piazza _____ Marco oggi?
9. (bello)   Ho veduto un _____ spettacolo stasera.
10. (buono)   Il signor Marino è un _____ zio.

F. Complete the Italian sentences:

1. Here is a beautiful mirror.   Ecco _____ specchio.
2. Raphael was a great painter.   Raffaello era _____ pittore.
3. She has beautiful hands.   Essa ha delle _____ mani.
4. Saint Helena is a small island.   _____ Elena è _____ isola.
5. It is not a very large house.   Non è una casa molto _____.
6. Da Vinci was a great artist.   Da Vinci era _____ artista.
7. Patricia has beautiful hair.   Patrizia ha dei _____ capelli.
8. Is your son a good student?   È Suo figlio un _____ alunno?

9. Saint Patrick's Cathedral is
   in New York.

   La Cattedrale di _ _ _ _ _ _ _ _ _ _ _ _ _ _ _ Patrizio

   è a New York.

10. I am reading a good book now.   Leggo un _ _ _ _ _ _ _ _ _ _ _ _ _ _ _ libro adesso.

G. Answer in complete Italian sentences. Then translate each answer into English:

1. Ci sono dei grandi edifici vicino alla scuola? _

_ _

_ .

2. È Lei un buon alunno (una buon'alunna)? _

_ _

_ .

3. Dov'è la bella città di Milano? _

_ _

_ .

4. Avete dei bei dischi italiani? Noi _

_ _

_ .

5. Ci sono delle belle ragazze nella Sua classe? _

_ _

_ .

6. Di che colore è la bandiera italiana? _

_ _

_ .

7. Ha veduto Lei una grand'opera quest'anno? _

_ _

_ .

8. Ha la Sua famiglia una bell'automobile? _

_ _

_ .

9. Preferiscono Loro il caffè dolce o amaro? Noi _

_ _

_ .

10. Gli alunni della classe d'italiano sono pigri o diligenti? _

_ _

_ .

6. Possessive Adjectives

SINGULAR		PLURAL		MEANING
Masculine	Feminine	Masculine	Feminine	
il mio	la mia	i miei	le mie	my
il tuo	la tua	i tuoi	le tue	your (*fam.*)
il Suo	la Sua	i Suoi	le Sue	your (*pol.*)
il suo	la sua	i suoi	le sue	his, her, its
il nostro	la nostra	i nostri	le nostre	our
il vostro	la vostra	i vostri	le vostre	your (*fam.*)
il Loro	la Loro	i Loro	le Loro	your (*pol.*)
il loro	la loro	i loro	le loro	their

Note

1. Like all adjectives, possessive adjectives agree in gender and number with nouns they modify.

   la mia strada — my street
   il suo giardino — his garden
   i nostri vicini — our neighbors
   le Sue sorelle — your (*pol.*) sisters

2. Possessive adjectives in Italian are usually preceded by the definite article.

   il tuo posto — your (*fam.*) place
   la loro casa — their house
   i nostri amici — our friends
   le mie lezioni — my lessons
   nel Suo paese — in your country

3. The definite article is not used before certain nouns denoting family relationship such as **padre, madre, figlio, figlia, fratello, sorella,** etc., when these nouns are unmodified and used in the singular. However, the article is generally used with those nouns that are variations of the basic form, e.g., **babbo, mamma, fratellino,** etc.

   Mio padre è partito oggi. — My father left today.
   Giorgio parla a *suo* fratello. — George is speaking to his brother.
   Nostra figlia è sposata. — Our daughter is married.

   But:

   Egli viaggerà con *il suo* fratello maggiore. — He will travel with his older brother.
   Egli viaggerà con *i suoi* fratelli. — He will travel with his brothers.
   I nostri cugini abitano a Roma. — Our cousins live in Rome.
   La sua nonna abita in città. — His grandmother is living in the city.

4. The article is never omitted with the possessive adjective **loro** or **Loro.**

   Il loro padre è avvocato. — Their father is a lawyer.

La **loro** zia arriverà domani.	Their aunt will arrive tomorrow.
I **Loro** fratelli sono molto gentili.	Your brothers are very kind.

5. Possessive adjectives are repeated before each noun to which they refer.

Le mie calze e *le mie* scarpe sono bagnate.	My socks and shoes are wet.
Dove sono *la sua* penna e *la sua* matita?	Where are his pen and pencil?

EXERCISES

A. Underline the correct form of the possessive adjective in parentheses. Then translate the sentences into English:

1. Dov'è (il tuo, la tua, i tuoi, le tue) orologio, Roberto?

    ----

2. (Il mio, La mia, I miei, Le mie) vicina è molto brava.

    ----

3. (Suo, Sua, Suoi, Sue) sorella è carina.

    ----

4. Ha Lei (il Suo, la Sua, i Suoi, le Sue) libri?

    ----

5. (Il nostro, La nostra, I nostri, Le nostre) casa è grande.

    ----

6. Dove abitano (il loro, la loro, i loro, le loro) genitori?

    ----

7. Perchè hai chiamato (il tuo, la tua, i tuoi, le tue) amici?

    ----

8. Sono italiane (il vostro, la vostra, i vostri, le vostre) amiche?

    ----

9. (Il nostro, La nostra, I nostri, Le nostre) mobili sono nuovi.

    ----

10. Piero gioca con (il suo, suo, la sua, sua) cugino Michele.

    B. Change to the plural:

1. Il nostro amico è francese.

    ----

2. Mio fratello suona bene.

    ----

3. La nostra guida parla italiano.

----

4. La ragazza saluta la sua maestra.

----

5. La mia lezione non è facile.

----

6. Hai il tuo libro?

----

7. Suo zio ha comprato l'automobile.

----

8. Dov'è la tua chiave?

----

9. Vostra sorella è arrivata.

----

10. Nostro cugino abita a Firenze.

C. Change to the singular:

1. Le Sue lezioni sono interessanti.

----

2. Hanno perduto i miei libri.

----

3. I vostri compagni sono andati a casa?

----

4. I nostri professori insegnano ogni giorno.

----

5. Le tue cravatte sono belle.

----

6. Non abbiamo visto le Sue zie.

----

7. Dove sono i Loro parenti?

----

8. Sono americani i vostri vicini?

----

9. Avete trovato le mie matite?

   ----

10. Dove vanno i tuoi nonni stasera?

D. Complete each sentence with the possessive adjective corresponding to the subject. Then translate the sentence into English:

Example: Hai *la tua* valigia?

1. Giacomo cerca _____ giacca e _____ cappello.

   ----

2. Abbiamo messo _____ esercizi sulla scrivania.

   ----

3. Le bambine hanno perduto _____ bambole.

   ----

4. Dovete ascoltare _____ professore con attenzione.

   ----

5. Marisa non ha finito _____ compiti.

   ----

6. Vuoi comprare _____ biglietto stasera?

   ----

7. Hanno invitato essi _____ vicini?

   ----

8. Egli è venuto con _____ sorella e _____ zio.

   ----

9. Mio fratello ed io comprendiamo _____ genitori.

   ----

10. Io amo _____ madre e _____ padre.

   ----

11. Gisella e Renata abitano con _____ zie.

   ----

12. Emilio ha portato _____ dischi.

   ----

13. Non ha Lei _____ bagagli?

   ----

14. Essa lavora con _____ cugini.

_____

15. Avete ricevuto _____ posta oggi?

_____

E. Complete the Italian sentences:

1. Your (*pol. pl.*) science teacher is very good.

   _____ professore di scienza è molto bravo.

2. My sisters and their friends attend the same school.

   _____ sorelle e _____
   amiche frequentano la stessa scuola.

3. I telephoned my mother last night.

   Ho telefonato a _____ ieri sera.

4. Is the door of your (*pol. sing.*) office open?

   La porta _____ ufficio è aperta?

5. Did you find your cousins at the station?

   Ha trovato Lei _____ alla stazione?

6. My records and magazines are on the shelf.

   _____ e _____ sono sullo
   scaffale.

7. Our American museums are famous.

   _____ musei americani sono famosi.

8. Her brother and his sister are lawyers.

   _____ e _____ sono
   avvocati.

9. Where do you have your books?

   Dove avete _____ libri?

10. His parents are old now.

    _____ genitori sono vecchi adesso.

11. Our grandparents will arrive tomorrow.

    _____ nonni arriveranno domani.

12. Is your (*pol. pl.*) brother a dentist?

    È dentista _____ fratello?

13. My uncle and aunt are traveling in France.

    _____ zio e _____ zia
    viaggiano in Francia.

14. We bought our shoes in Florence last year.

    Abbiamo comprato _____ scarpe a Firenze l'anno scorso.

15. Every country in the world has its flag.

    Ogni paese del mondo ha _____ bandiera.

    F. Answer in complete Italian sentences:

 1. È grande la Sua scuola? _____

    _____

 2. Quando fa Lei i Suoi compiti? _____

    _____

 3. Hai perduto mai le tue chiavi? _____

    _____

 4. Invita Lei molti amici per il Suo compleanno? _____

    _____

 5. Sa parlare italiano Sua madre? _____

    _____

 6. Come si chiama il Loro professore d'italiano? _____

    _____

 7. Giocate voi al tennis con i vostri compagni? _____

    _____

 8. Quante persone ci sono nella Sua famiglia? _____

    _____

 9. Conosce Lei mio fratello Enrico? _____

    _____

10. Chi è il presidente del Loro paese? _____

    _____

7. Demonstrative Adjectives

The demonstrative adjectives are **questo** (*this*) and **quello** (*that*). Like all other adjectives in Italian, they agree in gender and number with the noun they modify.

FORMS OF *QUESTO*

Questo has the same four endings (**-o, -a, -i, -e**) as the **-o** adjectives. However, the final **-o** or **-a** is generally replaced by an apostrophe when **questo** or **questa** is followed by a noun beginning with a vowel.

questo	before masculine singular nouns beginning with a consonant	*questo* treno	this train
quest'	before all singular nouns beginning with a vowel	*quest'*uomo *quest'*aula	this man this classroom
questa	before feminine singular nouns beginning with a consonant	*questa* casa	this house
questi	before all masculine plural nouns	*questi* anni *questi* cani	these years these dogs
queste	before all feminine plural nouns	*queste* aule *queste* case	these classrooms these houses

FORMS OF *QUELLO*

The demonstrative adjective **quello**, like **bello**, follows the same pattern as the definite article combined with the preposition **di** (**del, dello, dell', della, dei, degli, delle**).

quel	before masculine singular nouns beginning with any consonant except **z** or impure **s**	*quel* lago	that lake
quello	before masculine singular nouns beginning with **z** or impure **s**	*quello* sbaglio	that mistake
quell'	before all singular nouns beginning with a vowel	*quell'*abito *quell'*attrice	that suit (dress) that actress
quella	before feminine singular nouns beginning with a consonant	*quella* notte	that night

quei	before masculine plural nouns beginning with any consonant except **z** or impure **s**	*quei* laghi	those lakes
quegli	before masculine plural nouns beginning with **z** or impure **s**, or a vowel	*quegli* zeri *quegli* sbagli *quegli* alberi	those zeroes those mistakes those trees
quelle	before all feminine plural nouns	*quelle* attrici *quelle* notti	those actresses those nights

EXERCISES

A. Replace the definite article with the appropriate form of the demonstrative adjective **questo** (*this*):

1. il ponte   _____
2. la via   _____
3. i fiori   _____
4. le scale   _____
5. la montagna   _____
6. l'albergo   _____
7. gli uccelli   _____
8. la lingua   _____

9. il minuto   _____
10. lo scaffale   _____
11. la chiave   _____
12. l'esame   _____
13. le stanze   _____
14. lo specchio   _____
15. gli operai   _____

B. Replace the definite article with the appropriate form of the demonstrative adjective **quello** (*that*):

1. la neve   _____
2. gli orologi   _____
3. le sedie   _____
4. lo sportello   _____
5. l'avvocato   _____
6. l'ora   _____
7. la tempesta   _____
8. i giorni   _____

9. il mondo   _____
10. l'albero   _____
11. le stelle   _____
12. l'estate   _____
13. il topo   _____
14. i cibi   _____
15. gli amici   _____

C. Underline the correct form of the demonstrative adjective in parentheses. Then translate each sentence into English:

1. Ci sono molte botteghe in (questo, queste, quest', questa) via.

_____

2. Ha veduto Lei (quello, quel, quell', quella) spettacolo ieri sera?

----

3. Chi è (quell', quella, quello, quel) attrice con Alfredo?

----

4. (Quell', Quegli, Quei, Quelle) posti sono vuoti.

----

5. Il mio amico Giovanni abita in (quello, quell', quel, quei) albergo.

----

6. Mettiamo (quelle, quegli, quei, quelli) fiori rossi nel vaso.

----

7. (Questa, Questi, Quei, Questo) cappello è troppo piccolo.

----

8. Chi sono (quei, quegli, quell', quelle) studenti con il signor Peroni?

----

9. (Questo, Quest', Questa, Queste) insalata è molto buona.

----

10. (Quello, Quella, Quelle, Quel) maestra insegna lo spagnolo.

D. Change to the plural. Then translate each new sentence into English:

1. Questo dolce è molto buono.

----

2. Studia l'italiano quest'alunna?

----

3. Quel ragazzo abita in via Signorelli.

----

4. Il professore ha spiegato quest'esercizio.

----

5. La signorina canta sempre quella canzone.

----

6. Quello studio non è molto caro.

   ----

7. Quest'uomo conosce bene tuo cugino.

   ----

8. Quell'operaio lavora con mio zio.

   ----

9. Preferisco vedere questo spettacolo oggi.

   ----

10. Quell'amica di tua sorella ha ballato bene.

E. Change to the singular. Then translate each new sentence into English:

1. Quelle attrici francesi sono molto brave.

   ----

2. Questi signori sono venuti dall'Argentina.

   ----

3. A che ora partono questi treni dalla stazione?

   ----

4. Perchè avete comprato quei garofani?

   ----

5. Non abbiamo capito quegli Inglesi.

   ----

6. Quanto costano questi orologi?

   ----

7. Sono fresche quelle arance?

   ---

8. Conosce Lei quegli avvocati americani?

   ---

9. Questi esami non sono difficili.

   ---

10. Noi leggiamo sempre queste riviste.

F. Rewrite each sentence, substituting each of the words in parentheses for the word in italics and making all the necessary changes:

1. Ho già veduto questa *città*.   (ponti, monumento, stanze)

   ---

2. Preferisci quella *lampada?*   (divano, impermeabile, scarpe)

   ---

3. Abbiamo comprato queste *pere*.   (regali, aceto, biglietto)

   ---

4. Oggi ho visto quel *ristorante*.   (albergo, grattacieli, studio)

   ---

5. Desidero vedere quel *soprabito*.   (specchi, borsetta, orologio)

G. Complete the Italian sentences:

1. This woman is French, but that woman is English.

   _ _ _ _ _ _ _ _ _ _ _ _ _ _ signora è francese, ma

   _ _ _ _ _ _ _ _ _ _ _ _ _ _ signora è inglese.

2. We wish to see those shoes.

   Desideriamo vedere _ _ _ _ _ _ _ _ _ _ _ _ _ _ scarpe.

3. Take this seat; don't take that seat.

   Prenda _ _ _ _ _ _ _ _ _ _ _ _ _ _ posto; non prenda

   _ _ _ _ _ _ _ _ _ _ _ _ _ _ posto.

4. Have you seen that show?

   Hai veduto _ _ _ _ _ _ _ _ _ _ _ _ _ _ spettacolo?

5. These pears are very sweet.

   _ _ _ _ _ _ _ _ _ _ _ _ _ _ pere sono molto dolci.

6. Who are those men in the street?

   Chi sono _ _ _ _ _ _ _ _ _ _ _ _ _ _ uomini nella strada?

7. I have never been in this village.

   Non sono mai stato in _ _ _ _ _ _ _ _ _ _ _ _ _ _

   villaggio.

8. That man on the left is my uncle.

   _ _ _ _ _ _ _ _ _ _ _ _ _ _ uomo a sinistra è mio zio.

9. They are leaving here this afternoon.

   Partono di qui _ _ _ _ _ _ _ _ _ _ _ _ _ _ pomeriggio.

10. We will buy that car next summer.

    Compreremo _ _ _ _ _ _ _ _ _ _ _ _ _ _ macchina l'estate prossima.

11. Did you hear those students?

    Hai sentito _ _ _ _ _ _ _ _ _ _ _ _ _ _ studenti?

12. Please go to that window on the right.

    Per piacere, vada a _ _ _ _ _ _ _ _ _ _ _ _ _ _ sportello a destra.

13. Those girls do not know how to swim.

    _ _ _ _ _ _ _ _ _ _ _ _ _ _ ragazze non sanno nuotare.

14. I've traveled with those Americans.

    Ho viaggiato con _ _ _ _ _ _ _ _ _ _ _ _ _ _ Americani.

15. Mario, please give these letters to Mrs. Leone.

    Mario, da' _ _ _ _ _ _ _ _ _ _ _ _ _ _ lettere alla signora Leone, per piacere.

8. Review: Lessons 1-7

A. Write the correct form of the definite article before each of the following nouns:

1. _____ aula		6. _____ esami		11. _____ pioggia	
2. _____ botteghe		7. _____ stomaco		12. _____ zucchero	
3. _____ cavalli		8. _____ ospedali		13. _____ attore	
4. _____ frazione		9. _____ programma		14. _____ mano	
5. _____ uova		10. _____ moglie		15. _____ sportelli	

B. Complete the Italian sentences, using the prepositions **a, di, da, in, su** or their contractions with the definite article as required. Then translate each sentence into English:

1. Stamane ho incontrato il padre _____ Maria.

   _____

2. Nell'estate andiamo spesso _____ mare.

   _____

3. Lunedì è il primo giorno _____ settimana.

   _____

4. Renato e Marina sono ritornati a casa _____ spiaggia.

   _____

5. Hai trovato il libro _____ camera di tua sorella?

   _____

6. La penna non è sotto il banco, è _____ banco.

   _____

7. Devo comprare _____ violette per la mia fidanzata.

   _____

8. Questo signore è lo zio _____ signorina Smith.

   _____

9. Ho ricevuto il regalo _____ nonni _____ Pietro.

   _____

10. Leggo un racconto _____ uno scrittore famoso.

    _____

11. La pioggia è caduta _____ tetti.

    _____

12. Hai messo lo zucchero _____ tuo caffè?

    _____

13. Dove sono le valigie _____ signorine americane?

_____

14. Siamo andati _____ mercato alle quattro.

_____

15. Ancora non ci sono mobili _____ nostro appartamento.

_____

    C. Complete the Italian sentences:

1. I bought a new bicycle yesterday.

   Ho comprato _____ ieri.

2. This is a difficult problem.

   Questo è _____.

3. John has some good friends in Naples.

   Giovanni ha _____ a Napoli.

4. He has read some interesting books.

   Egli ha letto _____.

5. My father is a tall man.

   Mio padre è _____.

6. These trees are very old.

   _____ alberi sono molto _____.

7. We saw a beautiful opera in Turin.

   Abbiamo veduto _____ a Torino.

8. Mr. Bianchi has a great deal of patience.

   Il signor Bianchi ha _____.

9. Did you find my brother's watch?

   Hai trovato _____?

10. Please bring some soap and water.

   Portate _____, per favore.

11. They sold their country house.

   Hanno venduto _____ di campagna.

12. Her family and friends are nice.

   _____ famiglia e _____ amiche sono _____.

13. He respects his parents and teachers.

   Rispetta _____ e _____.

14. I saw your (*pol. sing.*) brother in the restaurant.

    Ho visto _____ nel ristorante.

15. Our school is not very large.

    _____ non è molto grande.

16. Did you go to her apartment yesterday?

    Sei andato _____ appartamento ieri?

17. My Italian lesson was interesting.

    _____ lezione d'italiano è stata interessante.

18. Did you forget your keys, Paul?

    Hai dimenticato _____, Paolo?

19. I know that her brother is a lawyer.

    So che _____ è avvocato.

20. Have my cousins returned?

    Sono ritornati _____?

21. Tomorrow is the feast of Saint Joseph.

    Domani sarà la festa di _____.

22. Our new neighbors are French.

    _____ sono francesi.

23. She bought some beautiful pictures.

    Ha comprato _____.

24. They live on Saint Alfred Street.

    Abitano in via _____.

25. The poor man is alone and ill.

    _____ è solo e ammalato.

Young men playing soccer, Italy's favorite sport.

D. Complete each sentence by translating the word in parentheses. Then translate each sentence into English:

1. (this)   Desidero comprare _____ orologio.

   _____

2. (That)   _____ parola non è corretta.

   _____

3. (these)   Quanto sono costati _____ biglietti?

   _____

4. (These)   _____ uccelli sono belli.

   _____

5. (that)   Mio padre lavora in _____ ufficio.

   _____

6. (those)   Conosci _____ scolari?

   _____

7. (that)   Voglio ascoltare _____ disco.

   _____

8. (this)   Che cosa porti in _____ tasca?

   _____

9. (This)   _____ signore è molto gentile.

   _____

10. (These)   _____ alunne sono amiche di mia sorella.

    _____

11. (those)   Avete visto _____ animali interessanti?

    _____

12. (That)   _____ televisore è troppo caro.

    _____

13. (This)   _____ anno andremo in Italia.

    _____

14. (that)   Giocheranno in _____ stadio l'anno prossimo.

    _____

15. (those)   Avete incontrato _____ studenti spagnoli?

    _____

9. Comparison of Adjectives

POSITIVE	COMPARATIVE	SUPERLATIVE
freddo, cold bello, beautiful forte, strong felice, happy	*più* freddo, colder *più* bello, more beautiful *più* forte, stronger *più* felice, happier	*il più* freddo, the coldest *il più* bello, the most beautiful *il più* forte, the strongest *il più* felice, the happiest

Note

1. The comparative of an adjective is formed by placing **più** before the adjective.

2. The superlative of an adjective is formed by placing the proper form of the definite article before the comparative.

3. The positive, comparative, and superlative forms of the adjective agree with the noun modified in gender and number. However, the word **più** does not change. The position of these forms is the same in the comparative and superlative as it is in the positive.

Questa via è lunga.	This route is long.
Questa via è *più* lunga.	This route is longer.
Questa via è *la più* lunga.	This route is the longest.
Queste vie sono *le più* lunghe.	These routes are the longest.

4. When the superlative immediately follows the noun, the definite article is omitted. Since the superlative is then the same as the comparative in form, the exact meaning intended must be determined from context.

Dina è *la più alta* delle ragazze.	Dina is the tallest of the girls.
But:	
Dina è la ragazza *più alta*.	Dina is the tallest girl.
I problemi *più difficili* sono alla fine.	The most difficult problems are at the end.

5. In addition to the word **più** (*more*), the word **meno** (*less, not so*) may be used to form comparisons. Like **più,** the word **meno** does not change form.

Carlo è *meno* **diligente** di Giovanni.	Charles is less industrious than John.
Giovanni è *meno* **forte** di Carlo.	John is not so strong as Charles.
Lisa è la *meno* **paziente** delle ragazze.	Lisa is the least patient of the girls.

6. A few common adjectives have irregular forms of comparison as well as regular forms.

POSITIVE	COMPARATIVE		SUPERLATIVE	
buono, good	più buono *migliore*	better	il più buono *il migliore*	best
cattivo, bad	più cattivo *peggiore*	worse	il più cattivo *il peggiore*	worst
grande, large	più grande *maggiore*	larger, greater, older	il più grande *il maggiore*	largest, greatest, oldest
piccolo, small	più piccolo *minore*	smaller, younger	il più piccolo *il minore*	smallest, youngest

The choice between the regular and irregular forms of comparison depends in part on personal preference or style. However, the adjectives **grande** and **piccolo** are compared regularly when referring to size. The irregular forms are generally used in a figurative sense. The adjectives **maggiore** and **minore** have the meanings of older–oldest, younger–youngest when referring to the age of persons.

Carlo è il fratello *minore*.	Charles is the younger brother.
Maria è *la minore* delle tre sorelle.	Marie is the youngest of the three sisters.
But:	
Questa stanza è *la più piccola*.	This room is the smallest.

The irregular forms of **buono** and **cattivo** are more common than the regular forms.

7. Comparisons are also formed with the words **così . . . come** (*as . . . as*) or **tanto . . . quanto** (*as . . . as*). The first word (**così** or **tanto**) is sometimes omitted.

Gaziella è *così* bella *come* sua madre.	Grace is as beautiful as her mother.
Graziella è bella *come* sua madre.	
Franco sarà *tanto* alto *quanto* Bruno.	Frank will be as tall as Bruno.
Franco sarà alto *quanto* Bruno.	

8. The word for *than* is generally **di** before a noun, pronoun, or numeral.

Enzo è più (meno) forte *di* suo fratello.	Vincent is stronger (less strong) than his brother.
Egli è più (meno) paziente *di* Lei.	He is more (less) patient than you.
Queste scarpe costano più *di* venti dollari.	These shoes cost more than twenty dollars.

However, *than* is expressed by **che** before adjectives and other parts of speech.

Questo vaso è più bello *che* utile.	This vase is more beautiful than useful.
È meglio tardi *che* mai.	Better late than never.

9. The word *in* after a superlative is expressed by the preposition **di** (or its contracted form with the definite article).

È il più alto grattacielo *di* Nuova York?	Is it the tallest skyscraper in New York?
Roma è una delle più belle città *del* mondo.	Rome is one of the most beautiful cities in the world.
Non è Mario il migliore alunno *della* classe?	Isn't Mario the best student in the class?

EXERCISES

A. Complete the comparison as in the example. Be sure to use the correct comparative form of the adjective in parentheses. Then translate the sentences into English:

Example: (bello) Anna è *più bella* di Rosa.

1. (piccolo) Questa valigia è _____ della mia valigia.

    _____

2. (felice) Silvana è _____ di sua sorella.

    _____

3. (alto) Questi alberi sono _____ del tetto.

    _____

4. (fresco) Questi ortaggi sono _____ delle frutte.

    _____

5. (interessante) Quel quadro è _____ di questo quadro.

    _____

6. (moderno) La tua scuola è _____ della nostra scuola.

    _____

7. (gentile) Luisa è _____ di sua cugina Bettina.

    _____

8. (grande) Roma e Milano sono _____ di Firenze.

    _____

9. (caldo) Il caffè è _____ del tè.

    _____

10. (magro) Questa ragazza è _____ di sua madre.

    _____

B. Complete the sentences, using the correct superlative form of the adjective in parentheses. Then translate the sentences into English:

Example: (basso) Gino è *il più basso* della famiglia.

1. (alto) Queste sono _____ montagne del mondo.

    _____

2. (corto) Qual è il mese _____ dell'anno?

    _____

3. (cattivo)   È stata _____ tempesta della stagione.

_____

4. (buono)   Patrizia è _____ alunna della classe d'italiana.

_____

5. (piccolo)   Carletto è _____ dei quattro figli.

_____

6. (buono)   È _____ ristorante cinese della città.

_____

7. (interessante)   Sono i racconti _____ del libro.

_____

8. (forte)   L'elefante è _____ degli animali.

_____

9. (nuovo)   Le nostre case sono _____ del quartiere.

_____

10. (ricco)   Suo zio è l'uomo _____ di Venezia.

_____

C. Complete each sentence with **così . . . come** and **tanto . . . quanto,** using the correct form of the word in parentheses:

Example: (vecchio) Questa sedia è *così vecchia come* quella tavola.
Questa sedia è *tanto vecchia quanto* quella tavola.

1. (nuovo)   Le mie scarpe sono _____ le sue scarpe.

Le mie scarpe sono _____ le sue scarpe.

2. (povero)   Essi non sono _____ i contadini.

Essi non sono _____ i contadini.

3. (facile)   Queste lezioni sono _____ quelle lezioni.

Queste lezioni sono _____ quelle lezioni.

4. (pigro)   Luisa è _____ suo fratello.

Luisa è _____ suo fratello.

5. (magro)   Tua sorella è _____ la cugina.

Tua sorella è _____ la cugina.

6. (giovane)   I miei genitori sono _____ gli zii.

I miei genitori sono _____ gli zii.

7. (pesante)   Questa cassa non è _____ il baule.

Questa cassa non è _____ il baule.

8. (piccolo)   La tavola nuova è _____ la tavola vecchia.

La tavola nuova è _____ la tavola vecchia.

9. (alto)   Quelle signorine sono _____ queste ragazze.

Quelle signorine sono _____ queste ragazze.

10. (diligente)   Fabrizio non è _____ il suo amico.

Fabrizio non è _____ il suo amico.

D. Complete each sentence with **come** or **quanto**, using the correct form of the adjective in parentheses. Then translate the sentences into English:

Example: (buono) Giorgio è *buono quanto* il fratello.
Giorgio è *buono come* il fratello.

1. (forte)   Le mie mani non sono _____ le tue mani.

_____

2. (fresco)   Questo caffè non è _____ l'altro.

_____

3. (intelligente)   È Bettina _____ sua sorella?

_____

4. (contento)   Sono i Suoi figli _____ le Sue figlie?

_____

5. (bello)   Le canzoni nuove sono _____ le canzoni vecchie.

_____

6. (stanco)   Gli adulti non sono _____ i bambini.

_____

7. (ricco)   Tua zia è _____ tuo nonno?

_____

8. (felice)   Queste ragazze non sono

_____ le loro amiche.

_____

9. (comodo)   L'autobus non è _____ il
treno.

_____

10. (grande)   La Sua casa non è _____
la nostra casa?

_____

E. Complete the Italian sentences:

1. John is the best pianist in our school.

Giovanni è _____ pianista _____ nostra scuola.

2. This film is less interesting than the book.

Questo film è _____ libro.

3. These lilies are as beautiful as the roses.

Questi gigli sono _____ le rose.

4. It is the fastest train in the country.

È il treno _____ paese.

5. The trunk is less useful than the suitcase.

Il baule è _____ valigia.

6. That table is not so old as the desk.

Quella tavola non è _____ la scrivania.

7. The first chapter is the longest in the book.

Il primo capitolo è _____ libro.

8. Do you want a more expensive room?

Desidera Lei una stanza _____?

9. The living room is not so hot as the kitchen.

Il salotto non è _____ la cucina.

10. These women are not so rich as the Americans.

Queste signore non sono _____ le Americane.

F. Supply appropriate words to make meaningful sentences. Then translate the sentences into English:

1. Gino è più basso _____ Pietro.

_____

2. Nuova York è _____ grande _____ Roma.

_____

3. Sarà il grattacielo più alto _____ Milano.

_____

4. Le mele gialle sono buone, ma le mele rosse sono ancora _____ .

_____

5. La vita di Rita sarà _____ felice adesso.

_____

6. Cristina è _____ artistica delle tre sorelle.

_____

7. Le pere sono _____ dolci delle pesche.

_____

8. Questo dramma è stato _____ interessante.

_____

9. Questo cane è _____ , ma l'altro è peggiore.

_____

10. Le ragazze sono _____ alte _____ ragazzi.

_____

G. Complete the Italian sentences:

1. Here is the oldest theater in Rome.

   Ecco _____ teatro _____ Roma.

2. My work is good, but her work is better.

   Il mio lavoro è buono, ma il suo lavoro è _____ .

3. Charles is less diligent than Mario.

   Carlo è _____ diligente _____ Mario.

4. Marisa is happier in Venice. Marisa è _____ felice a Venezia.

5. Mr. Covello has invited more than a hundred friends.

   Il signor Covello ha invitato _____ amici.

6. Aldo is less polite than his brother.

   Aldo è _____ cortese _____ suo fratello.

7. It is the longest river in Russia.

   È il fiume _____ lungo _____ Russia.

8. Your uncle is not so tall as Mr. Parisi.

   Tuo zio è _____ signor Parisi.

9. This magazine is the least interesting.

   Questa rivista è _____.

10. His brother Alfred is the oldest.

    Suo fratello Alfredo è _____.

H. Answer in complete Italian sentences:

1. Chi è il migliore alunno della classe? _____

   _____

2. È Lei più diligente degli altri alunni? _____

   _____

3. Come si chiama il Suo migliore amico (la Sua migliore amica)? _____

   _____

4. È Lei così alto(a) come Sua madre? _____

   _____

5. Qual è lo stato più piccolo degli Stati Uniti? _____

   _____

6. La città di Napoli è così grande come Nuova York? _____

   _____

7. Sa Lei il nome della città più grande d'Italia? _____

   _____

8. Qual è il mese più corto dell'anno? _____

   _____

9. Qual è la stagione più fredda dell'anno? _____

   _____

10. È l'italiano tanto difficile quanto l'inglese? _____

    _____

10. Adverbs: Formation; Comparison; Position

Many adverbs in Italian are formed from adjectives by adding **-mente** to the feminine singular form.

Adjective (*m. sing.*)	Adjective (*f. sing.*)	Adverb
attivo, active	attiva, active	attiva*mente*, actively
chiaro, clear	chiara, clear	chiara*mente*, clearly
fortunato, fortunate	fortunata, fortunate	fortunata*mente*, fortunately
lento, slow	lenta, slow	lenta*mente*, slowly
perfetto, perfect	perfetta, perfect	perfetta*mente*, perfectly
rapido, rapid, swift	rapida, rapid, swift	rapida*mente*, rapidly, swiftly
sincero, sincere	sincera, sincere	sincera*mente*, sincerely
strano, strange	strana, strange	strana*mente*, strangely
breve, brief	breve, brief	breve*mente*, briefly
dolce, sweet	dolce, sweet	dolce*mente*, sweetly
felice, happy	felice, happy	felice*mente*, happily
recente, recent	recente, recent	recente*mente*, recently
semplice, simple	semplice, simple	semplice*mente*, simply
triste, sad	triste, sad	triste*mente*, sadly

Note

1. The ending **-mente** in Italian is equivalent to the ending *-ly* in English.

2. When an adjective ends in a vowel plus **-le** or a vowel plus **-re**, the final **e** is dropped before adding **-mente**.

facile, easy	*facilmente*, easily
finale, final	*finalmente*, finally
generale, general	*generalmente*, generally
particolare, particular	*particolarmente*, particularly
possibile, possible	*possibilmente*, possibly
regolare, regular	*regolarmente*, regularly

3. Some common adverbs do not end in **-mente**.

adesso, now	**lontano**, far	**presto**, quickly, soon, early
allora, then	**mai**, ever, never	**qui, qua**, here
anche, also	**male**, badly	**sempre**, always
ancora, yet, still	**meno**, less	**spesso**, often
bene, well	**molto**, very, much, a great deal	**subito**, at once, soon, immediately
così, so, thus	**non**, not	**tanto**, so, so much
dopo, later, afterwards	**ora**, now	**tardi**, late
già, already	**più**, more	**troppo**, too, too much
insieme, together	**poco**, little	**vicino**, near
là, lì, there	**poi**, then	**volentieri**, willingly

POSITION OF ADVERBS

Unless special emphasis is intended, the adverb in Italian is generally placed immediately after the verb it modifies.

È arrivato *recentemente* dalla Francia.   He arrived from France recently.

However, the adverb **non** (*not*) always precedes the verb.

Per favore, *non* parli.   Please don't speak.

An adverb modifying an adjective or another adverb precedes the adjective or adverb.

Maria è *più* fortunata di me.   Mary is more fortunate than I.
      adverb adjective

Abbiamo mangiato *molto* bene.   We ate very well.
      adverb adverb

In a compound tense, some common adverbs of time such as **sempre** (*always*), **ancora** (*yet, still*), **già** (*already*), **mai** (*ever, never*) are generally placed between the auxiliary verb and the past participle.

Non è *ancora* ritornato Giorgio?   Hasn't George returned yet?
Hanno *sempre* **abitato** a Roma.   They have always lived in Rome.
Non **ha** *mai* **studiato** l'italiano.   She has never studied Italian.

However, in an interrogative sentence, **mai** frequently follows the past participle in a compound tense.

Avete visitato *mai* la Spagna?   Have you ever visited Spain?

COMPARISON OF ADVERBS

Adverbs are compared like adjectives, except that the forms of adverbs are invariable. The article in the superlative is always **il**.

Positive	*presto*, quickly
Comparative	*più presto*, more quickly *meno presto*, less quickly *così presto come*, as quickly as *tanto presto quanto*, as quickly as
Superlative	*il più presto*, most quickly *il meno presto*, least quickly

Note

The superlative of the adverb may be used with the word **possibile** to express the idea of *as . . . as possible.*

Siamo venuti **il più presto** *possibile.*   We came as early as possible.
      superlative

Visito mia zia **il più spesso** *possibile.*   I visit my aunt as often as possible.
      superlative

IRREGULAR ADVERBS

A few common adverbs have irregular forms in the comparative and the superlative. Where there are both regular and irregular forms, the irregular forms are used more frequently than the regular forms.

bene, well	*meglio* / più bene } better	*il meglio* / il più bene } the best
male, badly	*peggio* / più male } worse	*il peggio* / il più male } the worst
poco, little	*meno*, less	*il meno*, the least
molto, much	*più*, more	*il più*, the most

EXERCISES

A. Write the corresponding adverb for each Italian adjective. Then translate the adjective and the adverb into English:

1. amaro ---------------------- ---------------------- ----------------------
2. vero ---------------------- ---------------------- ----------------------
3. utile ---------------------- ---------------------- ----------------------
4. diligente ---------------------- ---------------------- ----------------------
5. crudele ---------------------- ---------------------- ----------------------
6. particolare ---------------------- ---------------------- ----------------------
7. brillante ---------------------- ---------------------- ----------------------
8. diretto ---------------------- ---------------------- ----------------------
9. pigro ---------------------- ---------------------- ----------------------
10. morbido ---------------------- ---------------------- ----------------------
11. terribile ---------------------- ---------------------- ----------------------
12. semplice ---------------------- ---------------------- ----------------------
13. sicuro ---------------------- ---------------------- ----------------------
14. pesante ---------------------- ---------------------- ----------------------
15. regolare ---------------------- ---------------------- ----------------------
16. gentile ---------------------- ---------------------- ----------------------
17. corretto ---------------------- ---------------------- ----------------------
18. accurato ---------------------- ---------------------- ----------------------
19. conveniente ---------------------- ---------------------- ----------------------
20. personale ---------------------- ---------------------- ----------------------

B. Rewrite the following sentences, adding the adverb indicated in parentheses in its proper place. Then translate the new sentences into English:

1. (tardi)   Il signor Corda è arrivato.

   ----

2. (subito)   I nostri vicini partiranno per Roma.

   ----

3. (spesso)   Essi scrivono ai loro cugini.

   ----

4. (presto)   Devi venire a casa.

   ----

5. (già)   Ho parlato con la signorina Santini.

   ----

6. (lentamente)   Il signor Peroni cammina nel parco.

   ----

7. (meno)   Il medíco ha detto che devo mangiare.

   ----

8. (insieme)   Noi verremo alla tua festa.

   ----

9. (ancora)   Maria non ha risposto alla lettera.

   ----

10. (adesso)   Il dottor Santi va all'ospedale?

C. Complete the sentences with the correct comparative form of the adverb indicated in parentheses:

Example: (presto) Mario è arrivato *più presto* di Michele.

1. (accuratamente) Ha fatto i compiti _____
    degli altri.

2. (male) Rita nuota male, ma Giorgio nuota _____.

3. (lentamente) Silvia ha parlato _____ di
    suo fratello.

4. (diligentemente) Avete lavorato _____ dei
    vostri amici.

5. (meno) Marco ha studiato poco, ma Luigi ha studiato

    _____ di lui.

6. (facilmente) Lei parla _____ in inglese o
    in italiano?

7. (bene) Marisa canta _____ di sua sorella.

8. (spesso) Devi venire _____ da noi.

9. (rapidamente) Camminiamo _____ per
    arrivare a tempo.

10. (chiaramente) Paolo ha sempre scritto _____
    di suo fratello.

D. Complete the Italian sentences:

1. We left the airport as soon as possible.

   Siamo partiti dall'aeroporto _____ possibile.

2. You can drive better than Robert.

   Lei sa guidare _____ Roberto.

3. Of all my sisters, Louise studies the most.

   Di tutte le mie sorelle, Gina studia _____ .

4. Mr. Rossi speaks as rapidly as you.

   Il signor Rossi parla _____ Lei.

5. Try to write as briefly as possible.

   Cerca di scrivere _____ possibile.

6. They said that Mr. Marino travels less than the others.

   Hanno detto che il signor Marino viaggia _____ degli altri.

7. My younger sister cries more often than a baby.

   Mia sorella minore piange _____ una bambina.

8. Alfred reads less clearly than Frank.

   Alfredo legge _____ Franco.

9. Mary does not sing so well as Louise.

   Maria non canta _____ Luisa.

10. Has she always spoken so slowly?

   Essa ha sempre parlato _____ ?

11. Will they come to the hotel later?

   Verranno all'albergo _____ ?

12. Francine has always danced better than her sister.

   Franca ha sempre ballato _____ sua sorella.

13. Peter, come here at once!

   Pietro, vieni qui _____ !

14. I cannot run as rapidly as my friend Linus.

   Non posso correre _____
   il mio amico Lino.

15. The men play less actively than the boys.

   Gli uomini giocano _____ ragazzi.

E. Answer in complete Italian sentences:

1. Un bravo alunno studia molto o poco? _____
   _____

2. Lei studia più o meno del Suo migliore amico (della Sua migliore amica)? _____
   _____

3. Lei impara facilmente l'italiano? _____
   _____

4. Lei ha dovuto studiare molto ieri? _____
   _____

5. Lei finisce sempre i Suoi compiti? _____
   _____

6. Capisce Lei l'italiano così bene come l'inglese? _____
   _____

7. Chi parla italiano meglio di tutti? _____
   _____

8. Risponde Lei garbatamente ai Suoi genitori? _____
   _____

9. Nevica spesso nel mese di luglio? _____
   _____

10. Viaggiamo più rapidamente in automobile o in aereo? _____
   _____

11. Cardinal and Ordinal Numbers

CARDINAL NUMBERS

0	zero	22	ventidue	81	ottantuno
1	uno, una	23	ventitrè	85	ottantacinque
2	due	30	trenta	88	ottantotto
3	tre	31	trentuno	90	novanta
4	quattro	33	trentatrè	91	novantuno
5	cinque	34	trentaquattro	97	novantasette
6	sei	38	trentotto	100	cento
7	sette	40	quaranta	101	centuno (*or* centouno)
8	otto	41	quarantuno	102	centodue
9	nove	45	quarantacinque	125	centoventicinque
10	dieci	50	cinquanta	200	duecento
11	undici	51	cinquantuno	206	duecentosei
12	dodici	56	cinquantasei	298	duecentonovantotto
13	tredici	60	sessanta	300	trecento
14	quattordici	61	sessantuno	1,000	mille
15	quindici	63	sessantatrè	1,001	mille (e) uno
16	sedici	68	sessantotto	1,970	millenovecentosettanta
17	diciassette	70	settanta	2,000	duemila
18	diciotto	71	settantuno	1,000,000	un milione
19	diciannove	72	settantadue	2,000,000	due milioni
20	venti	76	settantasei	1,000,000,000	un miliardo
21	ventuno	80	ottanta	2,000,000,000	due miliardi

Note

1. Cardinal numbers are adjectives, with the exception of **milione** (*million*) and **miliardo** (*billion*), which are nouns. All cardinal numbers except **uno** and **mille** are invariable in form. Cardinal numbers usually precede the noun.

2. **Uno**, when followed by a noun, has the same four forms as the indefinite article (**uno, un, una, un'**).

uno sbaglio	one error
un fratello	one brother
una rivista	one magazine
*un'*opera	one opera

3. The numbers **venti, trenta, quaranta, cinquanta, sessanta, settanta, ottanta,** and **novanta** drop the final vowel before combining with **uno** and **otto**.

ventuno anni	twenty-one years
cinquantuno case	fifty-one houses
quarantotto libri	forty-eight books
ottantotto pagine	eighty-eight pages

4. When **tre** is combined with **venti, trenta, quaranta**, etc., an accent is required on the final **e** (because the main stress falls on the last syllable).

sessantatrè uomini	sixty-three men
trentatrè lettere	thirty-three letters

5. **Un** is never used before **cento** or **mille**.

cento persone	one hundred persons
mille macchine	one thousand cars

6. The nouns **milione** and **miliardo** and their plurals (**milioni, miliardi**) require the preposition **di** before another noun.

un *milione di* persone	one million persons
tre *milioni di* voti	three million votes
un *miliardo di* dollari	one billion dollars
cinque *miliardi di* lire	five billion liras

7. The plural of **mille** is **mila**.

duemila studenti	two thousand students
cinquemila turisti	five thousand tourists

8. Compound numbers are generally written as one word.

quarantatrè biglietti	forty-three tickets
centonovantanove scuole	one hundred ninety-nine schools
cinquescento miglia	five hundred miles

9. Compound numbers beyond one thousand, particularly long ones, are sometimes broken down into thousands, hundreds, etc.

millenovecentonovanta abitanti *Or:* *mille novecento novanta* abitanti	one thousand nine hundred and ninety inhabitants
quattromilatrecentosessanta piedi *Or:* *quattromila trecento sessanta* piedi	four thousand three hundred and sixty feet

10. Arithmetic operations:

tre più cinque fa(fanno) otto	$3 + 5 = 8$
venti meno nove fa(fanno) undici	$20 - 9 = 11$
tre per quattro fa(fanno) dodici	$3 \times 4 = 12$
trenta diviso sei fa(fanno) cinque	$30 \div 6 = 5$

ORDINAL NUMBERS

1st	**primo, a**	8th	**ottavo, a**	21st	**ventunesimo, a**
2nd	**secondo, a**	9th	**nono, a**	23rd	**ventitreesimo, a**
3rd	**terzo, a**	10th	**decimo, a**	100th	**centesimo, a**
4th	**quarto, a**	11th	**undicesimo, a**	1,000th	**millesimo, a**
5th	**quinto, a**	12th	**dodicesimo, a**	1,000,000th	**milionesimo, a**
6th	**sesto, a**	13th	**tredicesimo, a**	1,000,000,000th	**miliardesimo, a**
7th	**settimo, a**	20th	**ventesimo, a**		

Florence: The cathedral, called the Duomo, and the bell tower.

Note

1. Each of the first ten ordinal numbers has a distinctive form. From the eleventh on, the ordinal number is formed by dropping the final vowel of the corresponding cardinal number and adding **-esimo, a.** However, with cardinal numbers ending **-è**, the ending **-esimo, a** is added without dropping the final **-e.** The accent is not used.

undici, eleven	**undicesimo,** eleventh
dodici, twelve	**dodicesimo,** twelfth
trentatrè, thirty-three	**trentatreesimo,** thirty-third
ottantatrè, eighty-three	**ottantatreesimo,** eighty-third

2. Ordinal numbers are adjectives and therefore must agree in gender and number with the noun they modify (even **milionesimo** and **miliardesimo**). They usually precede the noun.

il *sesto* mese	the sixth month
la *terza* fila	the third row
i *primi* fiori	the first flowers
le *prime* lezioni	the first lessons

3. Ordinals are always written as one word.

la *ottantatreesima* settimana	the eighty-third week
il *centunesimo* anniversario	the one hundred and first anniversary
il *diecimillesimo* visitatore	the ten thousandth visitor

EXERCISES

A. Write the Italian words for the following cardinal numbers:

1. 43 _____

2. 512 _____

3. 37 _____

4. 610 _____

5. 9,132 _____

6. 58 _____

7. 1,973 _____

8. 3,000,000 _____

9. 3,000 _____

10. 89 _____

11. 55 _____

12. 723 _____

13. 68 _____

14. 4,200 _____

15. 86 _____

16. 981 _____

17. 73 _____

18. 428 _____

19. 2,400 _____

20. 359 _____

B. Write the Italian words for the following ordinal numbers:

1. 70th _____

2. 53rd _____

3. 17th _____

4. 103rd _____

5. 32nd _____

6. 704th _____

7. 23rd _____

8. 15th _____

9. 1,002nd _____

10. 68th _____

11. 63rd _____

12. 22nd _____

13. 45th _____

14. 93rd _____

15. 74th _____

16. 19th _____

17. 725th _____

18. 349th _____

19. 1,000,021st _____

20. 3,046th _____

C. Write as numbers:

1. ventiduesimo _____
2. trentotto _____
3. millenovecentoventi _____
4. settecentoquarantadue _____
5. quattro milioni _____
6. trentatrè _____
7. settemila _____
8. novantesimo _____
9. cinquantatreesimo _____
10. cinquecentonovantatrè _____

11. settantotto _____
12. tredicesimo _____
13. centunesimo _____
14. millesimo _____
15. millequattrocentonovantadue _____
16. duemilaventi _____
17. sette miliardi _____
18. sessantatreesimo _____
19. quarantamilanovecento _____
20. settecentottantesimo _____

D. Complete the following sentences in Italian:

1. Centodieci e centoquindici fanno _____ .
2. Duecento e trecento fanno _____ .
3. Tre per otto fanno _____ .
4. Cento diviso due fanno _____ .
5. Un milione e due milioni fanno _____ .
6. Centomila e centomila fanno _____ .
7. Sessantotto meno quarantacinque fanno _____ .
8. Mille per mille fanno _____ .
9. Cinquecento per due fanno _____ .
10. Ottocentomila e duecentomila fanno _____ .
11. Trecentoventuno diviso tre fanno _____ .
12. Venticinque diviso cinque fanno _____ .

E. Complete the Italian sentences:

1. These are the first days of summer.

   Queste sono _____ giornate d'estate.

2. We went to the village only three times.

   Siamo andati al villaggio soltanto _____ volte.

3. There are more than one hundred persons in the group.

   Ci sono più di _____ persone nel gruppo.

4. I paid one thousand dollars to the lawyer.

   Ho pagato _____ dollari all'avvocato.

5. We have to study the twenty-fifth chapter.

   Dobbiamo studiare _____ capitolo.

6. Are there thirty-one days in the month of March?

   Ci sono _____ giorni nel mese di marzo?

7. The automobile costs almost three thousand dollars.

   L'automobile costa quasi _____ dollari.

8. Our seats are in the eleventh row.

   I nostri posti sono _____ fila.

9. This city now has one million inhabitants.

   Questa città ha _____ abitanti adesso.

10. Today is the thirty-third day of our trip.

    Oggi è _____ giorno del nostro viaggio.

F. Replace the number in each sentence with the corresponding forms of the numbers in parentheses:

1. È nato nell'anno millenovecentocinquantacinque. (1964; 1872; 1740)

   _____

   _____

   _____

2. In questa scuola ci sono duemila studenti. (850; 1,700; 3,250)

   _____

   _____

   _____

3. Oggi è il loro diciottesimo anniversario. (33rd; 38th; 43rd)

   _____

   _____

   _____

4. Hai letto il terzo capitolo? (4th; 23rd; 30th)

   _____

   _____

   _____

5. Ci sono quasi quattro milioni di abitanti in questa città. (250,000; 1,300,000; 1,000,000)

   _____

   _____

   _____

G. Answer in complete Italian sentences, writing all numbers in both figures and words:

1. In che anno è nato(a) Lei? _____

_____

2. Quanti alunni ci sono nella Sua scuola? _____

_____

3. Quante settimane ci sono in un anno? _____

_____

4. Qual è il numero di questa pagina? _____

_____

5. Quante persone ci sono in una squadra di baseball? _____

_____

6. Qual è il quinto giorno della settimana? _____

_____

7. Quanti giorni ci sono in un anno? _____

_____

8. Quanto fanno dieci per dieci? _____

_____

9. Quanti minuti ci sono in un'ora? _____

_____

10. Quante ore ci sono in un giorno? _____

_____

11. Qual è il numero della Sua casa? _____

_____

12. Qual è il nono mese dell'anno? _____

_____

13. Quanto fanno quarantacinque e novantadue? _____

_____

14. Quante ragazze ci sono nella Sua classe d'italiano? _____

_____

15. Quante domande ci sono in quest'esercizio? _____

_____

12. Days, Months, Seasons, Dates

I GIORNI DELLA SETTIMANA (THE DAYS OF THE WEEK)

lunedì, Monday	**giovedì**, Thursday	**sabato**, Saturday
martedì, Tuesday	**venerdì**, Friday	**domenica**, Sunday
mercoledì, Wednesday		

Che giorno della settimana è oggi?	What day of the week is it today?
Oggi è mercoledì.	Today is Wednesday.

Note

1. The days of the week are all masculine nouns except **domenica,** which is a feminine noun.

2. The days of the week are not capitalized in Italian except when used at the beginning of a sentence.

3. The word *on* is not expressed before the names of days.

Sono arrivati a Napoli lunedì.	They arrived in Naples on Monday.
Andrai all'opera sabato?	Are you going to the opera on Saturday?

4. To express an action that takes place regularly on a certain day of the week, the definite article is placed before the singular name of the day.

Andiamo sempre al mercato *il* giovedì.	We always go the market on Thursdays.
Lisa va dalla nonna *la* domenica.	Lisa goes to her grandmother's house on Sundays.

I MESI DELL'ANNO (THE MONTHS OF THE YEAR)

gennaio, January	**maggio**, May	**settembre**, September
febbraio, February	**giugno**, June	**ottobre**, October
marzo, March	**luglio**, July	**novembre**, November
aprile, April	**agosto**, August	**dicembre**, December

Note

1. The word *in* is expressed by the preposition **a** or **in** before the names of months, depending on individual style.

Sono nato *a* gennaio.	
Sono nato *in* gennaio.	I was born in January.

2. All months are masculine and are not capitalized except when used at the beginning of a sentence.

È febbraio un mese freddo a Roma?	Is February a cold month in Rome?
Luglio è un mese molto caldo qui.	July is a very hot month here.

LE STAGIONI DELL'ANNO (THE SEASONS OF THE YEAR)

> **la primavera**, spring   **l'estate** (*f.*), summer   **l'autunno**, autumn   **l'inverno**, winter

Note

1. **Primavera** and **estate** are feminine; **autunno** and **inverno** are masculine.

    La vostra primavera è molto bella.   Your spring is very beautiful.
    Quest'inverno è stato lungo.   This winter has been long.

2. The definite article is always used before the names of seasons.

    *L'*estate incomincerà fra due giorni.   Summer will begin in two days.
    Finalmente *l'*inverno è passato.   At last, winter is over.

3. To express *in* with seasons, the preposition **in** or **di** is used: **in primavera, d'inverno.**

LE DATE (DATES)

Quanti ne abbiamo oggi?	What is today's date? (*Literally:* How many of them do we have today?)
Oggi è il due febbraio.	Today is February 2 (the second of February).
Oggi ne abbiamo due.	Today is the second. (Today we have two of them.)
Oggi è il tre marzo.	Today is March 3 (the third of March).
Oggi ne abbiamo tre.	Today is the third. (Today we have three of them.)
È nata il quattro giugno, 1962 (millenovecentosessantadue).	She was born on June 4, 1962.
Il primo luglio partirò per Firenze.	On July 1 (the first of July) I will leave for Florence.
Il 1776 è un anno importante nella storia americana.	1776 is an important year in American history.
Colombo scoprì l'America nel 1492 (millequattrocentonovantadue).	Columbus discovered America in 1492.

Note

1. In dates, days of the month are usually indicated by the cardinal number preceded by the definite article. However, the ordinal number is used for the first day of the month: **il primo agosto**, August first.

2. When used alone, the year (expressed in numbers or words) is preceded by the definite article in the masculine singular (since the word **anno** is understood).

3. The word *on* is not expressed in Italian before a date.

EXERCISES

A. Complete the following sentences:

1. Se oggi è venerdì, domani sarà _____.

2. Molta gente va in chiesa _____.

3. Ci sono trenta giorni nel mese di _____ .

4. Il mese di _____ ha ventotto o ventinove giorni.

5. Gli alunni non vanno a scuola nei mesi di _____ e _____ .

6. _____ è la stagione più calda dell'anno.

7. Ci sono trentun giorni nel mese di _____ .

8. Celebriamo la festa di Thanksgiving nel mese di _____ .

9. Sono nato nell'anno _____ .

10. Se oggi è il trentuno marzo, domani sarà _____ .

B. Express the date in Italian:

1. September 9 _____

2. the twelfth of October _____

3. June 23 _____

4. November 1 _____

5. the twenty-first of May _____

6. January 19 _____

7. August 25 _____

8. the eleventh of November _____

9. April 18 _____

10. May 31 _____

C. Using complete sentences, write in Italian the month described:

1. Il mese che viene prima di novembre. _____

2. Il primo mese dell'anno. _____

3. Il mese in cui incomincia l'autunno. _____

4. Il quarto mese dell'anno. _____

5. Il mese più corto dell'anno. _____

6. Il mese in cui celebriamo la festa di Natale. _____

7. Il mese che viene dopo di marzo. _____

8. Il settimo mese dell'anno. _____

_____

9. L'ultimo mese dell'anno. _____

_____

10. Il mese in cui incomincia l'estate. _____

_____

D. Using complete sentences, write in Italian the date described:

1. L'anniversario della nascita di George Washington. _____

_____

2. La festa nazionale degli Stati Uniti. _____

_____

3. La Sua data di nascita. _____

_____

4. La festa di Natale. _____

_____

5. L'anniversario della nascita di Abraham Lincoln. _____

_____

E. Complete the Italian sentences:

1. We often go to the movies on Saturdays.

   Andiamo spesso al cinema _____.

2. My favorite season is spring.

   La mia stagione preferita è _____.

3. Today is April first; yesterday was ____.

   Oggi è _____ ; ieri è stato _____

   _____.

4. Many classes begin in September.

   Molte classi incominciano _____.

5. Autumn is a beautiful season.

   _____ è una bella stagione.

6. I wrote to Louis on Tuesday.

   Ho scritto a Luigi _____.

7. Did John leave on June 3?

   Giovanni è partito _____?

8. February is the shortest month.

   _____ è il mese più corto.

9. My brother was born in 1965.

   Mio fratello è nato _____.

10. It rained heavily on March 25.

    Ha piovuto molto _____.

   F. Answer in complete Italian sentences:

1. In quali mesi dell'anno non c'è scuola?

   _____

2. Che giorno della settimana è oggi?

   _____

3. Lavora Suo padre la domenica?

   _____

4. In quale stagione cadono le foglie?

   _____

5. Qual è il primo giorno della primavera?

   _____

6. Quanti ne abbiamo oggi?

   _____

7. Quale stagione dell'anno è la più fredda?

   _____

8. Quale mese viene prima di aprile?

   _____

9. Quale stagione dell'anno preferisce Lei?

   _____

10. In quale stagione celebra Lei il Suo compleanno?

    _____

13. Telling Time

Che ora è?	
Che ore sono?	What time is it?
È l'una.	It is one o'clock.
Sono le due.	It is two o'clock.
Sono le otto.	It is eight o'clock.
È l'una e dieci.	It is ten minutes past one.
Sono le due e un quarto.	It is a quarter past two.
Sono le tre e mezzo (*or* mezza).	It is half past three.
Sono le quattro meno cinque.	It is five minutes to four (3:55).
Sono le cinque meno venti.	It is twenty minutes to five (4:40).
Sono le sei meno un quarto.	It is a quarter to six (5:45).
È mezzogiorno.	It is noon.
È mezzanotte.	It is midnight.

È l'una e venti.

È mezzogiorno meno dieci.
È mezzanotte meno dieci.

Sono le sei e un quarto.

Sono le otto e mezzo
(*or* mezza).

Note

1. In Italian, there are two ways of asking the time: **Che ora è?** and **Che ore sono?** The expression **Che ora è?** is the more common.

2. The word **ora(e)** meaning *hour(s)* is always understood whenever the hour is specified, but **ora(e)** is not expressed except in **Che ora è?** and **Che ore sono?**

3. The article is always used when the hour is specified. Since the word **ora(e)** is understood in time expressions, the feminine form of the article is used.

4. The singular forms of the article and of the verb are used for expressions involving one o'clock. For other hours, the article and the verb are used in the plural. The article is not used with **mezzogiorno** and **mezzanotte**.

5. In Italian, the hour is given first and then the minutes.

6. To express time after the hour, the word **e** (*and*) is used.

7. To express time before the hour, **meno** (*less*, *minus*) is used.

8. After half past the hour, minutes are usually expressed by **meno** with the following hour. Of course, we may say, as in English, **le due e quaranta** (2:40), **le tre e cinquanta** (3:50), etc.

9. **Mezzogiorno** (*noon*) is masculine. **Mezzanotte** (*midnight*) is feminine.

OTHER TIME EXPRESSIONS

a che ora?	at what time?
a mezzogiorno	at noon
a mezzanotte	at midnight
all'una precisa (in punto)	at one o'clock sharp
alle quattro precise (in punto)	at four o'clock sharp
alle nove di mattino (*or* **della mattina**)	at nine o'clock in the morning (9:00 A.M.)
alle due del pomeriggio	at two o'clock in the afternoon (2:00 P.M.)
alle sette di sera (*or* **della sera**)	at seven o'clock in the evening (7:00 P.M.)
alle undici di notte (*or* **della notte**)	at eleven o'clock at night (11:00 P.M.)
verso le otto	about eight o'clock
a tempo	on time
in ritardo	late
stamane (stamani)	this morning
stasera	this evening
stanotte	tonight
questo pomeriggio	this afternoon
ogni giorno	every day
oggi	today
ieri	yesterday
domani	tomorrow
una mezz'ora	a half hour
un quarto d'ora	a quarter of an hour
un'ora e mezza	an hour and a half
due ore e un quarto	two hours and a quarter

Note

1. The adjective **preciso** (*precise*) agrees with the noun **ora(e)** in gender and number.

2. In Italy, as in many European countries, the 24-hour system of telling time is commonly used for train, bus, plane, and theater schedules as well as for announcements of official functions. The 24-hour system counts the hours from midnight. Examples: **le tredici** = 13 o'clock = 1:00 P.M.; **le quindici** = 15 o'clock = 3:00 P.M.; **le ventiquattro** = 24 o'clock = midnight.

However, the more familiar 12-hour system, figured from midnight to noon and then from noon to midnight, is used regularly in conversation and everyday situations.

EXERCISES

A. Write the time in Italian:

1. 2:00 sharp _____

2. 9:05 A.M. _____

3. a quarter to eleven _____

4. 1:15 _____

5. 5:00 A.M. _____

6. 10:35 _____

7. 7:20 P.M. _____

8. 3:45 P.M. _____

9. half past eight _____

10. ten minutes after one _____

11. 5:26 _____

12. five minutes to ten _____

13. a quarter past six _____

14. 4:50 _____

15. 12:30 _____

B. Translate into English:

1. Sono le nove meno cinque.

_____

2. È mezzogiorno e un quarto.

_____

3. Sono le due precise.

_____

4. Sono le otto di sera.

_____

5. Sono le sei e venticinque.

_____

6. Sono le cinque e mezzo.

_____

7. Sono le quattro del pomeriggio.

_____

8. Sono le dieci meno dieci.

_____

9. Sono le sette di mattino.

_____

10. È mezzanotte meno venti.

_____

11. Sono le undici e cinque.

_____

12. È l'una in punto.

_____

C. Give the Italian for the time indicated on each clock:

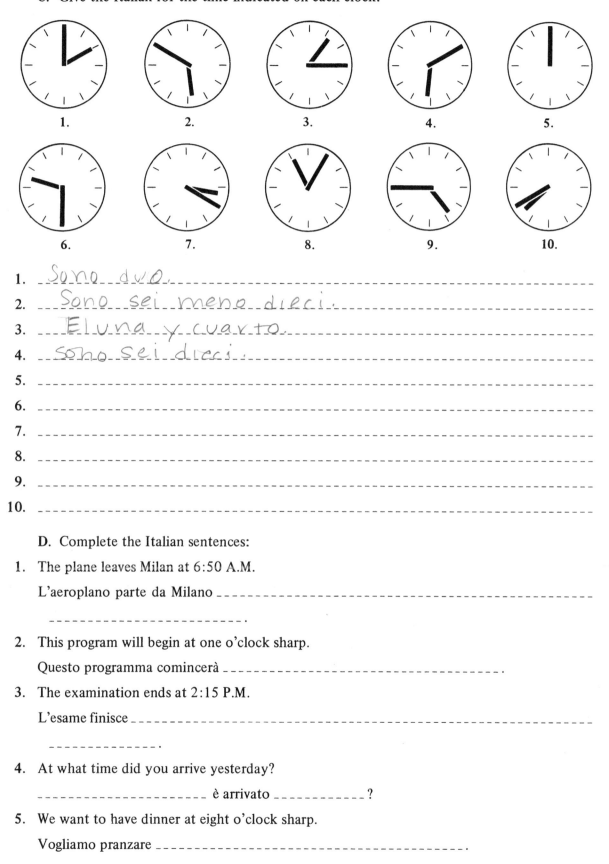

1.   2.   3.   4.   5.

6.   7.   8.   9.   10.

1. ___Sono due.___
2. ___Sono sei meno dieci.___
3. ___El una y cuarto.___
4. ___Sono sei dieci.___
5. _____
6. _____
7. _____
8. _____
9. _____
10. _____

D. Complete the Italian sentences:

1. The plane leaves Milan at 6:50 A.M.

   L'aeroplano parte da Milano _____

   _____.

2. This program will begin at one o'clock sharp.

   Questo programma comincerà _____.

3. The examination ends at 2:15 P.M.

   L'esame finisce _____

   _____.

4. At what time did you arrive yesterday?

   _____ è arrivato _____?

5. We want to have dinner at eight o'clock sharp.

   Vogliamo pranzare _____.

6. He will leave about five o'clock tomorrow.

   Partirà _____.

7. I am going to the doctor's at 10:45 this morning.

   Vado dal medico _____

   _____ .

8. He finished that job at midnight.

   Ha finito quel lavoro _____ .

9. I spent an hour and a half at the dentist's.

   Ho passato _____ dal dentista.

10. The bell always rings at noon.

    La campana suona sempre _____ .

11. The first show started at ten minutes to four.

    Il primo spettacolo è cominciato _____

    _____ .

12. They close the shop at 7:15 every day.

    Chiudono la bottega _____ ogni
    giorno.

13. The train for Rome usually leaves on time.

    Di solito il treno per Roma _____ .

14. Is there a concert this evening?

    C'è un concerto _____?

15. My cousins will arrive about 11:30 P.M.

    I miei cugini _____.

    E. Answer in complete Italian sentences:

1. A che ora si alza Lei?

   _____

2. A che ora ha fatto Lei colazione stamane?

   _____

3. A che ora arriva Lei a scuola?

   _____

4. A che ora finisce la lezione d'italiano?

   _____

5. A che ora ritorna Lei a casa?

   _____

6. Quando cena la Sua famiglia?

   ----

7. A che ora comincia Lei a fare i compiti?

   ----

8. Verso che ora finisce Lei i compiti?

   ----

9. Andrà Lei al cinema stasera? Domani?

   ----

10. A che ora va Lei a letto?

    ----

14. Review: Lessons 9–13

A. Complete the sentences. Then translate the sentences into English:

1. Celebriamo la festa di Hallowe'en _____.

   _____

2. Chi è l'attore più famoso _____ mondo?

   _____

3. Ci sono _____ giorni in un anno.

   _____

4. Michele suona la chitarra meglio _____ Marco.

   _____

5. Ci sono _____ giorni nel mese di marzo.

   _____

6. _____ è il primo mese dell'anno.

   _____

7. Non andiamo a scuola _____ domenica.

   _____

8. Se oggi è giovedì, domani sarà _____.

   _____

9. Celebriamo la festa di Thanksgiving _____.

   _____

10. Luisa è così garbata _____ sua madre.

    _____

11. Un orologio buono costa più _____ venti dollari.

    _____

12. Trentadue e quarantuno fanno _____.

    _____

13. Ci sono un milione _____ abitanti in questa città.

    _____

14. L'inverno comincia nel mese di _____.

    _____

15. Dieci per cento fanno _____.

    _____

B. Complete the sentences, using the Italian equivalents for the words in parentheses. Then translate the sentences into English:

1. (less studious than)

    Silvia è _____ sua sorella.

    _____

2. (better than)

    Questo ristorante è _____ altro.

    _____

3. (best in the)

    È il _____ medico _____ città.

    _____

4. (the largest in)

    La città di Londra è _____ Inghilterra.

    _____

5. (the 23rd of)

    Oggi è _____ giugno.

    _____

6. (the least expensive in)

    Questa pelliccia è _____ negozio.

    _____

7. (as happy as)

    Anna, adesso sarai _____ le tue sorelle.

    _____

8. (Saint)

    Andrai alla festa di _____ Gennaro.

    _____

9. (stronger than)

    Adesso Bruno è _____ Michele.

    _____

10. (one thousand)

    Il signor Parisi ha perduto _____ dollari.

    _____

11. (in March)

    La primavera comincia _____.

    _____

12. (On Saturday)

_____ ci sarà una festa in casa di Carla.

_____

13. (at five minutes to seven)

Sono arrivati alla stazione _____.

_____

14. (the first)

Sono _____ ciliege che mangiamo quest'anno?

_____

15. (about 11 o'clock)

Vedremo l'avvocato _____ stamane.

_____

C. Rewrite the expressions, giving the numbers in Italian. Then translate the expressions into English:

1. 12 rose gialle

_____

2. 15 mele rosse

_____

3. 23 gatti pigri

_____

4. 38 cani felici

_____

5. 42 topi bianchi

_____

6. 59 sedie dure

_____

7. 63 strade lunghe

_____

8. 75 belle case

_____

9. 88 cavalli neri

_____

10. 91 porci grassi

_____

11. 123 treni rapidi

----

12. 298 piccoli pacchi

----

13. 360 buoni libri

----

14. 401 penne verdi

----

15. 574 alberi alti

----

16. 632 lezioni facili

----

17. 721 quadri moderni

----

18. 849 fiumi larghi

----

19. 928 attori famosi

----

20. 1,000 bandiere italiane

D. Write the following dates in Italian:

1. February 22, 1935

----

2. June 21, 1970

----

3. November 14, 1948

----

4. September 5, 1950

----

5. March 1, 1984

----

6. May 28, 1633

----

7. January 31, 1925

----

8. July 4, 1776

----

9. April 18, 1898

----

10. December 25, 1781

----

11. October 12, 1492

----

12. August 9, 1563

E. Give the Italian for the following sentences:

1. Is it noon already?

----

2. It's a quarter to two.

----

3. It's half past ten.

----

4. It's ten to eight.

----

5. It's almost midnight.

----

6. He arrived at one o'clock in the morning.

----

7. It starts at two o'clock today.

----

8. I'll leave at ten o'clock tomorrow.

----

9. They have lunch at three o'clock in the afternoon.

----

10. We have supper at 6:30 P.M.

F. Answer in Italian, using complete sentences:

1. Quante libbre pesa Lei? _____

   _____

2. Quanti ne abbiamo oggi? _____

   _____

3. Che giorno della settimana sarà domani? _____

   _____

4. Quale scuola ha la migliore squadra di pallacanestro? _____

   _____

5. Ci sono più di mille alunni nella Sua scuola? _____

   _____

6. Ci sono meno di trenta alunni nella Sua classe d'italiano? ___

   _____

7. Qual è il fiume più lungo degli Stati Uniti? _____

   _____

8. Qual è lo stato più grande degli Stati Uniti? _____

   _____

9. Qual è il nome del primo presidente degli Stati Uniti? _____

   _____

10. Quando è l'elezione nazionale negli Stati Uniti? _____

    _____

Mt. Etna and the Sicilian countryside.

15. Direct Object Pronouns

Singular	Plural
mi, me	**ci**, us
ti, you (*fam.*)	**vi**, you (*fam.*)
La, you (*pol. m.* or *f.*)	**Li**, you (*pol. m.*)
lo, him, it (*m.*)	**Le**, you (*pol. f.*)
la, her, it (*f.*)	**li**, them (*m.*)
	le, them (*f.*)

Note

1. **Mi, ti, vi, lo, la** may drop the vowel before another vowel or the letter h and become m', t', v', l'. However, there is a trend away from this type of contraction in modern usage.

Non *t'*abbiamo chiamato ieri sera.	We did not call you last night.
Marco *l'*inviterà alla festa.	Mark will invite him to the party.
A che ora *v'*aiuterò?	At what time shall I help you?

        Ci may drop the -i only before e or i to become c'.

Queste cose *c'*eccitano troppo.	These things excite us too much.
Non *c'* invita mai a casa sua.	He never invites us to his house.
But:	
Perchè non *ci* aiutate?	Why don't you help us?

2. The pronouns **La, Li, Le** are capitalized when they are used as the polite forms of *you*. These pronouns never drop the vowel.

Chi *Li* incontrerà all'aeroporto?	Who will meet you at the airport?
Perchè non *La* ascoltano?	Why don't they listen to you?

3. The direct object pronoun is generally placed immediately before the verb of which it is the direct object.

Non *mi* visita molto spesso.	He does not visit me very often.
Quando *li* porterete a scuola?	When will you take them to school?
Non *la* vedono ogni giorno?	Don't they see her every day?

4. Direct object pronouns agree in gender and number with the nouns that they replace. When the pronoun refers to a mixed group, the masculine form **li** is used.

Dov'è il ragazzo? Non *lo* vedo.	Where is the boy? I don't see him.
Dov'è la ragazza? Non *la* vedo.	Where is the girl? I don't see her.
Dove sono i ragazzi? Non *li* vedo.	Where are the boys? I don't see them.
Dove sono le ragazze? Non *le* vedo.	Where are the girls? I don't see them.
Dove sono i ragazzi e le ragazze? Non *li* vedo.	Where are the boys and girls? I don't see them.

5. The past participle of verbs conjugated with **avere** agrees in gender and number with the direct object pronoun.

Ecco **il biglietto.** *L'*abbiamo trov*ato.*	Here is the ticket. We have found it.
Ecco **la chiave.** *L'*abbiamo trov*ata.*	Here is the key. We have found it.
Ecco **i biglietti.** *Li* abbiamo trov*ati.*	Here are the tickets. We have found them.
Ecco **le chiavi.** *Le* abbiamo trov*ate.*	Here are the keys. We have found them.

EXERCISES

A. Change the direct object pronoun to the plural. Then translate the original sentence and the new sentence into English:

1. I vicini m'aiutano sempre.

   ----

2. Perchè non lo vendono gli studenti?

   ----

3. Suo cugino la comprerà a Roma.

   ----

4. I nonni non ti sentono bene.

   ----

5. La vedremo al teatro.

B. Change the direct object pronoun to the singular, making any other needed changes. Then translate the original sentence and the new sentence into English:

1. L'avvocato le porterà in ufficio.

   ----

2. I medici non ci hanno visitati ancora.

   ----

3. Mio fratello li ha perduti oggi.

   ----

4. Vi hanno incontrati al museo gli alunni?

    ----

5. Signorine, i nostri amici Le visiteranno domani.

C. Rewrite the following sentences, substituting the correct direct object pronoun for the words in italics and making any other necessary changes:

1. Il ragazzo ha letto *il libro*.   (la, li, lo)

    ----

2. Ho chiamato *te e tuo fratello*.   (ti, ci, vi)

    ----

3. Abbiamo visto *i nostri amici* allo stadio.   (li, ti, le)

    ----

4. Hai comprato *il giornale* stamane?   (lo, l', la)

    ----

5. Non capiscono bene *la musica moderna*.   (le, mi, la)

    ----

6. Non hanno conosciuto *nè Lei nè Suo marito*.   (li, vi, Li)

    ----

7. Dove avete messo *la rivista?*   (l', la, le)

    ----

8. Chi lava *i piatti* in cucina?   (le, li, ci)

    ----

9. Aiuterai *me e mia sorella?*   (ci, vi, mi)

    ----

10. Non hai ancora visto *questa pellicola?*   (lo, l', la)

D. Rewrite each sentence, substituting the correct direct object pronoun for the words in italics. Repeat the procedure for each group of words in parentheses:

1. Mio padre ha cercato *una casa*.   (un libro, i fiori, le sedie)

    ----

2. Non abbiamo aperto *le finestre*.   (i libri, la lettera, i pacchi)

----

3. Ha visto Lei *il giardino?*   (i ponti, le strade, gli uccelli)

E. Rewrite the following sentences, giving the Italian equivalents of the English pronouns. Place the pronouns in the correct position and make any other necessary changes:

1. (her)   Ha visto Lei stasera?

----

2. (us)   Giorgio non ha visitato spesso.

----

3. (me)   Laura ha invitato al concerto.

----

4. (you)   Signore, noi abbiamo ammirato sempre.

----

5. (her)   Nessuno ha incontrato alla stazione.

----

6. (it)   Ecco un biglietto. Chi comprerà per due dollari?

----

7. (you)   Ragazzi, non sento bene.

----

8. (them)   Quando ho visto i miei fratelli, ho chiamato.

----

9. (it)   Questa camicetta è molto bella. Comprerò.

----

10. (them)   Sono parole difficili. Perciò ripetiamo tanto.

F. Answer the following questions in Italian, using complete sentences and substituting direct object pronouns for the words in italics:

Example: Prende Lei *il treno* spesso? Sì, lo prendo spesso.

1. Ha studiato Lei *le lezioni* diligentemente?

   ----

2. Dove ha trovato Lei *le chiavi?*

   ----

3. Capisce Lei *l'italiano* così bene come l'inglese?

   ----

4. Conosce Lei *il direttore della scuola?*

   ----

5. Fa Lei *i compiti* sempre a tempo?

   ----

6. Ha ascoltato Lei *la radio* ieri sera?

   ----

7. Visita Lei spesso *i musei?*

   ----

8. Ha portato Lei *il Suo quaderno* al professore?

   ----

9. Ha bevuto *il latte* oggi?

   ----

10. Ha finito *questi esercizi?*

    ----

16. Indirect Object Pronouns

Singular	Plural
mi, to (for) me	**ci**, to (for) us
ti, to (for) you (*fam.*)	**vi**, to (for) you (*fam.*)
Le, to (for) you (*pol., m.* and *f.*)	**Loro**, to (for) you (*pol., m.* and *f.*)
gli, to (for) him, it (*m.*)	**loro**, to (for) them (*m.*)
le, to (for) her, it (*f.*)	**loro**, to (for) them (*f.*)

Note

1. The forms **mi, ti, ci, vi** are the same for both direct and indirect object pronouns. Context is used to distinguish between direct and indirect object pronouns where forms are identical.

2. The pronouns **mi, ti, vi** may drop the **i** before a vowel or an **h** to become **m', t', v'**. **Ci** may drop the vowel only before **e** or **i** to become **c'**. However, the trend is away from this type of contraction in modern usage.

3. The pronouns **Le** and **Loro** are capitalized when they mean *to (for) you* (polite form).

4. The indirect object pronoun is generally placed before the verb of which it is the object. However, **loro** and **Loro** normally follow the verb.

L'uomo *gli* **ha parlato** in italiano.	The man spoke to him in Italian.
Non *ti* **scrive** spesso Carlo?	Doesn't Charles write to you often?
Elena **telefonerà** *Loro* domani.	Helen will telephone (to) you tomorrow.
Non **venderò** *loro* la casa.	I will not sell the house to them.

5. The indirect object pronoun agrees in gender and number with the noun that it replaces.

Perchè parli **al ragazzo**? Perchè *gli* parli?	Why are you speaking to the boy? Why are you speaking to him?
Perchè parli **alla ragazza**? Perchè *le* parli?	Why are you speaking to the girl? Why are you speaking to her?
Perchè parli **ai ragazzi**? Perchè parli *loro?*	Why are you speaking to the boys? Why are you speaking to them?
Perchè parli **alle ragazze**? Perchè parli *loro?*	Why are you speaking to the girls? Why are you speaking to them?

6. In verbs conjugated with **avere**, the past participle does *not* agree with the indirect object pronoun.

Gli *ho dato* la lettera.	I gave the letter to him.
Le *ho dato* la lettera.	I gave the letter to her.
Ho dato loro la lettera.	I gave the letter to them.

EXERCISES

A. Change the indirect object pronoun to the plural. Then translate the original sentence and the new sentence into English:

1. Il direttore mi ha scritto una lettera ieri.

   ----

2. Chi Le ha dato la notizia?

   ----

3. Quando le darai i dischi italiani?

   ----

4. Perchè non ti hanno portato il messaggio?

   ----

5. Il padre gli ha mandato molti regali.

B. Change the indirect object pronoun to the singular. Then translate the original sentence and the new sentence into English:

1. I professori ci insegneranno a parlare inglese.

   ----

2. Scriverò Loro da Firenze?

   ----

3. Non vi hanno spedito il pacco ancora?

----

4. Perchè non hai dato loro (*f.*) i fiori?

----

5. Maria leggerà loro (*m.*) un racconto molto interessante.

C. Rewrite each sentence, placing the indicated pronoun in the correct position. Then translate the new sentences into English:

1. (gli)   Luciano ha parlato in francese.

----

2. (ci)   Il cameriere servirà il caffè.

----

3. (le)   Hanno comprato il vestito a Roma.

----

4. (loro)   Non darà l'informazione necessaria.

----

5. (Le)   Non ha mandato il pacco Michele?

----

6. (ci)   La nonna ha spiegato la lezione.

----

7. (vi)   Ragazzi, porterò dei bei regali da Napoli.

----

8. (Loro)   Manderemo un telegramma il più presto possibile.

----

9. (mi)   Mario ha scritto varie lettere quest'inverno.

----

10. (gli)   Venderò la casa.

D. Rewrite each of the following sentences, substituting an indirect object pronoun for the words in italics. Then translate the new sentences into English:

1. Il professore ha spiegato il problema *allo studente*.

----

2. Vincenzo porterà dei fiori *a Caterina*.

----

3. La maestra insegna la lezione *agli alunni*.

----

4. Dobbiamo dare del denaro *alla povera vecchia*.

----

5. Ho prestato dei dischi *a Pietro e a Sofia*.

----

6. Lei scrive spesso *ai Suoi amici?*

----

7. Hai parlato *alla signorina Franchi?*

----

8. Perchè non vendi la tua macchina *a Stefano?*

----

9. Avete mostrato questi quadri *alle ragazze?*

   ----

10. Ha mandato il conto *al direttore?*

E. Complete the Italian sentences:

1. His mother gives him a dollar every day.

   Sua madre _ _ _ _ _ _ _ _ _ un dollaro ogni giorno.

2. Does your friend write to you frequently?

   _ _ _ _ _ _ _ _ _ _ _ _ _ _ _ _ il tuo amico frequentemente?

3. The teacher has explained the rule to me.

   Il professore _ la regola.

4. Clara does not speak to them.

   Clara non _ .

5. Grace sent this gift to you, Mrs. Lanzi.

   Graziella _ questo regalo, signora Lanzi.

6. I will bring you the correspondence right away, gentlemen.

   _ la corrispondenza subito, signori.

7. What did you tell them?

   Cosa _ ?

8. They wrote many letters to us from Milan.

   _ molte lettere da Milano.

9. Will you lend me your bicycle this evening?

   _ la tua bicicletta stasera?

10. Her husband sent her a telegram from Paris.

    Suo marito _ un telegramma da Parigi.

F. Answer the following questions with complete sentences in Italian. Use indirect object pronouns for the words in italics:

Example: Hai scritto *a tuo fratello* recentemente?
      Sì, *gli* ho scritto recentemente.

1. Parla Lei *ai Suoi amici* in inglese o in italiano?

   ----

2. Ha detto Lei buon giorno *al professore?*

   ----

3. Chi insegna la lezione *agli alunni?*

   ----

4. Darà Lei un regalo *alla mamma* fra poco?

   ----

5. Il professore dà molti compiti *agli studenti?*

   ----

6. Telefona Lei spesso *alle Sue amiche?*

   ----

7. Ha ella portato la colazione *alla malata?*

   ----

8. Presta Lei denaro *ai Suoi genitori* molto spesso?

   ----

9. Ha parlato Lei *al direttore* ieri?

   ----

10. Il professore ha insegnato una canzone italiana *alle alunne*.

    ----

17. Disjunctive Personal Pronouns

Personal pronouns are commonly used as subject, direct object, or indirect object of the verb. However, there are personal pronouns that do not have this kind of close relationship with the verb. Such personal pronouns are called *disjunctive* pronouns.

Singular	Plural
me, me	**noi**, us
te, you (*fam.*)	**voi**, you (*fam.*)
Lei, you (*pol.*)	**Loro**, you (*pol.*)
lui (esso), him	**loro (essi)**, them (*m.*)
lei (essa), her	**loro (esse)**, them (*f.*)
sè, himself, herself, itself, yourself (*pol.*)	**sè**, themselves, yourselves (*pol.*)

Note

1. The pronouns **esso, essa, essi, esse** generally refer to animals or objects.

2. Some of the more common uses of disjunctive pronouns are:
   a. After prepositions such as **a** (*to*), **con** (*with*), **da** (*by, from*), **di** (*of, about*), **per** (*for*).

È uscita con *te* e con Luisa?	Did she go out with you and Louise?
Questo pacco è per *Loro* e per Marco.	This package is for you and Mark.

   Observe that in Italian the preposition is repeated before each noun.
   b. For emphasis or contrast, with pronouns always following the verb.

Ho visto *lui,* non *Lei.*	I saw him, not you.
Ha salutato *me*, non *te.*	He greeted me, not you.

   c. In exclamations.

Beato *te*!	Lucky you!
Povero *me*!	Poor me!

   d. In comparisons.

Sei forte come *lui.*	You are as strong as he.
Riccardo è più alto di *te.*	Richard is taller than you.

   e. In cases where the verb has two objects, direct or indirect.

Visiterà *te* e Carlo.	He will visit you and Charles.
Hanno scritto a *lui* e al suo amico.	They wrote to him and his friend.

3. Some prepositions generally add **di** before a pronoun. Examples: **contro di** (*against*), **dento di** (*inside*), **dietro di** (*behind*), **prima di** (*before*), **su di** (*on*).

   The use of **di** is optional with certain prepositions, such as **dopo** (*after*), **fra** (*between, among*), **senza** (*without*).

Sono venuti *prima di* te.	They came before you.

Tutti sono *contro di* lui.   Everybody is against him.
È partito *senza* (*di*) noi.   He left without us.
Abbiamo molti amici *fra* (*di*) Loro.   We have many friends among you.

EXERCISES

A. Rewrite the sentences, changing the disjunctive pronouns to the plural, and making any other necessary changes. Then translate the original and the new sentences into English:

1. Questo regalo è per Lei, signore.

    ----

2. Vieni al cinema con me?

    ----

3. Il ragazzo fa tutto da sè.

    ----

4. Chi abita vicino a te in città?

    ----

5. Paolo lavora dietro di lei.

    ----

6. Hai ricevuto una lettera da lui?

    ----

7. Ho comprato due dischi per te.

A musician rests after rehearsing in La Scala, the famous opera house in Milan.

8. Parlano di lei tanto spesso.

_____

_____

_____

9. Egli conosce soltanto me e te a Firenze.

_____

_____

_____

10. Siamo arrivati all'albergo dopo di te.

_____

_____

_____

B. Substitute the proper disjunctive pronoun for the words in italics:

Example: Sono andati con *Roberto.*
Sono andati con *lui.*

1. Abito lontano da *mia zia* adesso. _____

2. Adriana ha studiato l'italiano con *il professore?* _____

3. Chi è seduto vicino a *Gloria?* _ _ _ _ _ _ _ _ _ _ _

4. Devo comprare del cibo per *i miei gatti.* _ _ _ _ _ _ _ _ _ _

5. La madre non va al mercato senza di *suo figlio.* _ _ _ _ _ _ _ _ _ _ _

6. Preferite sedere vicino a *me e a mio fratello?* _ _ _ _ _ _ _ _ _ _

7. Cantano bene come *le sue cugine?* _ _ _ _ _ _ _ _ _ _

8. Vuoi giocare con *lei e con sua sorella?* _ _ _ _ _ _ _ _ _ _ _

9. Parliamo del *Presidente e della sua famiglia.* _ _ _ _ _ _ _ _ _ _

10. È tornato a casa prima di *Giorgio e di Roberto.* _ _ _ _ _ _ _ _ _ _

C. Complete the Italian sentences:

1. He is traveling through Europe. Lucky him!

   Viaggia per l'Europa. Beato _ _ _ _ _ _ _ _ _ _ _ _ _ _ _ _ _ _ !

2. This telegram is for you. (*pol. pl.*)

   Questo telegramma è per _ _ _ _ _ _ _ _ _ _ _ _ _ _ _ _ _ _ .

3. There was an argument between us.

   C'è stata una discussione fra _ _ _ _ _ _ _ _ _ _ _ _ _ _ _ _ _ _ .

4. He will not come by himself.

   Non verrà da _ _ _ _ _ _ _ _ _ _ _ _ _ _ _ _ _ _ .

5. She is seated facing them.

   Essa è seduta dirimpetto _ _ _ _ _ _ _ _ _ _ _ _ _ _ _ _ _ _ .

6. This is for you, not him. (*pol. sing.*)

   Questo è per _ _ _ _ _ _ _ _ _ _ _ _ _ _ _ _ _ _ , non per _ _ _ _ _ _ _ _ _ _ _ _ _ _ _ _ _ _ .

7. Why didn't you speak with her?

   Perchè non hai parlato con _ _ _ _ _ _ _ _ _ _ _ _ _ _ _ _ _ _ ?

8. Do they live near you? (*fam. sing.*)

   Abitano vicino a _ _ _ _ _ _ _ _ _ _ _ _ _ _ _ _ _ _ ?

9. They do not live far from me.

   Non abitano lontano da _ _ _ _ _ _ _ _ _ _ _ _ _ _ _ _ _ _ .

10. Is there a doctor among you? (*pol. pl.*)

    C'è un dottore fra _ _ _ _ _ _ _ _ _ _ _ _ _ _ _ _ _ _ ?

D. Supply the disjunctive pronoun that best completes the meaning of each sentence. Then translate all the Italian sentences into English:

Example: Gioca Lei spesso al tennis con i Suoi amici? Sì, gioco spesso al tennis con *loro.*

1. Questi messaggi sono per me? Sì, signore, questi messaggi sono per _ _ _ _ _ _ _ _ _ _ _ _ _ _ _ _ _ _

   _

   _ .

2. Domani andrò in campagna. Vuole Lei venire con _

   _

   _ ?

3. Riccardo vede Gisella tutti i giorni perchè essa abita vicino a _ _ _ _ _ _ _ _ _ _ _ _ _ _ _ _ _ _ _

   _

   _ .

4. Viaggia Carlo con Loro? No, Carlo non viaggia con _____

_____

_____ .

5. I bambini vogliono giocare con Vittorio, ma egli non vuole giocare con _____

_____

_____ .

6. Chi è seduto dietro di te? Pietro è seduto dietro di _____

_____

_____ .

7. I nostri nonni abitano con noi. Abitano i tuoi nonni con _____ _

_____

_____ ?

8. Va Lei al cinema senza le Sue amiche? Sì, vado al cinema senza di _____ oggi.

_____

_____

9. Ha ricevuto Lei qualche lettera da Maria? No, non ho ricevuto nessuna lettera da _____

_____

_____ .

10. Luciano vuole scrivere a Lisa ma essa non vuole scrivere a _____

_____

_____ .

E. Complete these sentences by adding the Italian equivalent of the words in parentheses:

1. (for us)   Questi pacchi non sono _____ .

2. (before them)   Mia cugina è arrivata _____ .

3. (without her)   Non può vivere _____ .

4. (to her)   Devi darlo _____ solamente.

5. (about me)   Che cosa gli hanno detto _____ ?

6. (among you)   Signori, chi parla cinese _____ ?

7. (from them)   Quanto denaro hai ricevuto _____ ?

8. (with you)   Ragazzi, chi andrà allo stadio _____ ?

9. (for him)   Tieni questo biglietto _____ , per favore.

10. (after us)   Sono partiti da Roma _____ .

18. Object Pronouns With the Imperative and the Infinitive

AFFIRMATIVE IMPERATIVE

Tu, Voi, and Noi Forms		
(tu)	**Parlami.**	Speak to me.
(tu)	**Parla loro.**	Speak to them.
(voi)	**Parlategli.**	Speak to him.
(noi)	**Facciamolo.**	Let's do it.
Lei and Loro Forms		
(Lei)	**Parli loro.**	Speak to them.
(Loro)	**Ci parlino.**	Speak to us.

NEGATIVE IMPERATIVE

(tu)	**Non mi parlare.**	Do not speak to me.
(tu)	**Non parlare loro.**	Do not speak to them.
(voi)	**Non gli parlate.**	Do not speak to him.
(noi)	**Non lo facciamo.**	Let's not do it.
(Lei)	**Non le parli.**	Do not speak to her.
(Loro)	**Non ci parlino.**	Do not speak to us.

Note

1. With the familiar forms (**tu** and **voi**) of the affirmative imperative and with affirmative commands in the first person plural (**noi**), object pronouns, direct and indirect, follow the verb and are usually joined to it. The object pronouns **loro** and **Loro** follow the verb, but they are not joined to it.

2. With the polite forms (**Lei** and **Loro**) of the affirmative imperative, the object pronouns, direct and indirect, usually come before the verb. However, the object pronoun forms **loro** and **Loro** always follow the verb.

3. In the negative imperative, object pronouns, direct and indirect, usually come before the verb. However, the object pronouns **loro** and **Loro** follow the verb.

INFINITIVE

Vuole Lei parlargli?	Do you wish to speak to him?
Non può trovarlo.	He cannot find it.
Preferisco scrivere Loro.	I prefer to write to you.
Dobbiamo dirle tutto.	We must tell her everything.
Non vuole invitarli.	He does not want to invite them.

Note

1. Object pronouns, direct and indirect, follow the infinitive and are usually joined to it. The final -**e** of the infinitive is dropped before adding the pronoun.

   The pronouns **loro** and **Loro** follow the infinitive, but they are not joined to it.

2. When an infinitive depends on another verb such as **volere, potere, dovere, sapere, preferire,** it is also permissible to place the object pronoun (except **loro** and **Loro**) before the first verb.

   The object pronoun forms **loro** and **Loro** must follow the infinitive.

Gli vogliono parlare?	Do they wish to speak to him?
Non *lo* può trovare.	He cannot find it.
Preferisco scrivere *Loro*.	I prefer to write to you.
Le dobbiamo dire tutto.	We must tell her everything.
Non *li* vuole invitare.	He does not want to invite them.

In this text, the usage indicated in the chart preceding note 1 will be followed.

EXERCISES

A. Complete the English sentences:

1. Portiamoli alla biblioteca stamane. _____ to the library this morning.

2. Non vogliamo scrivergli oggi. We do not wish _____ today.

3. Rispondimi in italiano, Paolo. _____ in Italian, Paul.

4. Devi mandarle un telegramma subito. You must _____ a telegram immediately.

5. Leggetelo molto lentamente, per piacere. _____ very slowly, please.

6. Preferiscono darci i biglietti adesso. They prefer _____ the tickets now.

7. Vi aiuteremo a trovare una casa. _____ to find a house.

8. Egli non potrà farlo questa settimana. He will not be able _____ this week.

9. Ci parli del Suo viaggio in Francia.   _____ about your trip to
                                            France.

10. Perchè non puoi tenerli nella tua   Why can't you _____ in your
    valigia?   suitcase?

B. Rewrite the sentences in the negative, making all necessary changes. Then translate the new sentences into English:

1. Parlagli ad alta voce.

   _____

   _____

2. Facciamolo stamane.

   _____

   _____

3. Le legga la lettera.

   _____

   _____

4. Bevetela subito.

   _____

   _____

5. Spedisca loro il pacco.

   _____

   _____

6. Le comprino oggi.

   _____

   _____

7. Tienila in tasca.

   _____

   _____

8. Date loro il denaro.

   _____

   _____

9. Mettili nel frigorifero.

   _____

   _____

10. Gli ripeta la domanda.

_____

_____

C. Rewrite the sentences in the affirmative, making all necessary changes. Then translate the new sentences into English:

1. Non lo ascolti.

_____

_____

2. Non la servire calda.

_____

_____

3. Non le vendere oggi.

_____

_____

4. Non gli parlate a voce bassa.

_____

_____

5. Non li comprino in questo negozio.

_____

_____

6. Non la chiamiamo adesso.

_____

_____

7. Non ci spedite i pacchi.

_____

_____

8. Non dicano loro tutto.

_____

_____

9. Non gli mostri la lettera.

_____

_____

10. Non le dia la chiave.

D. Rewrite each sentence, substituting an object pronoun for the words in italics. Repeat the procedure for each group of words in parentheses:

Example: Scrivi *a suo fratello.* (sua madre, Giorgio e Pietro)
           Scrivigli. Scrivile. Scrivi loro.

1. Voglio comprare *una cravatta.* (questi calzini, un abito)

----

2. Alfredo, parla subito *alla signorina Rivoli.* (al macellaio, ai nostri vicini)

----

3. Bambini, non aprite *il pacco.* (i quaderni, le valigie)

----

4. Potete accompagnare *quella ragazza?* (mio cugino, quelle signorine)

----

5. A mezzogiorno devo incontrare *i miei amici.* (la signora Rossi, Lorenzo)

----

6. Ragazzi, scrivete spesso *a vostro zio.* (a me e a mio fratello, a Rosa e a Pietro)

----

7. Michele, telefona *a tua cugina.* (a Maria e a Luisa, a Marco e a Gino)

----

8. Dia il messaggio *al medico*. (a Teresa, ai miei genitori)

   ----

9. Non so spiegare il problema *agli studenti*. (a tuo fratello, alle ragazze)

   ----

10. Non chiamare *la mia nonna*, per piacere. (Riccardo, i miei zii)

E. Rewrite the following incomplete sentences, adding the Italian equivalent of the English pronoun included in parentheses. Then translate all the new sentences into English:

Example: (me) Michele ha chiamato due volte.
Michele mi ha chiamato due volte.

1. (it) Il professore deve spiegare.

   ----

2. (to them) Non voglio incontrare qui.

   ----

3. (you) Ragazzi, non posso capire affatto.

   ----

4. (them) Portate all'aeroporto, per piacere.

   ----

5. (us) Visita in campagna, Lisa.

   ----

6. (her) Marcella desidera aiutare.

   ----

7. (to us)   Ha preferito vendere la casa.

----

8. (it)   Signori, comprino subito.

----

9. (him)   Stasera verrò a visitare.

----

10. (to them) Legga un bel racconto, signora.

----

11. (us)   Potete sentire adesso, bambini?

----

12. (to her)   Non prestare il denaro.

----

13. (me)   Perchè non salutate?

----

14. (to him)   Non vogliono dare l'informazione.

----

15. (me)   Mostri i Suoi bei quadri.

F. Answer in complete Italian sentences, replacing the words in italics with object pronouns:

Example: Vuole Lei vedere *un film* stasera?
　　　　　Sì, voglio vederlo.

1. Vuole Lei vendere *il Suo orologio?*

----

2. Ha dimenticato Lei di scrivere *ai Suoi amici?*

----

3. Desidera Lei comprare *una radio nuova?*

   ----

4. Preferisce Lei bere *il caffè* caldo?

   ----

5. Volete telefonare *alle vostre cugine?*

   ----

6. Impara Lei a suonare *la chitarra?*

   ----

7. Puoi portare *i tuoi dischi* a scuola?

   ----

8. Hai pensato di portare *le valigie* con te?

   ----

9. Sa Lei scrivere *un racconto originale?*

   ----

10. Desidera Lei visitare *le belle città d'Italia?*

Assembly plant of the Fiat Motor Company in Turin.

19. Interrogative Words

---

che? che cosa? cosa?, what?	**quanto, -a?**, how much?	**dove?**, where?
chi?, who? whom?	**quanti, -e?**, how many?	**perchè?**, why?
di chi?, of whom? whose?	**come?**, how?	**quando?**, when?
quale, -i?, which? which one(s)?		

Note

1. **Che** (*what*) is an interrogative pronoun and an adjective. It is invariable.

Che dirai al maestro?	What will you say to the teacher?
Che cosa comprano?	What are they buying?
Che lingua studia?	What language is he studying?

2. **Chi** is an interrogative pronoun and may be used as the subject or object of a verb (or of a preposition). **Chi** is used for persons only and is invariable.

Chi viene alla festa?	Who is coming to the party?
Chi visitano a Roma?	Whom are they visiting in Rome?
A *chi* ha parlato?	To whom did you speak?
Di *chi* è questo guanto?	Whose glove is this? (Of whom is this glove?)

3. **Quale(i)**, meaning *which* or *which one(s)*, is an interrogative pronoun and adjective. **Quale** follows the usual rules for agreement.

   The abbreviated form **qual** is sometimes used in the singular, especially before a vowel. **Qual** occurs frequently before certain forms of the verb **essere**.

Ecco i libri. *Quale* vuoi?	Here are the books. Which one do you want?
Ecco i libri. *Quali* vuoi?	Here are the books. Which ones do you want?
Quali libri preferisci?	Which books do you prefer?
In *quale* casa abitano?	In which house do they live?
Qual è la via più corta?	Which is the shortest way?

4. **Quanto(a)**, meaning *how much*, is an interrogative pronoun and adjective. The plural forms **quanti(e)** mean *how many*.

   Quanto follows the usual rules for agreement.

Quanto costa il biglietto?	How much does the ticket cost?
Quanto costano queste pesche?	How much do these peaches cost?
Quanto denaro hai perduto?	How much money did you lose?
Quanta proprietà avete in campagna?	How much property do you have in the country?
Quanti ragazzi studiano l'italiano?	How many boys are studying Italian?
Quante ragazze studiano l'italiano?	How many girls are studying Italian?

5. Among the common interrogative adverbs in Italian are: **come** (*how*), **dove** (*where*), **perchè** (*why*), **quando** (*when*).

   The word **perchè** also means *because*.

   When **dove** is followed by the verb **è**, the contraction **dov'è** is formed.

Come posso finire il lavoro?	How can I finish the job?
Dove vanno gli studenti?	Where are the students going?
Perchè chiudono i negozi?	Why are they closing the shops?
Quando uscirà Lei da casa?	When will you leave home?

EXERCISES

A. Underline the word that best completes the Italian sentence. Then translate each sentence into English:

1. (Quando, Quanto) costa la giacca bianca?

----

2. (Chi, Qual) è quel ragazzo vicino alla porta?

----

3. (Quanti, Quante) rose gialle desidera Lei?

----

4. (Chi, Quale) giornale legge Lei stamane?

----

5. (Dove, Quando) abitano i tuoi tre fratelli adesso?

----

6. (A chi, Di chi) è questa valigia?

----

7. (Quando, Quanto) parte l'aereo da New York?

----

8. (Che, Come) viaggerà Lei a Londra?

----

9. (Quale, Quali) dei due drammi preferisce egli?

----

10. (Cosa, Chi) faranno domani i fanciulli?

B. Complete the Italian sentences:

1. Where will they meet Charles? _____ incontreranno Carlo?
2. How did you come to Milan? _____ sei venuto a Milano?
3. Whose seat is this? _____ è questo posto?
4. When does the show begin? _____ comincia lo spettacolo?
5. Who lost the key? _____ ha perduto la chiave?
6. Why is your cousin crying? _____ piange Sua cugina?

7. What did you eat today?   -------------------- hai mangiato oggi?

8. How much is this purse?   -------------------- costa questa borsetta?

9. Which record did you buy?   -------------------- disco hai comprato?

10. How many lessons are there?   -------------------- lezioni ci sono?

11. Whom are you calling, boys?   -------------------- chiamate, ragazzi?

12. Why do you study Italian?   -------------------- studia Lei l'italiano?

13. Which are your books?   -------------------- sono i tuoi libri?

14. How much water did you drink?   -------------------- acqua hai bevuto?

15. What did you say to them?   -------------------- avete detto loro?

C. Read each statement. Then supply the interrogative word(s) that will make the corresponding question meaningful. Translate each question and answer into English:

Example: Lidia fa il caffè. Lydia is making coffee.
       Che fa Lidia? What is Lydia making?

1. Gloria è assente.   -------------------- è assente?

  ----

2. Renata canta molto bene.   -------------------- canta Renata?

  ----

3. Preferisce l'abito di seta.   -------------------- abito preferisce?

  ----

4. Marta ha due sorelle.   -------------------- sorelle ha Marta?

  ----

5. Suo fratello lavora a Roma.   -------------------- lavora suo fratello?

  ----

6. È il giradischi di Ruggero.   -------------------- è il giradischi?

  ----

7. Ha scritto al professore.   -------------------- ha scritto egli?

  ----

8. Studia il francese quest'anno.   ------------------- studia quest'anno?

   ----

9. I nostri amici arrivano stasera.   ------------------- arrivano i nostri amici?

   ----

10. Andiamo alla spiaggia.   ------------------- andate?

    ----

11. Non studia perchè è pigro.   ------------------- non studia?

    ----

12. Hanno comprato molta frutta.   ------------------- frutta hanno comprato?

    ----

13. Parlano di Sofia spesso.   ------------------- parlano spesso?

    ----

14. Desidero un bicchiere d'acqua.   ------------------- desidera adesso?

    ----

15. I bambini mangiano molto lentamente.   ------------------- mangiano i bambini?

D. Complete the questions by supplying the Italian equivalents of the interrogative words in parentheses. Then answer the questions in complete Italian sentences:

1. (How much)   ------------------- costa una bottiglia di Coca-Cola?

   ----

2. (Which)   ------------------- mesi dell'anno preferisce Lei?

   ----

3. (Who)   ------------------- Le insegna la lingua italiana?

   ----

4. (How)   ------------------- viene Lei a scuola generalmente?

   ----

5. (When)   ------------------- comincia la Sua classe d'italiano?

----

6. (What)   ------------------- ha preso Lei per colazione ieri?

----

7. (Why)   ------------------- è necessario andare a scuola regolarmente?

----

8. (Where)   ------------------- va Lei il sabato e la domenica?

----

9. (How many)   ------------------- persone ci sono nella famiglia?

----

10. (With whom)   ------------------- ha cenato Lei ieri sera?

----

20. Negative Expressions

non, not
non . . . mai, never, not . . . ever
non . . . niente (nulla), nothing, not . . .
    anything
non . . . nessuno, nobody (no one), not . . .
    anybody, not . . . anyone
non . . . più, no longer, not . . . any longer,
    no more, not . . . any more

non . . . ancora, not . . . yet
non . . . che, only
non . . . nè . . . nè, neither . . . nor,
    not . . . either . . . or
non . . . affatto, not . . . at all
non . . . neanche (nemmeno, neppure),
    not even

Note

1. In Italian, a verb is made negative by placing **non** before it.

Questo è importante.   This is important.
Questo *non* è importante.   This is not important.

È stato importante questo?   Was this important?
Non è stato importante questo? Was this not important?

2. With other negative expressions, the word **non** usually comes directly before the verb. In simple tenses such as the present and future, the second part of the negative follows the verb.

Non vedo *nessuno* qui.   I don't see anyone here.
Luigi *non* va *mai* a quel ristorante?   Doesn't Louis ever go to that restaurant?

In compound tenses such as the present perfect, the second part of the negative usually follows the past participle. However, a common adverb such as **mai** often precedes the past participle.

Non ho *ancora* letto la lettera.   I haven't read the letter yet.
Non abbiamo visitato *nessuno* a Milano.   We didn't visit anyone in Milan.
Lisa *non* è *mai* arrivata alla stazione.   Lisa never arrived at the station.

3. For emphasis, negative expressions sometimes precede the verb. In that case, the word **non** is omitted.

Nessuno mi ha risposto.   Nobody answered me.
Egli *mai* gioca alle carte. He never plays cards.

4. If a direct or indirect object pronoun precedes the verb, the word **non** is placed before the pronoun.

Non vi scrivono mai essi?   Don't they ever write to you?
Non ci ha dato niente.   He did not give us anything.

5. The word **affatto** is sometimes used with another negative expression to provide emphasis.

Non ho mangiato niente *affatto*.   I haven't eaten anything at all.
Ella non beve nulla *affatto*.   She doesn't drink anything at all.

217

6. In negative sentences, the partitive construction is not used to express the word *any*.

Essa ha sempre *del* denaro.
Essa non ha mai denaro.

She always has some money.
She never has any money.

Ha Lei *delle* sorelle?
No, non ho sorelle.

Do you have any sisters?
No, I have no sisters.

7. Negative words can stand alone.

Che cosa hanno comprato? *Niente*.
Chi è andato con lui? *Nessuno*.

What did they buy? Nothing.
Who went with him? Nobody.

EXERCISES

A. Complete the Italian sentences:

1. She does not know anything about art. Essa non sa _____ dell'arte.

2. I cannot come to the party either. _____ io posso venire alla festa.

3. We never work on Sundays. _____ lavoriamo la domenica.

4. None of our friends has arrived. _____ dei nostri amici è arrivato.

5. My father no longer works there. Mio padre non lavora _____ lì.

6. I haven't seen either Helen or Theresa. Non ho visto _____ Elena _____ Teresa.

7. We haven't met even one friend. Non abbiamo incontrato

_____ un amico.

8. They can never forget your kindness. _____ possono _____ dimenticare la Sua gentilezza.

9. We remained only three weeks in Florence. _____ siamo rimasti _____ tre settimane a Firenze.

10. I don't want anything at all. Non voglio _____

_____.

11. He doesn't speak either French or Spanish. Non parla _____ francese _____ spagnolo.

12. Have you ever been to Japan? Never. È stato _____ nel Giappone?

_____.

13. Won't you visit anyone in Venice? Non visiterete _____ a Venezia?

14. They have never seen Ravenna. _____ hanno _____ visto Ravenna.

15. The train has not left yet. Il treno non è partito _____.

B. Complete the answers to the following questions, using one of the negative expressions in the chart on page 217:

Example: Quando è stato(a) Lei in Italia?
Non sono *mai* stato(a) in Italia.

1. Chi incontrerete stasera, ragazzi?

   _ _ _ _ _ _ _ _ _ _ _ _ _ _ incontreremo _ _ _ _ _ _ _ _ _ _ _ _ _ _.

2. Vai al ballo o al cinema?

   _ _ _ _ _ _ _ _ _ _ _ _ _ _ vado _ _ _ _ _ _ _ _ _ _ _ _ _ al ballo _ _ _ _ _ _ _ _ _ _ _ _ al cinema.

3. Quando è andato(a) a Parigi?

   _ _ _ _ _ _ _ _ _ _ _ _ _ _ sono _ _ _ _ _ _ _ _ _ _ _ _ _ andato(a) a Parigi.

4. Lo ha comprato Lei?

   No, _ _ _ _ _ _ _ _ _ _ _ _ _ _ l'ho comprato.

5. Che cosa vede Lei in quella scatola?

   _ _ _ _ _ _ _ _ _ _ _ _ _ _ vedo _ _ _ _ _ _ _ _ _ _ _ _ _ in quella scatola.

6. Tuo fratello abita ancora in questa città?

   No, mio fratello _ _ _ _ _ _ _ _ _ _ _ _ _ _ abita _ _ _ _ _ _ _ _ _ _ _ _ _ in questa città.

7. Che hai nella mano sinistra?

   _ _ _ _ _ _ _ _ _ _ _ _ _ _ ho _ _ _ _ _ _ _ _ _ _ _ _ _ nella mano sinistra.

8. Chi c'è a scuola oggi?

   Oggi _ _ _ _ _ _ _ _ _ _ _ _ _ _ c'è _ _ _ _ _ _ _ _ _ _ _ _ _ a scuola.

9. Quanti dollari hai in tasca?

   _ _ _ _ _ _ _ _ _ _ _ _ _ _ ho _ _ _ _ _ _ _ _ _ _ _ _ _ due dollari in tasca.

10. Studiano Loro il latino o il francese?

    _ _ _ _ _ _ _ _ _ _ _ _ _ _ studiamo _ _ _ _ _ _ _ _ _ _ _ _ _ il latino _ _ _ _ _ _ _ _ _ _ _ _ il francese.

C. Change the following sentences to the negative:

Example: Vado sempre alla biblioteca il sabato.
Non vado mai alla biblioteca il sabato.

1. Qualcuno è entrato nella stanza di Giorgio.

   _

2. Impareranno il cinese o il russo quest'anno.

   _

3. Eleonora ha qualcosa nella mano destra.

   _

4. Michele e Pietro lavorano sempre insieme.

   ----

5. Mio zio fa tutto in fretta.

   ----

6. Abbiamo visto tutti a scuola oggi.

   ----

7. È venuto anche il direttore alla riunione.

   ----

8. Hanno comprato della frutta e del latte.

   ----

9. Anche Giovanni è partito presto.

   ----

10. Troverai tutto in ordine a casa.

D. Complete the sentences by supplying the missing words. Then translate the sentences into English:

1. (never)   ---------- porto ----------il cappello in estate.

   ----

2. (nobody)   Fortunatamente ----------------- ci conosce all'aeroporto.

   ----

3. (only)   ---------- ho ---------- dieci minuti di tempo per la colazione.

   ----

4. (not . . . even)   ---------- hanno ----------------- bevuto acqua.

   ----

5. (not . . . yet)   ---------- avete ----------------- letto le lettere?

   ----

6. (not . . . either . . . or)   ---------- abbiamo mangiato ---------- pane ---------- formaggio.

   ----

7. (not)   Generalmente ---------- arrivo tardi al lavoro.

   ----

8. (not . . . any more)   ---------- bevete ---------- il caffè?

   ----

9. (no longer)   _____ conosciamo _____ molte persone a New York.

----

10. (nothing)   _____ troverai _____ in quella scatola.

----

11. (neither . . . nor)   _____ ho incontrato _____ Roberto _____ Alberto.

----

12. (never)   Mario _____ studia _____ di sera.

----

13. (only)   I miei cugini _____ hanno viaggiato _____ in Italia.

----

14. (not . . . yet)   Silvio _____ è _____ partito da Palermo?

----

15. (nothing at all)   _____ hanno potuto trovare _____ _____ .

Doors of the Baptistery in Florence.

21. Review: Lessons 15–20

A. Complete the Italian sentences by inserting the correct word in the appropriate position:

1. I bought a beautiful dress for her.

   Ho comprato un bel vestito per (le, lei, la). _____

   _____

2. Telephone your friends and invite them to the party.

   Telefona ai tuoi amici e invita alla festa (le, li, loro). _____

   _____

3. My mother wants to speak to her every day.

   Mia madre vuole parlare tutti i giorni (le, la, gli). _____

   _____

4. The children admire you a great deal, Mr. Lanza.

   I bambini ammirano molto, signor Lanza (la, Lei, La). _____

   _____

5. My brother does not live far from us.

   Mio fratello non abita lontano da (ci, vi, noi). _____

   _____

6. Why didn't you learn it by heart?

   Perchè non avete imparato a memoria (li, l', le)? _____

   _____

7. Here is the letter. Don't open it yet.

   Ecco la lettera. Non aprire ancora (lo, la, le). _____

   _____

8. Mr. Mauri travels often with them.

   Il signor Mauri viaggia spesso con (li, le, loro). _____

   _____

9. The problem is difficult. Explain it, please.

   Il problema è difficile. Spieghi, per favore (la, le, lo). _____

   _____

10. He prefers to give you the history books.

    Preferisce dare i libri di storia (vi, noi, ci). _____

    _____

B. Complete the Italian sentences by supplying the missing words:

1. Whom are they visiting in Naples? _ _ _ _ _ _ _ _ _ visitano a Napoli?

2. Which poems are you reading? _ _ _ _ _ _ _ _ _ _ _ _ poesie leggete?

3. Whose records are these? _ _ _ _ _ _ _ _ _ _ _ _ sono questi dischi?

4. When will you return to Venice? _ _ _ _ _ _ _ _ _ _ _ _ tornerà Lei a Venezia?

5. With whom did you go to the opera? _ _ _ _ _ _ _ _ _ _ _ _ _ è andata Lei all'opera?

6. How many letters did you write today? _ _ _ _ _ _ _ _ _ _ _ lettere hai scritto oggi?

7. I could not see anyone in the park. _ _ _ _ _ _ _ _ _ ho potuto vedere

   _ _ _ _ _ _ _ _ _ _ _ _ _ _ _ _ nel parco.

8. Haven't you spoken to the lawyer yet? Lei non ha _ _ _ _ _ _ _ _ _ _ parlato all'avvocato?

9. We haven't eaten anything at all. _ _ _ _ _ _ _ _ _ abbiamo mangiato

   _ .

10. Why don't they go to the country anymore? _ vanno

    _ _ _ _ _ _ _ _ _ in campagna?

C. Underline the letter of the word that completes each sentence correctly. Then translate all the Italian sentences into English:

1. Hai ricevuto le mie lettere? Sì, _ _ _ _ _ _ _ _ _ ho ricevute.
   a. li *b.* le *c.* lo *d.* la

   _

   _

2. Stamane ho visitato Gino e _ _ _ _ _ _ _ _ _ ho dato i tuoi saluti.
   a. le *b.* loro *c.* la *d.* gli

   _

   _

3. Ha visto Lei i cugini di Maria? No, non _ _ _ _ _ _ _ _ _ ho visti ancora.
   a. gli *b.* le *c.* li *d.* loro

   _

   _

4. Vuoi portare la valigia alla stazione? Sì, _ _ _ _ _ _ _ _ _ porto volentieri.
   a. la *b.* le *c.* lo *d.* li

   _

   _

5. Marisa e Cristina, questo pacchetto è per _ _ _ _ _ _ _ _ _ .
   a. ti *b.* te *c.* vi *d.* voi

   _

   _

6. Chi verrà con _____ alla partita questo pomeriggio?
   a. mi   *b.* ci   *c.* noi   *d.* vi

7. _____ abitanti ci sono in questo paese?
   a. Quante   *b.* Quale   *c.* Quali   *d.* Quanti

8. _____ è quel signore elegante con Sua zia?
   a. Quali   *b.* Chi   *c.* Che   *d.* Quando

9. Che cosa hai comprato in quel negozio? Non ho comprato _____.
   a. neanche   *b.* niente   *c.* nemmeno   *d.* affatto

10. Lavora Lei ancora vicino alla Banca d'Italia? No, non lavoro _____ lì.
    a. più   *b.* nè   *c.* nessuno   *d.* nulla

11. Non ho incontrato nè Pietro _____ Giovanni di recente.
    a. affatto   *b.* che   *c.* mai   *d.* nè

12. Scusi signore, è partito l'aereo per Milano? No, non è partito _____.
    a. niente   *b.* ancora   *c.* neppure   *d.* nessuno

13. Quando compreremo le scarpe? _____ domani.
    a. Compriamolo   *b.* Compriamole   *c.* Compriamoli   *d.* Compriamola

14. Che darai a Virginia per il suo compleanno? Voglio _____ una radio.
    a. dargli   *b.* darla   *c.* darle   *d.* darli

15. Non potranno terminare quel lavoro senza di _ _ _ _ _ _ _ _ _ _ .
    a. tu   *b*. vi   *c*. ti   *d*. voi

_ _

_ _

D. Rewrite each sentence, substituting a pronoun for the words in italics and making any other necessary changes:

Example: Il signore legge *il giornale*. Il signore lo legge.

1. Metti *le mie chiavi* sulla scrivania, Paolo.

_ _

2. Devo chiamare *il direttore* immediatamente.

_ _

3. Il ragazzo non può chiudere *le finestre*.

_ _

4. Manda quei pacchi *a Giorgio* stamane.

_ _

5. Maurizio preferisce ballare sempre con *Luisa*.

_ _

6. Hanno servito Loro *la colazione* a mezzogiorno?

_ _

7. Marco e Tonio, date le valigie *ai signori*.

_ _

8. Non abbiamo mai capito *l'arte moderna*.

_ _

9. Finisci *i compiti* il più presto possibile, Daniele.

_ _

10. Ha comprato dei quadri per *i Suoi amici?*

_ _

E. Write the Italian for the words in parentheses. Then translate the sentences into English:

1. (to whom) _ _ _ _ _ _ _ _ _ _ _ _ _ hai mandato i due pacchi?

_ _

2. (which) _ _ _ _ _ _ _ _ _ _ _ _ _ sono i migliori ristoranti della città?

_ _

3. (why) _ _ _ _ _ _ _ _ _ _ _ _ _ _ non avete mangiato il formaggio e la frutta?

_ _

4. (what)   _____ desidera fare stasera, signore?

5. (where)   _____ vanno per le Loro vacanze quest'anno?

6. (how many)   _____ drammi italiani vedrete quest'inverno?

7. (no one)   _____ vuole giocare al tennis oggi.

8. (never)   _____ ha _____ visitato un paese straniero?

9. (no longer)   _____ studiano _____ legge a Bologna.

10. (not yet)   _____ sono _____ ritornate a casa le sorelle?

11. (with me)   Volete andare alla partita _____ alle quattro?

12. (among us)   Non c'è nemmeno un tenore _____?

13. (by herself)   Ha imparato Gloria a suonare la chitarra _____?

14. (to them)   Davide, legge _____ delle belle poesie.

15. (without him)   Gli alunni sono andati al museo _____.

16. (it)   Ecco la radio. Perchè non _____ vuoi?

17. (write to us)   Non potranno _____ spesso.

18. (to him)   La nonna _____ ha dato una bella bicicletta.

19. (Speak to me, *fam. sing.*) _____ sempre in italiano, Maria.

20. (to see her)   Non vogliamo _____ stamane.

F. Complete the Italian sentences:

1. I don't want anything now.   _____ voglio _____ adesso.

2. Doesn't she know anyone in the city?   _____ conosce essa _____ in città?

3. You never answered my questions.   _____ avete risposto alle mie domande.

4. How many sisters do you have?   _____ sorelle ha Lei?

5. Which doctor came to the hospital?   _____ medico è venuto all'ospedale?

6. We didn't meet anyone in the park.   _____ abbiamo incontrato _____ nel parco.

7. She doesn't know how to play yet.   Essa _____ sa suonare _____.

8. Paul doesn't know either French or German.   Paolo _____ sa _____ il francese _____ il tedesco.

9. Are they coming to the opera with us?   Vengono all'opera _____?

10. I live near him.   Abito vicino a _____.

11. We must visit them soon.   Dobbiamo _____ presto.

12. When will you write to her, Louise?   _____ scriverai, Gina?

13. Do not take it now, boys.   Non _____ prendete adesso, ragazzi.

14. Will you try to understand me?   Cercherete di _____?

15. Who believes her explanation now?   _____ crede _____ spiegazione adesso?

16. We do not listen to them at all.   _____ ascoltiamo _____.

17. He doesn't want to do it any longer.   _____ vuole _____.

18. The teacher is reading a novel to us.   Il maestro _____ legge un romanzo.

19. Did he finish the job by himself?   Ha finito egli il lavoro _____?

20. How much money do you owe her?   _____ denaro _____ dovete?

G. Complete each question, supplying the Italian equivalent of the words in parentheses. Then answer the questions in complete Italian sentences:

1. (what) _____ ha mangiato per colazione stamane?

     _____

2. (how many) _____ giorni ci sono in ottobre?

     _____

3. (how) _____ parla Lei italiano adesso?

     _____

4. (where) _____ abita la Sua famiglia?

     _____

5. (who) --------------------- è il presidente degli Stati Uniti?

----

6. (which) --------------------- è il primo mese dell'anno?

----

7. (whose) --------------------- è la casa dove abita Lei?

----

8. (how much) --------------------- costa il giornale adesso?

----

9. (how many) --------------------- stagioni ci sono nell'anno?

----

10. (why) --------------------- non va Lei a scuola la domenica?

----

11. (when) --------------------- andrà Lei in Italia?

----

12. (which) --------------------- sono i mesi d'inverno?

----

13. (when) --------------------- terminerà l'anno scolastico?

----

14. (how many) --------------------- alunni imparano l'italiano quest'anno?

----

15. (where) --------------------- ha pranzato Lei ieri sera?

----

16. (why) --------------------- dovete finire sempre i compiti?

----

17. (who) --------------------- è il suo cantante preferito?

----

18. (when) --------------------- è nato(a) Lei?

----

19. (how) --------------------- va Lei a scuola tutti i giorni?

----

20. (what) --------------------- farà Lei il prossimo sabato?

----

22. Mastery Exercises

A. Complete the sentences. Then translate each sentence into English:

1. (i, le, gli)

   Studiamo _____ lezioni diligentemente.

   _____

2. (un, una, uno)

   Non ho fatto che _____ sbaglio.

   _____

3. (al, alla, allo)

   Giorgio è andato _____ stazione con loro.

   _____

4. (di, del, della)

   Mio fratello è il presidente _____ circolo italiano.

   _____

5. (Il, Lo, La)

   _____ problema è troppo difficile.

   _____

6. (bei, belle, belli)

   Chi le ha mandato questi _____ fiori.

   _____

7. (Tuo, Il tuo, La tua)

   _____ padre è sempre così simpatico.

   _____

8. (Mie, I miei, Le mie)

   _____ cugine arriveranno qui in aprile.

   _____

9. (Il nostro, Nostro, La nostra)

   _____ direttore è molto bravo.

   _____

10. (Questo, Questa, Questi)

    _____ chiesa è la più antica della città.

    _____

11. (il suo, le sue, i suoi)

    Maria ha viaggiato in Francia con _____ genitori.

    _____

12. (Quegli, Quei, Quelle)

    _____ ragazzi abitano vicino a noi.

    _____

13. (di, del, come)

    Enzo è più studioso _____ Renato.

    _____

14. (più vecchio, il più vecchio, meno vecchio)

    Questo castello è _____ del mondo.

    _____

15. (nel primo, nei primi, nella prima)

    Abitano _____ casa a destra.

    _____

16. (un, uno, una)

    Non puoi prestarmi _____ dollaro?

    _____

17. (un milione, milione, un milione di)

    La città ha bisogno di _____ dollari.

    _____

18. (trentadue, trentun, trentunesimo)

    Ci sono _____ giorni in marzo.

    _____

19. (Quanto, Quante, Quanti)

    _____ persone lavorano in quest'edificio?

    _____

20. (Quale, Quali, Qual)

    _____ città è la capitale d'Italia?

    _____

21. (ieri, adesso, l'anno scorso)

    Il treno parte _____ .

    _____

22. (Che, Chi, Quali)

_ _ _ _ _ _ _ _ _ _ _ _ _ mi cerca?

_ _

23. (Neanche, Niente, Nemmeno)

_ _ _ _ _ _ _ _ _ _ _ _ _ _ _ _ m'interessa in questo negozio.

_ _

24. (nessuno, nemmeno, niente)

_ _ _ _ _ _ _ _ _ _ _ _ _ _ _ _ Tommaso è venuto oggi.

_ _

25. (gli, lo, lui)

È andato Lei al teatro con _ _ _ _ _ _ _ _ _?

_ _

B. Complete the sentences. Then translate each sentence into English:

1. (us)   Anna _ _ _ _ _ _ _ _ ha invitati alla cerimonia.

_ _

2. (you)   Sì, signore, _ _ _ _ _ _ _ _ vedo spesso nel parco.

_ _

3. (his)   Quando è andata al cinema _ _ _ _ _ _ _ _ _ sorella?

_ _

4. (him)   _ _ _ _ _ _ _ _ vediamo ogni sera al caffè.

_ _

5. (to her)   _ _ _ _ _ _ _ _ dovete scrivere due volte la settimana.

_ _

6. (it)   Che bella radio! Dove _ _ _ _ _ _ _ _ hai comprata?

_ _

7. (her)   Le bambine sono rimaste da _ _ _ _ _ _ _ _ _ ieri.

_ _

8. (good)   Quel signore è un _ _ _ _ _ _ _ _ _ _ cittadino.

_ _

9. (you)   Sì, signora, _ _ _ _ _ _ _ _ rispetto molto per il Suo coraggio.

_ _

10. (on Saturdays)   _ _ _ _ _ _ _ _ _ _ _ _ _ _ _ _ _ _ vado al cinema con i miei amici.

_ _

11. (magnificent)   I giardini del palazzo sono _____ .

12. (on Thursday)   _____ andremo alla partita di calcio.

13. (to us)   Non _____ ha scritto mai da Londra.

14. (in the)   È il migliore avvocato _____ città.

15. (bring it)   Ecco l'ombrello, signorina. _____ domani all'ufficio.

16. (June first)   La festa sarà _____ .

17. (at 10 P.M.)   Siamo usciti dal ristorante _____ _____ .

18. (At what time)   _____ è cominciato lo spettacolo ieri sera?

19. (from him)   Ieri abbiamo ricevuto un telegramma _____ .

20. (you)   C'è un pacco sulla tavola per _____ , Pietro.

21. (Saint)   _____ Marino è una repubblica indipendente.

22. (their)   _____ figli sono molto intelligenti.

23. (that)   Chi è _____ uomo vicino alla porta?

24. (older)   Giorgio è il mio fratello _____ .

25. (beautiful)   Oggi è un _____ giorno di primavera.

C. Complete the Italian sentences:

1. He has already invested one thousand dollars.

   Ha già investito _____ dollari.

2. She always goes to her aunt's on Sundays.

   Va sempre _ _ _ _ _ _ _ _ _ _ _ _ _ zia _ .

3. These apples are not sweet at all.

   _ _ _ _ _ _ _ _ _ _ _ _ _ _ _ mele non sono _ .

4. I slept more than nine hours.

   Ho dormito _ ore.

5. It is six-thirty already.

   Sono già _ .

6. She is thinner than I.

   Essa è _ me.

7. Who is that gentleman?

   _ _ _ _ _ _ _ _ _ è _ _ _ _ _ _ _ _ _ _ _ signore?

8. Our kitchen is as modern as yours.

   La nostra cucina è _ la Loro.

9. His reaction surprised me.

   _ _ _ _ _ _ _ _ _ _ _ _ _ _ _ reazione _ _ _ _ _ _ _ _ ha sorpreso.

10. Your raincoat is more practical than your boots.

    Il Suo impermeabile è _ _ _ _ _ _ _ _ _ pratico _ _ _ _ _ _ _ _ _ Suoi stivali.

11. Which one of these neckties do you prefer?

    _ cravatte preferisci?

12. Do you want to go to the dance with them?

    Vuoi andare al ballo _ _ _ _ _ _ _ _ _ _ _ _ _ _ _ _ _ _ _ ?

13. There are eight hundred students in this school.

    Ci sono _ studenti _ scuola.

14. I can't tell you anything, gentlemen.

    Non posso _ , signori.

15. Doesn't Tony ever have any money?

    Non ha _ _ _ _ _ _ _ _ _ denaro Tonio?

16. They put my car in their garage.

    Hanno messo _ _ _ _ _ _ _ _ _ _ _ _ _ _ _ macchina _ autorimessa.

17. Today is the third of May.

    Oggi è _ .

18. Your sister is taller than Sylvia.

    Tua sorella è _ Silvia.

19. Whose jacket is this on the floor?

    _____ è questa giacca _____ pavimento?

20. How many flags did you see on the roof?

    _____ bandiere hai veduto _____ tetto?

21. The game begins at two o'clock sharp.

    La partita comincia _____.

22. Haven't you ever visited the cities of Italy?

    _____ ha _____ visitato le città d'Italia?

23. Her room is not too small.

    _____ stanza non è _____.

24. Here is the largest mirror in the shop.

    Ecco _____ specchio del negozio.

25. Their daughter was born in 1968.

    _____ figlia è nata _____.

26. I am seeing him for the first time now.

    Lo vedo per la _____ volta adesso.

27. Garibaldi was a great general.

    Garibaldi è stato _____ generale.

Lake Como, in northern Italy, has many resorts.

28. What do you think of these pictures?

    _____ pensa di _____ quadri?

29. They returned to the office at eleven o'clock.

    Sono ritornati _____ ufficio _____.

30. Today has been the worst day for me.

    Oggi è stato _____ per me.

31. Milan has more than two million people.

    Milano ha _____ persone.

32. The train will arrive in Paris at five P.M.

    Il treno _____ a Parigi _____

    _____.

33. Those questions are often the most difficult.

    _____ domande sono spesso _____.

34. I don't know Robert's mother well.

    Non conosco bene _____.

35. We'll show you a very famous bridge, children.

    _____ mostreremo un ponte _____, bambini.

36. My sister still works in that hospital.

    Mia sorella lavora _____ ospedale.

37. Have you received the package from your friend?

    Hai ricevuto il pacco _____ amico?

38. There are two hundred and fifty people in the theater.

    Ci sono _____ persone _____

    teatro.

39. The program ends at half past seven.

    _____ programma finisce _____.

40. They live near us on this street.

    Abitano vicino a _____ in questa strada.

41. Are those problems difficult?

    Sono difficili _____ problemi?

42. Mark wanted to give his bicycle to us.

    Marco ha voluto _____ la sua bicicletta.

43. The windows are closed. Let's open them.

    Le finestre sono chiuse. _____.

44. Can you and your brother help her?

   Tu e tuo fratello potete _____?

45. I prefer winter in Spain.

   Preferisco _____ in Spagna.

46. My birthday will be on September 21.

   Il mio compleanno sarà _____.

47. At what time do you have dinner at home?

   _____ pranza Lei a casa?

48. He has more than five thousand dollars in the bank.

   Ha più di _____ nella banca.

49. I've lost my pocketbook, Victor. Can you find it?

   Ho perduto la mia borsetta, Vittorio. Puoi _____?

50. You must send her a present from Turin, girls.

   Dovete _____ un regalo _____ Torino, ragazze.

   D. Supply the missing words. Then translate the sentences into English:

1. Remo non vuole andare _____ cinema stasera.

   _____

2. Dorotea è la più carina _____ classe.

   _____

3. Michele ti chiama. Rispondi _____ subito.

   _____

4. Trentatrè meno quattro fanno _____.

   _____

5. In montagna _____ inverno nevica molto.

   _____

6. Sono _____ tre _____ mezzo del pomeriggio.

   _____

7. Dove sono il nonno e la zia? Sono _____ salotto insieme.

   _____

8. Chi è stanco? Anna è _____.

   _____

9. Dov'è l'ufficio _____ dottor Marini?

   _____

10. D'estate i giorni non sono freddi. Sono _____.

11. Ecco il sale e _____ aceto, signora.

12. Hai lavato i piatti, Pierina? Sì, _____ ho lavati poco fa.

13. Comprerai un vestito nuovo per il ballo? Sì, _____ comprerò domani.

14. Sette per nove fanno _____.

15. Quest'albergo è più moderno _____ quell'albergo.

16. Mario non è _____ forte quanto Luigi.

17. La riunione incomincerà alle due _____ un quarto.

18. Ecco il pane. Tagliate _____, per favore.

19. Novanta diviso tre fanno _____.

20. La signora Magnani lava le camicette _____ figlie.

21. La guardia finisce il suo lavoro alle otto _____ mattina.

22. Maria è così diligente _____ sua sorella.

23. Devo comprare _____ gelato e _____ biscotti.

24. Dove hai messo _____ specchio di Rosa?

25. Quando andrai _____ barbiere, Giovanni?

Part III. Idiomatic Expressions

1. Idioms With the Verb *Avere*

The infinitive **avere** is frequently abbreviated to **aver** before a consonant. This usage is followed in the idioms presented below.

avere undici anni	to be eleven years old
aver dodici anni	to be twelve years old
aver ragione	to be right

1. **avere (aver) . . . anni**, to be . . . years old
   Quanti *anni hai? Ho* tredici *anni.* — How old are you? I am thirteen years old.

2. **aver bisogno (di)**, to need
   Ho bisogno di un paio di guanti. — I need a pair of gloves.

3. **aver caldo**, to feel (be) warm
   Luisa *ha* troppo *caldo* qui. — Louise feels too warm here.

4. **Aver fame**, to be hungry
   Non *abbiamo fame* adesso. — We're not hungry now.

5. **aver freddo**, to feel (be) cold
   Questo bambino *ha* sempre *freddo.* — This child is always cold.

6. **aver fretta**, to be in a hurry
   Renato non *ha* mai *fretta.* — Renato is never in a hurry.

7. **aver mal (di)**, to have an ache (in)
   Ho mal di testa oggi. — I have a headache today.

8. **aver paura (di)**, to be afraid (of)
   Anna *ha* ancora *paura d*el buio. — Anne is still afraid of the dark.

9. **aver sete**, to be thirsty
   Mi dia un bicchiere d'acqua, per piacere. *Ho sete.* — Give me a glass of water, please. I'm thirsty.

10. **aver sonno**, to be sleepy
    Non posso studiare perchè *ho sonno.* — I can't study because I'm sleepy.

11. **aver ragione**, to be right
    Lei sa che *hanno ragione.* — You know that they are right.

12. **aver vergogna (di)**, tc be ashamed (of)
    Non *ho vergogna di* dirlo. — I am not ashamed to say it (of saying it).

13. **aver torto**, to be wrong
    Mario dice che *hai torto.* — Mario says that you are wrong.

238

14. **aver voglia (di)**, to feel like, to have a desire to
　　Egli non *ha voglia di* viaggiare. 　　　　He has no desire to travel.

Note

In the idioms with **avere** listed above, **molto**, when used as an adjective, must agree with the noun it modifies.

　　La bambina ha molt*o* <u>sonno</u>. 　　　The baby is very sleepy.
　　　　　　　　　noun

　　Carlo ha molt*a* <u>sete</u>. 　　　　　Charles is very thirsty.
　　　　　　　noun

　　I ragazzi hanno molt*a* <u>fame</u>. 　　The boys are very hungry.
　　　　　　　　　　noun

EXERCISES

A. Supply the appropriate Italian idiom to complete each sentence. Then translate the sentences into English:

1. Mangio molto quando _____ .

_____

2. Ho _____ d'un foglio di carta; devo scrivere una lettera.

_____

3. Porto la giacca perchè _____ .

_____

4. Oggi è il suo compleanno. _____ quindici _____ .

_____

5. Mia zia è timida e _____ dei topi.

_____

6. Giorgio dice che Loro _____ , ma che noi abbiamo torto.

_____

7. Dateci del cibo, per favore. _____ molta _____ .

_____

8. Il povero ragazzo _____ di testa.

_____

9. Quando _____ , andiamo a nuotare alla spiaggia.

_____

10. Maria ha dodici anni ma _____ ancora _____ del tuono.

_____

B. Complete the Italian sentences:

1. My sister never has a headache. 　　Mia sorella non ha mai _____ .

2. Do you feel too warm or too cold?   _____ troppo _____ o troppo

                   _____?

3. Arthur is ashamed to speak to the teacher.   Arturo _____ parlare al maestro.

4. Why is your child so sleepy?   Perchè _____ tanto _____ il Suo bambino?

5. I don't feel like dancing now.   Non _____ ballare adesso.

6. My cousin is sixteen years old.   Mio cugino _____.

7. He is wrong and you are right.   Egli _____ e tu

                   _____.

8. We need a new car.   _____ un'automobile nuova.

9. Philip isn't afraid of anything.   Filippo non _____ niente.

10. Are you in a hurry, gentlemen?   _____ , signori?

C. Answer in complete Italian sentences:

1. Ha Lei molta paura del dentista?

   _____

2. Beve Lei mai una Coca-Cola quando ha sete?

   _____

3. Hai bisogno dei vestiti nuovi?

   _____

4. Quanti anni ha Suo padre?

   _____

5. A che ora comincia ad aver sonno?

   _____

6. Ha Lei sempre ragione?　Ha Lei mai torto?

   _____

7. Che fate quando avete fame?

   _____

8. Che porti quando hai freddo?

   _____

9. Come camminate quando avete molta fretta?

   _____

10. Che fai quando hai troppo caldo?

    _____

2. Idioms With the Verb *Fare*

WEATHER EXPRESSIONS

Che tempo fa?	How is the weather?
Fa bel (cattivo) tempo.	The weather is beautiful, fine (bad).
Fa caldo (freddo).	It is hot (cold).
Fa fresco.	It is cool.

OTHER EXPRESSIONS WITH *FARE*

The infinitive **fare** is frequently abbreviated to **far** before a consonant.

1. **fare una domanda (a)**, to ask (someone) a question
Maria *ha fatto una domanda* interessante.   Mary asked an interesting question.

2. **fare attenzione (a)**, to pay attention (to)
Io *faccio* sempre *attenzione* in classe.   I always pay attention in class.

3. **fare una visita (a)**, to pay a visit (to)
*Abbiamo fatto una visita a*i nonni.   We paid a visit to our grandparents.

4. **fare un viaggio**, to take a trip
Avete fatto un viaggio quest'anno?   Have you taken a trip this year?

5. **fare un regalo**, to give a gift (present)
Voglio *fare un regalo* a Roberto.   I want to give a present to Robert.

6. **far colazione**, to have breakfast (lunch)
A che ora *fate colazione?*   At what time do you have lunch?

7. **far cena**, to have supper
Facciamo cena alle sei.   We have supper at six o'clock.

8. **fare un piacere (a)**
fare un favore (a) } to do a favor (for)
Ci *faranno* sempre *dei favori*.   They will always do us favors.

9. **fare una passeggiata**, to take a walk
Vuoi *fare una passeggiata* nel parco?   Do you want to take a walk in the park?

10. **fare una fotografia**, to take a picture
Perchè non *hai fatto una fotografia* del ponte?   Why didn't you take a picture of the bridge?

EXERCISES

A. Translate the sentences into English, and write *true* or *false* after each:

1. Molte persone fanno dei viaggi durante le loro vacanze. _ _ _ _ _ _ _ _ _ _ _ _ _ _ _ _ _ _

_ _

2. Fa cattivo tempo tutti i giorni. _____

_____

3. Facciamo colazione alle nove di sera. _____

_____

4. Generalmente fa caldo nel mese di gennaio. _____

_____

5. Faccio una domanda quando voglio informazioni. _____

_____

6. Fa freddo d'inverno in montagna. _____

_____

7. Fa fresco in primavera. _____

_____

8. Ai bambini non è permesso fare visite in ospedale. _____

_____

9. Generalmente quando viaggiamo facciamo molte fotografie. _____

_____

10. Per evitare gli incidenti è necessario fare attenzione. _____

_____

B. Complete the Italian sentences:

1. Today the weather is beautiful.

   Oggi _____ bel tempo.

2. In summer it is hot here, and in winter it is cold.

   D'estate _____ qui e d'inverno _____ .

3. Mr. Lamberti takes a walk every afternoon at two.

   Il signor Lamberti _____ ogni pomeriggio alle due.

4. We took a trip to Italy together.

   _____ in Italia insieme.

5. Will you do a favor for my neighbor?

   _____ al mio vicino?

6. Louis never answers when the director asks a question.

   Gino non risponde mai quando il direttore _____ .

7. Tomorrow we will pay a visit to our friend Bruno.

   Domani andremo a _____ al nostro amico Bruno.

8. The weather is bad in February.

   _____ in febbraio.

9. I had breakfast early this morning.

   _____ presto stamane.

10. You must pay attention to understand a foreign language.

    Dovete _____ per capire una lingua straniera.

C. Answer in complete Italian sentences:

1. Fate attenzione durante la lezione d'italiano?

   _____

2. Fa Lei molte domande al professore?

   _____

3. Farà Lei un viaggio la prossima estate?

   _____

4. Quando avete fatto una visita alla vostra compagna?

   _____

5. A che ora fa cena la Sua famiglia?

   _____

6. Fa Lei molti piaceri ai Suoi amici?

   _____

7. Hai fatto una passeggiata ieri sera?

   _____

8. Quando farà Lei un regalo a Sua madre?

   _____

9. In quale stagione fa molto caldo?

   _____

10. Che tempo fa oggi? Farà bel tempo domani?

    _____

3. Idiomatic Use of the Verb *Piacere*

Italian	Meaning
mi piace il libro	I like the book
ti piace il libro	You like the book (*fam. sing.*)
gli piace il libro	he likes the book
le piace il libro	she likes the book
Le piace il libro	you like the book (*pol. sing.*)
ci piace il libro	we like the book
vi piace il libro	you like the book (*fam. pl.*)
il libro piace loro	they like the book
il libro piace Loro	you like the book (*pol. pl.*)

Note

1. Although the verb **piacere** (*to please*, *be pleasing*) has forms for all the persons, it is used most frequently in the third person singular and plural to express the English verb *to like*, for which Italian has no equivalent. The English sentence "I like the picture" must be expressed in Italian as "The picture is pleasing to me."

    The singular form of **piacere** is used when what is liked is singular. The plural form of **piacere** is used when what is liked is plural.

Gli *piace* quella bottega.	He likes that shop. (That shop is pleasing to him.)
Non mi *piace* nuotare.	I don't like to swim. (Swimming is not pleasing to me.)
Le *piacciono* le fontane.	She likes the fountains. (The fountains are pleasing to her.)
A Gina *piacciono* le canzoni.	Louise likes the songs. (The songs are pleasing to Louise.)

2. The subject in the English sentence becomes the indirect object in Italian. The object in the English sentence becomes the subject in the Italian sentence.

A mia <u>sorella</u> piace <u>quest'albergo.</u>	My <u>sister</u> likes this <u>hotel.</u>
ind. obj. subject	subject object

3. The verb **piacere** is conjugated with **essere**. Therefore, the past participle must agree with what is liked.

Mi è piaciuto il cibo a Bologna.	I liked the food in Bologna.
Mi sono piaciuti i treni in Europa.	I liked the trains in Europe.

EXERCISES

A. Complete each sentence with **piace** or **piacciono**. Then translate each sentence into English:

1. Mi _____ questi fiori bianchi.

----

2. Non gli _____ le cravatte rosse.

----

3. Vi _____ la musica moderna?

_____

4. A Davide _____ pattinare.

_____

5. Non le _____ le patate.

_____

6. Al mio amico _____ l'inverno.

_____

7. Non _____ Loro studiare?

_____

8. Ai vostri cugini _____ cantare.

_____

9. _____ loro i dolci?

_____

10. Ci _____ questa strada.

_____

B. Complete the Italian sentences:

1. He likes to paint portraits.

_____ dipingere ritratti.

2. Do you like these photographs, Mr. Conti?

_____ queste fotografie, signor Conti?

3. We like to go to the theater.

_____ andare al teatro.

4. They like life in the country.

_____ la vita di campagna.

5. My uncle likes the watch.

_____ l'orologio.

6. Do you like your new job?

_____ il Suo nuovo impiego?

7. Does she like to dance?

_____ ballare?

8. I do not like the food in this restaurant.

_____ il cibo in questo ristorante.

9. Rose did not like the shoes.

_____ le scarpe.

10. Do you like animals, Robert?

   _____ gli animali, Roberto?

11. Paul never liked long vacations.

   _____ le vacanze lunghe.

12. I like Italian magazines.

   _____ le riviste italiane.

13. Do you like to travel by train?

   _____ viaggiare in treno?

14. Does her aunt like to cook?

   _____ zia _____ cucinare?

15. The children don't like vegetables.

   _____ gli ortaggi.

C. Answer in Italian, using complete sentences:

1. Dove ti piace nuotare?

   _____

2. Le piacciono le mele?

   _____

3. Vi piace giocare al calcio?

   _____

4. Piacciono gli sport agli alunni?

   _____

5. Perchè (non) Le piacciono i cani?

   _____

6. Le piacciono i film italiani?

   _____

7. Cosa Le piace fare la domenica?

   _____

8. Quali mesi dell'anno vi piacciono?

   _____

9. Piace Loro viaggiare in aereo?

   _____

10. Le piacciono i balli moderni?

   _____

4. Other Verbal Idioms

1. **andare (a)**, to go (to)
   È andato a comprare il giornale.   He went to buy the newspaper.

2. **imparare (a)**, to learn (to)
   Dove *hai imparato a* ballare?   Where did you learn how to dance?

3. **incominciare (a)**, to begin (to)
   L'alunno *ha incominciato a* studiare.   The student has begun to study.

4. **insegnare (a)**, to teach (to)
   La signorina Giusto ci *insegna a*   Miss Giusto is teaching us to speak Italian.
   parlare italiano.

5. **venire (a)**, to come (to)
   Ieri *è venuto a* vedermi.   Yesterday he came to see me.

6. **cercare (di)**, to try (to)
   Cerchiamo di risparmiare del denaro.   We are trying to save some money.

7. **dire (di)**, to tell (to)
   Ti *ho detto di* venire subito.   I told you to come right away.

8. **finire (di)**, to finish (doing something)
   Abbiamo finito di pitturare la tavola.   We have finished painting the table.

9. **promettere (di)**, to promise (to)
   Ha promesso di prestarmi la bicicletta.   He promised to lend me the bicycle.

10. **sperare (di)**, to hope (to), expect (to)
    Speriamo di trovare dei buoni posti.   We hope to find some good seats.

11. **andare (venire) a casa**, to go (come) home
    È andato a casa Pietro?   Has Peter gone home?

12. **andare (venire) a scuola**, to go (come) to school
    Andrete a scuola domani?   Will you go to school tomorrow?

13. **andare (venire) in chiesa**, to go (come) to church
    Generalmente *vanno* essi *in chiesa* la   Do they usually go to church on Sunday?
    domenica?

14. **andare (venire) in aeroplano (automobile, treno, autobus, bicicletta, etc.)**, to go (come) by
    plane (car, train, bus, bicycle, etc.)
    Sono andati in automobile per tutta   They went all over Europe by car.
    l'Europa.

15. **andare a piedi**, to go on foot
    Vanno a piedi al mercato ogni giorno.   They go to the market on foot every day.

16. **chiudere a chiave**, to lock
    Hai chiuso a chiave la porta?   Did you lock the door?

17. **giocare alla palla (al tennis, etc.),** to play ball (tennis, etc.). *Also:* **giocare a palla (a tennis, etc.).**

    Vuoi *giocare alla palla* con noi?   Do you want to play ball with us?

EXERCISES

    A. Supply the missing preposition **a, di,** or **in.** Then translate the sentences into English:

1. Cercheremo _____ arrivare a mezzogiorno.

    _____

2. Gli alunni incominciano _____ leggere l'italiano.

    _____

3. Va Lei _____ comprare dei fiori oggi?

    _____

4. Ho imparato _____ pattinare quest'inverno.

    _____

5. Mio padre mi ha insegnato _____ nuotare.

    _____

6. Vanno _____ chiesa tutte le domeniche.

    _____

7. Ci hanno detto _____ ritornare più tardi.

    _____

8. Hai finito _____ pulire la macchina?

    _____

9. Siamo andati _____ treno da Milano a Roma.

    _____

10. È già ora _____ andare a casa?

    _____

11. Devo andare _____ lavorare _____ bicicletta.

    _____

12. Ha chiuso _____ chiave le due valigie?

    _____

13. Devi imparare _____ scrivere a macchina adesso.

    _____

14. Chi sono venuti _____ vedermi ieri?

    _____

15. Spero _____ scriverti presto da Napoli.

    _____

B. Complete the Italian sentences:

1. We must learn to speak Italian well.

   Dobbiamo _____ parlare bene l'italiano.

2. The boys began to laugh.

   I ragazzi hanno incominciato _____ .

3. The baby is learning to walk.

   Il bambino _____ camminare.

4. Paul promised to bring the records.

   Paolo _____ portare i dischi.

5. The teacher told me to read aloud.

   Il professore _____ leggere ad alta voce.

6. He went to call his brother.

   _____ chiamare suo fratello.

7. The orchestra began to play faster.

   L'orchestra _____ suonare più rapidamente.

8. When did Richard go home?

   Quando _____ Riccardo?

9. We must try to help her now.

   Dobbiamo _____ aiutarla adesso.

10. John, lock all the doors.

    Giovanni, _____ tutte le porte.

11. They promised to come at eight.

    _____ venire alle otto.

12. Have you finished studying, boys?

    _____ studiare, ragazzi?

13. It has not begun to rain.

    Non _____ piovere.

14. My brother could not go to church.

    Mio fratello non è potuto _____ .

15. Did you come by plane or by car?

    Sei _____ o _____?

C. Answer in complete Italian sentences:

1. Venite a scuola nel mese di luglio?

   _____

2. È andato(a) Lei a casa a piedi ieri?

----

3. Hai promesso di ritornare presto a casa oggi?

----

4. Cerca Lei sempre di aiutare i Suoi compagni?

----

5. È andato a lavorare Suo padre oggi?

----

6. Giocate al tennis con i vostri compagni?

----

7. Suo padre va al lavoro in autobus o in treno?

----

8. A che ora di sera finirete di studiare?

----

9. Ha imparato Lei a parlare bene l'italiano?

----

10. Quando sperano Loro di viaggiare in Italia?

Remains of the Colosseum, an amphitheater built in Rome in the first century A.D.

5. Idioms With Prepositions *A, Di, Da, In*

1. **a bassa voce,** in a low voice
   Parlino *a bassa voce*, per piacere.   Speak in a low voice, please.

2. **ad alta voce,** aloud, in a loud voice
   Legga le istruzioni *ad alta voce*, per piacere.   Read the directions aloud, please.

3. **a buon mercato,** cheap
   Questa frutta è *a buon mercato*.   This fruit is cheap.

4. **a caro prezzo,** at a high price
   Hanno comprato la casa *a caro prezzo*.   They bought the house at a high price.

5. **a destra,** on (to) the right
   La banca è *a destra*.   The bank is on the right.

6. **a sinistra,** on (to) the left
   L'ufficio del presidente è *a sinistra*.   The office of the president is to the left.

7. **a due a due,** two by two
   I bambini sono entrati *a due a due*.   The children came in two by two.

8. **a pagina,** on (to) page . . .
   L'esercizio è *a pagina* trentadue.   The exercise is on page thirty-two.

9. **a scuola,** at (in) school
   Mio figlio è *a scuola*.   My son is in school.

10. **a tempo,** on time
    Gino non arriva mai *a tempo*.   Louis never arrives on time.

11. **al pian terreno,** on the ground floor
    Abitiamo *al pian terreno*.   We live on the ground floor.

12. **al primo (ultimo) piano,** on the first (top) floor
    Il mio ufficio è *al primo piano*.   My office is on the first floor.

13. **al forno,** oven-baked
    Ti piacciono le patate *al forno?*   Do you like oven-baked potatoes?

14. **di giorno,** by day, in the daytime
    Preferiscono viaggiare *di giorno*.   They prefer to travel by day.

15. **di notte,** by (at) night, in the nighttime
    Non voglio lavorare *di notte*.   I don't want to work at night.

16. **di buon'ora,** early
    Il dottore è arrivato *di buon'ora*.   The doctor arrived early.

17. **di nuovo,** again
    Ha scritto la lettera *di nuovo*.   He wrote the letter again.

18. **d'inverno (d'estate, d'autunno),** in the winter (in the summer, in the fall)
    D'estate andiamo al mare.   In the summer we go to the seashore.

19. **da me (lui, noi, etc.)**, to my house (his house, our house, etc.)
    Verrete *da me* stasera?   Will you come to my house tonight?

20. **dal calzolaio, dal dottore, dalla zia, etc.**, to the shoemaker's, to the doctor's, to my aunt's, etc.
    Devo andare *dal dottore* domani.   I must go to the doctor's tomorrow.

21. **da capo**, over again
    Incominciamo il lavoro *da capo*.   Let's start the job over again.

22. **da oggi in poi**, from today on
    Da oggi in poi andremo a scuola in autobus.   From today on we will go to school by bus.

23. **d'ora in poi**, from now on
    D'ora in poi devi arrivare prima delle nove.   From now on you must arrive before nine o'clock.

24. **in fretta**, in a hurry
    Mario fa tutto *in fretta*.   Mario does everything in a hurry.

25. **in mezzo (a)**, in the middle (of)
    *In mezzo a*lla stanza c'è una tavola.   In the middle of the room there is a table.

26. **in orario**, on time (schedule), punctually
    Il treno è partito da Milano *in orario*.   The train left Milan on schedule.

27. **in ritardo**, late
    Il treno è arrivato a Roma *in ritardo*.   The train arrived in Rome late.

28. **in campagna**, in (to) the country
    Siamo andati *in campagna* la settimana scorsa.   We went to the country last week.

29. **in casa**, at home
    Mia madre è rimasta *in casa* con il bambino.   My mother remained at home with the baby.

30. **in città**, in (to) the city
    Non hanno mai abitato *in città*.   They have never lived in the city.

31. **in primavera**, in the spring
    Le rondini ritorneranno *in primavera*.   The swallows will return in the spring.

EXERCISES

A. Complete the English sentences:

1. Lo chiami di nuovo, per piacere.

   Call him _ _ _ _ _ _ _ _ _ _ _ _ _ , please.

2. Sono andato da mia zia ieri.

   I went _ yesterday.

3. Giorgio non è in casa adesso.

   George is not _ _ _ _ _ _ _ _ _ _ _ _ _ _ _ _ _ now.

4. Non abitiamo più in campagna.

   We no longer live _ .

5. In primavera fa fresco di sera.

   _____ in the evening.

6. Non mi piace viaggiare di notte.

   _____ to travel _____ .

7. Ti piace il pollo al forno?

   Do you like _____ ?

8. D'ora in poi parleremo soltanto in italiano.

   _____ we shall speak only in Italian.

9. Sei andato in città oggi?

   Did you go _____ today?

10. Ho comprato queste scarpe a buon mercato.

    I bought these shoes _____ .

B. Complete the sentences. Then translate the sentences into English:

1. (again)   Il professore ha spiegato il problema _____ .

   _____

2. (at a high price)   Abbiamo venduto l'automobile _____ .

   _____

3. (on the top floor)   Il signor Brandi lavora _____ .

   _____

4. (to his house)   Oggi non posso andare _____ .

   _____

5. (from today on)   _____ la lezione incomincia alle dieci.

   _____

6. (on time)   È arrivata _____ all'aeroporto.

   _____

7. (in spring)   _____ il giardino è molto bello.

   _____

8. (in the city)   Suo padre rimarrà _____ quest'estate?

   _____

9. (in the middle of the)   _____ tavola c'è un bel vaso.

   _____

10. (in winter)   _____ nevica spesso nella nostra regione.

    _____

C. Answer in complete Italian sentences:

1. Fa Lei mai i compiti in fretta?

_____

2. È arrivato(a) Lei a scuola in ritardo ieri?

_____

3. Andrete in campagna sabato?

_____

4. Parla Lei ad alta voce quando ha mal di gola?

_____

5. Che tempo fa in primavera?

_____

6. Quando vai dal dottore?

_____

7. A che piano abita Lei?

_____

8. Suo padre lavora di giorno o di notte?

_____

9. Giocate alla palla in mezzo alla strada?

_____

10. A che pagina è quest'esercizio?

_____

D. Complete the Italian sentences:

1. Did you get to the bank on time?

   È arrivata Lei alla banca _____?

2. From today on we will remain here.

   _____ rimarremo qui.

3. He did the job in a hurry.

   Ha fatto il lavoro _____ .

4. The children must walk two by two.

   I bambini devono camminare _____ .

5. Lisa told the story over again.

   Lisa ha raccontato la storia _____ .

6. Do you go for a stroll in the evening?

   Va Lei _____ di sera?

7. In this store clothes are cheap.

   In questo negozio i vestiti sono _ .

8. The officer read their names aloud.

   L'ufficiale ha letto i loro nomi _ .

9. My youngest brother is still in school.

   Il mio fratello minore è ancora _ _ _ _ _ _ _ _ _ _ _ _ _ _ _ _ _ _ .

10. I prefer to drive by day in the country.

    Preferisco guidare _ .

6. Some Useful Everyday Expressions

EXPRESSIONS OF GREETING, FAREWELL, AND COURTESY

1. **buon giorno,** good morning (day)
   Buon giorno, signor Martinelli.   Good morning (day), Mr. Martinelli.

2. **buona sera,** good evening
   Buona sera, amici.   Good evening, friends.

3. **buona notte,** good night
   Buona notte a tutti.   Good night, everyone.

4. **a domani (stasera, presto, lunedì, etc.),** good-bye, see you tomorrow (tonight, soon, Monday, etc.)
   A domani, Michele.   See you tomorrow, Michael.

5. **arrivederci, arrivederLa,** good-bye (until I see you again)
   Arrivederci, bambini.   Good-bye, children.
   ArrivederLa, signorina Santini.   Good-bye, Miss Santini.

6. **tante grazie, mille grazie, molte grazie,** thank you, many thanks
   Mille grazie per il bel regalo.   Thank you very much for the beautiful gift.
   Molte grazie per i biglietti, Carlo.   Thank you for the tickets, Charles.

7. **prego,** you're welcome, don't mention it
   Prego, signor Biondi.   You're welcome, Mr. Biondi.

8. **con piacere,** gladly, with pleasure
   Verrò alla tua festa *con piacere.*   I shall gladly come to your party.

9. **(con) permesso,** excuse me, may I? (when entering or leaving a room or passing in front of someone)
   Permesso. Devo telefonare a mio fratello.   Excuse me. I have to phone my brother.

10. **per piacere (per favore),** please
    Mi dia una dozzina di panini, *per piacere.*   Please give me a dozen (of) rolls.

11. **(Mi) scusi (scusino, scusa, scusate),** excuse me, sorry
    Scusi, è Lei il signor Giobetti?   Excuse me. Are you Mr. Giobetti?

12. **Come sta (Lei)?** How are you?
    Come sta, signora Marini?   How are you, Mrs. Marini?
    Molto bene, grazie.   Very well, thank you.

EXPRESSIONS OF TIME

1. **Che ora è? Che ore sono?**
   What time is it?

2. **È l'una. Sono le due.**
   It's one o'clock. It's two o'clock.

3. **È mezzanotte.**
   It's midnight.

4. **È mezzogiorno.**
   It's noon.

5. **l'altro giorno,** the other day
   Non ho visto il tuo amico *l'altro giorno*.   I did not see your friend the other day.

6. **la settimana prossima (ventura),** next week
   La settimana ventura andremo in campagna.   Next week we will go to the country.

7. **la settimana scorsa (passata),** last week
   Sono partiti per Genova *la settimana*   They left for Genoa last week.
   scorsa.

8. **stamattina, stamane,** this morning
   A che ora sei partito *stamattina?*   At what time did you leave this morning?

9. **stasera,** this evening
   Stasera andremo al cinema.   This evening we'll go to the movies.

10. **tutti i giorni (ogni giorno),** every day
    Antonio ed io prendiamo lo stesso treno   Anthony and I take the same train every
    ogni giorno.   day.

11. **l'anno scorso (passato),** last year
    La bambina è nata *l'anno scorso.*   The baby was born last year.

12. **l'anno venturo (prossimo)**
    Dove passarete le vacanze *l'anno venturo?*   Where will you spend your vacation next
        year?

13. **una volta al giorno (alla settimana, al mese, all'anno),** once a day (week, month, year)
    Devo andare dal medico *una volta*   I must go to the doctor once (twice) a
    (due volte) al mese.   month.

14. **prima (di),** before
    Devo terminare questo lavoro *prima di*   I must finish this job before midnight.
    mezzanotte.

15. **dopo (di),** after
    Angela è arrivata all'albergo *dopo di* noi.   Angela arrived at the hotel after us.

16. **fra poco,** in a little while
    Il treno partirà *fra poco.*   The train will leave in a little while.

OTHER COMMON EXPRESSIONS

1. **ecco,** here is, here are
   Ecco la chiave che cerca.   Here is the key that you are looking for.

2. **eccolo(a), eccoli(e),** here it is, here they are
   Dov'è la valigia del signor Masi? *Eccola.*   Where is Mr. Masi's suitcase? Here it is.

3. **va bene,** all right, fine
   Tutto *va bene.*   Everything is fine.

4. **vicino (a)**, near

Il signor Rossi ha una villa *vicino a* Napoli.   Mr. Rossi has a villa near Naples.

5. **davanti (a)**, in front of

Tutti i giorni io passo *davanti a*lla sua casa.   I pass in front of her house every day.

6. **dietro (a)**, in back of

*Dietro a*lla stazione c'è una banca americana.   In back of the station there is an American bank.

7. **dirimpetto (a)**, opposite, facing

Luigi abita nell'edificio *dirimpetto a*lla chiesa.   Louis lives in the building opposite the church.

8. **c'è, ci sono**, there is, there are

C'è un signore che vuole parlare con Lei.   There is a gentleman who wishes to speak with you.

9. **vero?**, isn't it?, isn't it true?, isn't it so?

Oggi è una bella giornata, *vero?*   Today is a beautiful day, isn't it?

10. **a poco a poco**, little by little

Il nostro vicino *a poco a poco* ha riparato tutta la casa.   Little by little our neighbor repaired the whole house.

EXERCISES

A. Complete the sentences, using the Italian equivalent of the word in parentheses. Then translate the sentences into English:

1. (tonight)

Che farai _ _ _ _ _ _ _ _ _ _ _ _ _ _ _ _ _ _?

_ _

2. (next year)

Andrai in Italia _?

_ _

3. (Good morning)

_ _, signor Pierini. Come sta?

_ _

4. (Here is)

_ _ _ _ _ _ _ _ _ _ _ la tua giacca, Riccardo.

_ _

5. (isn't he)

Tuo padre è avvocato, _ _ _ _ _ _ _ _ _ _ _ ?

_____

6. (every day)

Vedo la zia Silvia _ .

_____

7. (Opposite)

_ biblioteca c'è un museo.

_____

8. (three times a week)

Vado alla lezione di musica _ .

_____

_____

9. (last week)

Non ha lavorato affatto _ .

_____

10. (before)

Sono arrivati _ _ _ _ _ _ _ _ _ _ _ _ _ _ noi.

_____

11. (There are)

_ _ _ _ _ _ _ _ _ _ _ _ molti bei fiori nel vostro giardino.

_____

12. (far from)

Abita Lei _ _ _ _ _ _ _ _ _ _ _ _ _ _ _ _ _ Sua sorella?

_____

13. (twice a day)

Dobbiamo farlo regolarmente _ .

_____

14. (the other day)

L'abbiamo comprato a buon mercato _ _ _ _ _ _ _ _ _ _ _ _ _ _ .

_____

15. (every day)

È importante fare i compiti _ .

_____

**The Leaning Tower and the cathedral
at Pisa.**

B. Match each Italian expression in column I with the corresponding English expression in column II.

<table>
<tr><td colspan="2">*Column* I</td><td colspan="2">*Column* II</td></tr>
<tr><td>____</td><td>1. prego</td><td>*a*.</td><td>little by little</td></tr>
<tr><td>____</td><td>2. con piacere</td><td>*b*.</td><td>please</td></tr>
<tr><td>____</td><td>3. fra poco</td><td>*c*.</td><td>here they are</td></tr>
<tr><td>____</td><td>4. a domani</td><td>*d*.</td><td>you're welcome</td></tr>
<tr><td>____</td><td>5. una volta al giorno -</td><td>*e*.</td><td>all right</td></tr>
<tr><td></td><td></td><td>*f*.</td><td>see you tomorrow</td></tr>
<tr><td>____</td><td>6. permesso</td><td>*g*.</td><td>once a day</td></tr>
<tr><td>____</td><td>7. per favore</td><td>*h*.</td><td>with pleasure</td></tr>
<tr><td></td><td></td><td>*i*.</td><td>tonight</td></tr>
<tr><td>____</td><td>8. eccoli</td><td>*j*.</td><td>excuse me, may I?</td></tr>
<tr><td>____</td><td>9. va bene</td><td>*k*.</td><td>the other day</td></tr>
<tr><td></td><td></td><td>*l*.</td><td>last year</td></tr>
<tr><td>____</td><td>10. a poco a poco</td><td>*m*.</td><td>in a little while</td></tr>
</table>

C. Write the Italian expression that is appropriate in each situation:

1. You excuse yourself as you walk through a group of people. _____

_____

2. Someone says to you, "Tante grazie." _____

_____

3. You say good-bye to your friend and tell him you will see him on Thursday. _____

_____

4. You greet someone in the evening and ask how he is feeling. _____

_____

5. You wish to reply that it's O.K. _____

_____

6. You want to find out whether what you have just said is correct. _____

_____

7. You meet your neighbor in the morning and you greet him. _____

_____

8. You leave the table to answer the phone. _____

_____

9. You express appreciation for a favor. _____

_____

10. The children are going to bed. What do they say to their parents? _____

_____

D. Answer in complete Italian sentences:

1. Andranno Loro al cinema più di una volta al mese?

_____

2. Imparate a parlare italiano a poco a poco?

_____

3. Lei gioca alla palla tutti i giorni?

_____

4. Frequenterà Lei questa scuola l'anno venturo?

_____

5. Andate a casa in autobus ogni giorno?

_____

6. Chi siede dietro a Lei nella classe d'italiano?

_____

7. Sei andato(a) in campagna l'anno scorso?

_____

8. Quante volte alla settimana va Lei alla lezione d'italiano?

_____

9. Abitano Loro lontano dalla scuola?

_____

10. Quante alunne ci sono nella Sua classe d'italiano quest'anno?

_____

7. Mastery Exercises

A. Complete the English sentences:

1. Fa troppo caldo qui, Giulia?

   _____ here, Julia?

2. Le bambine hanno paura del gatto.

   The children _____ cat.

3. Ha scritto Loro di nuovo?

   Did he write _____ ?

4. Io sto molto bene, ma mia madre sta male.

   _____, but my mother is ill.

5. Lisa spera di ritornare di buon'ora.

   Lisa _____ return _____.

6. Ha detto una bugia, vero?

   He told a lie, _____ ?

7. Ci piace la campagna in primavera.

   _____ the country _____.

8. L'altro giorno sono andato dal dentista.

   _____ I went _____.

9. La loro casa è vicino al lago.

   Their house is _____ the lake.

10. Mia sorella ha comprato l'orologio a caro prezzo.

    My sister bought the watch _____.

11. C'è un monumento in mezzo alla piazza.

    There is a monument _____ square.

12. La nostra bottega è al pian terreno.

    Our shop is _____.

13. Ho imparato il dialogo a poco a poco.

    I learned the dialogue _____.

14. Non escono mai di notte.

    They _____ go out _____.

15. Elena l'ha cantato da capo.

    Helen sang it _____.

16. Andiamo a scuola a piedi tutti i giorni.

    We walk to school _____.

17. Il paziente ha cercato di parlare.

The patient _ speak.

18. Le ragazze devono partire fra poco.

The girls must leave _ .

19. D'ora in poi questo teatro sarà chiuso.

_ this theater will be closed.

20. Il museo non è aperto di notte.

The museum is not open _ .

B. Rewrite the sentences, using the opposite of the expressions in italics and making any other necessary changes. Then translate all the Italian sentences into English:

1. Buon *giorno*, signor Rossi. Come sta?

_ _

_ _

_ _

2. È quasi *mezzanotte*, vero?

_ _

_ _

_ _

3. Anna ha finito l'esame *prima* di me.

_ _

_ _

_ _

4. L'anno *scorso* ho visitato l'Italia.

_ _

_ _

_ _

5. Fa *cattivo* tempo oggi.

_ _

_ _

_ _

6. Tuo padre ha *ragione*.

_ _

_ _

_ _

7. Arrivano sempre *a tempo*.

----

8. Fa *caldo* in questa stanza.

----

9. La settimana *prossima* andremo al mare.

----

10. L'abbiamo venduto *a buon mercato*.

----

11. Parli *a bassa voce*, per piacere.

----

12. La bambina ha molto *freddo*.

----

13. D'ora in poi lavora *di notte*.

----

14. Il ristorante è *a destra*.

----

15. Il giardino è *davanti* alla casa.

C. Rewrite the sentences, giving an equivalent expression for the words in italics:

1. *Viaggeremo* in Italia quest'estate. _____

_____

2. Gli ho fatto *un piacere*. _____

_____

3. Le piace *passeggiare* di sera? _____

_____

4. È arrivata *in orario*. _____

_____

5. È partito *subito*. _____

_____

6. Lo vedremo l'anno *venturo*. _____

_____

7. L'anno *scorso* siamo andati in Europa. _____

_____

8. *Permesso*, signori. _____

_____

9. Mi dia il latte, *per piacere*. _____

_____

10. Li vediamo *tutti i giorni*. _____

_____

D. Underline the expression in parentheses that correctly completes each Italian sentence. Then rewrite the Italian sentence, using the correct expression:

1. It's cold in this house. (Fa, Ha, Fanno) freddo in questa casa.

_____

2. I always liked flowers. Sempre (mi è piaciuta, mi piacciono, mi sono piaciuti) i fiori.

_____

3. They are very thirsty. Hanno (molti, molto, molta) sete.

_____

4. We are going home soon. Andiamo (a, per, in) casa presto.

_____

5. She has breakfast early.

(Fa, Mangia, Ha) colazione di buon'ora.

----

6. They are taking a walk in the park.

(Fanno, Danno, Prendono) una passeggiata nel parco.

----

7. This evening we will go to the opera.

(Ieri sera, Ogni sera, Stasera) andremo all'opera.

----

8. They learned one song every day.

Hanno imparato una canzone (il giorno, ogni giorno, l'altro giorno).

----

9. Did you lock the door?

Hai chiuso la porta (a mano, a chiave, a destra)?

----

10. This time I'm right.

Questa volta ho (torto, vergogna, ragione).

E. Complete the Italian sentences:

1. We like the house and the garden.

_____ la casa e il giardino.

2. Rose asked a difficult question.

Rosa_____

_____ difficile.

3. The teacher is usually right.

Generalmente il professore _____ .

4. Do you have a headache this morning?

Lei_____ stamane?

5. They do not live near the stadium.

Essi non abitano _____ stadio.

6. The boy tried to run.

Il ragazzo _____ correre.

7. I saw him last week in the city.

L'ho visto _____

_____ in città.

8. We want to take a trip to Italy.

Vogliamo _____

_____ in Italia.

9. They are going by car.

Vanno _____ .

10. I'm not in school now.

Non sono _____ adesso.

F. Supply the missing word in each expression. Then translate the sentences into English:

1. Che tempo fa qui _____ inverno?

----

2. L'aereo è arrivato da Roma _____ orario.

----

3. Venga subito, _____ piacere.

----

4. Mi hai detto _____ chiamare mia madre.

5. Ho letto il poema _____ capo.

6. Chi ha insegnato loro _____ nuotare?

7. I miei genitori sono andati _____ chiesa.

8. Vuoi giocare _____ palla con noi?

9. Carlo è partito prima _____ te.

10. I miei nonni abitano lontano _____ noi.

G. Translate the following sentences into Italian:

1. How is the weather in the country? _____

2. Good evening, Mr. Russo. How are you? _____

3. When will your brother be sixteen? _____

4. Are you hungry, Pierina? When did you have lunch? _____

5. Why do you like to play tennis with him? _____

6. All right, Henry. Let's go home. _____

7. Where is my hat? Here it is on the chair. _____

8. Do you need these books, boys? _____

9. See you tomorrow, Mary. Good-bye. _____

10. Children, speak softly in the library, please. _____

Part IV. Vocabulary Study

1. Opposites: Group A*

l'**addizione** (f.), addition — la **sottrazione**, subtraction
alto, tall, high — **basso**, short, low
amare, to love — **odiare**, to hate
amaro, bitter — **dolce**, sweet
l'**amico**, friend — il **nemico**, enemy
andare, to go — **venire**, to come
aprire, to open — **chiudere**, to close
arrivare, to arrive — **partire**, to depart, leave
assente, absent — **presente**, present
bello, beautiful, handsome — **brutto**, ugly
bene, well — **male**, badly
buono, good — **cattivo**, bad
caldo, hot, warm — **freddo**, cold
caro, dear, expensive — **economico**, cheap
cominciare, to begin, start — { **finire**, to finish / **terminare**, to finish
comprare, to buy — **vendere**, to sell
con, with — **senza**, without
cotto, cooked — **crudo**, raw
dare, to give — **ricevere**, to receive
davanti, in front, before — **dietro**, in back, behind
dentro, within, inside — **fuori**, outside
destro, right — **sinistro**, left
difficile, difficult — **facile**, easy
diligente, industrious, diligent — **pigro**, lazy
dimenticare, to forget — **ricordare**, to remember
domandare, to ask — **rispondere**, to answer
dopo, after — **prima**, before
duro, hard — { **molle**, soft / **morbido**, soft
entrare, to enter, come in, go in — **uscire**, to go out, come out
l'**est** (m.), east — l'**ovest** (m.), west
l'**estate** (f.), summer — l'**inverno**, winter
felice, happy / **contento**, happy } — { **infelice**, unhappy / **triste**, sad
il **figlio**, son — la **figlia**, daughter

*A second group of opposites follows in Lesson 2.

la **fine,** end

forte, strong

il **fratello,** brother

garbato, polite, well-mannered

il **genero,** son-in-law

il **giorno,** day

grande, large

grasso, fat

imparare, to learn

il **principio,** beginning

debole, weak

la **sorella,** sister

sgarbato, rude

la **nuora,** daughter-in-law

la **notte,** night

piccolo, small

magro, thin

insegnare, to teach

EXERCISES

A. Underline the opposite of the italicized word:

1. *arrivare*	andare	salire	partire	venire
2. *bene*	male	cattivo	buono	meglio
3. *domandare*	pregare	rispondere	chiudere	chiamare
4. *con*	ultimo	dietro	sopra	senza
5. *bello*	carino	bruno	infelice	brutto
6. *dare*	ricevere	finire	parlare	ripetere
7. *forte*	triste	pigro	vero	debole
8. *felice*	triste	nero	caro	magro
9. *estate*	giorno	inverno	sera	fine
10. *duro*	difficile	grasso	cotto	molle

B. Match each word in column I with its antonym in column II:

	Column I	*Column* II
____	1. difficile	*a.* molle
____	2. fine	*b.* freddo
____	3. diligente	*c.* principio
____	4. basso	*d.* dolce
____	5. piccolo	*e.* male
		f. breve
____	6. caldo	*g.* facile
____	7. bene	*h.* dentro
		i. magro
____	8. grasso	*j.* pigro
____	9. fuori	*k.* cattivo
		l. alto
____	10. amaro	*m.* grande

C. Rewrite the sentences, substituting the opposite of the word in italics and making any necessary changes. Then translate all the Italian sentences into English:

1. Anna e Luisa sono *assenti* oggi.

_____

_____

_____

2. Olga non è così *grassa* come la sorella.

   ----

3. Oggi fa *bel* tempo. Domani farà *cattivo* tempo.

   ----

4. Tua cugina è arrivata al concerto *dopo* di me.

   ----

5. Quella signorina ha cantato molto *bene*.

   ----

6. Il senatore ha *finito* il discorso?

   ----

7. Pietro è più *grande* di suo fratello Marco.

   ----

8. Lo zio di Aldo è stato sempre un uomo *forte*.

   ----

9. Sono *usciti* Loro prima di mezzogiorno?

   ----

10. Perchè sono *partiti* insieme Roberto e Silvio?

    ----

11. Scrivi con la mano *destra*, Armando?

12. Quest'edificio è il più *alto* della città.

13. I nostri amici non hanno veduto *il principio* del film italiano.

14. Renata è andata al teatro *con* la sua compagna.

15. Non sappiamo perchè i nostri vicini hanno *comprato* la casa.

16. Il loro *figlio* minore suona bene il violino.

17. Questi problemi non sono *facili*.

18. L'estate scorsa i miei nonni hanno visitato *il genero* a Ravenna.

19. Carlo è andato *dentro*, ma la sorella è restata *fuori*.

  _____

  _____

  _____

20. Aiutami a *chiudere* le valigie, per favore.

  _____

  _____

  _____

D. Complete each of the following sentences by supplying the opposite of the word in italics and making any necessary changes. Then translate the sentences into English:

1. Roberto è troppo *grasso* e Paolo è troppo _____.

2. La tua minestra è *calda?* No, è molto _____.

3. La signora è *garbata*, ma suo marito è _____.

4. È meglio *dare* che _____.

5. Giacomo ha *venduto* la bicicletta e ha _____ una motocicletta.

6. Oggi tutti gli studenti sono *presenti.* Ieri tre studenti sono stati _____.

7. Elena è una ragazza *felice* ma suo fratello è molto _____.

8. Il signor Matteo porta una valigia nella mano *destra* ed una borsa nella mano _____.

9. La signora Baldini ci ha detto il racconto dal *principio* alla _____.

10. Lo spettacolo è *incominciato* alle due e è _____ alle cinque.

2. Opposites: Group B

largo, wide	**stretto**, narrow
leggero, light	**pesante**, heavy
lento, slow	**rapido**, fast
lontano, far	**vicino**, near
lungo, long	{ **corto**, short **breve**, brief
la **madre**, mother	il **padre**, father
malato, ill	**sano**, healthy
il **marito**, husband	la **moglie**, wife
la **mattina**, morning	{ il **pomeriggio**, afternoon la **sera**, evening
meno, less	**più**, more
la **mezzanotte**, midnight	il **mezzogiorno**, noon
la **moltiplicazione**, multiplication	la **divisione**, division
molto, much	**poco**, little
morire, to die	{ **nascere**, to be born **vivere**, to live
niente, nothing	**tutto**, everything
il **nonno**, grandfather	la **nonna**, grandmother
il **nord**, north	il **sud**, south
oggi, today	{ **ieri**, yesterday **domani**, tomorrow
ora, adesso, now	**poi, allora**, then
perdere, to lose	**trovare**, to find
piangere, to cry	**ridere**, to laugh
pieno, full	**vuoto**, empty
povero, poor	**ricco**, rich
presto, early	**tardi**, late
primo, first	**ultimo**, last, top (floor)
prossimo, next	**passato, (scorso)**, past
pulito, clean	**sporco, sudicio**, dirty
qui, qua, here	**lì, là**, there
il **ragazzo**, boy	la **ragazza**, girl
sopra, su, on, above	**sotto**, under, below
superiore, superior, upper	**inferiore**, inferior, lower
l'**uomo**, man	la **donna**, woman
vecchio, old	{ **giovane**, young **moderno**, modern **nuovo**, new
vero, true	**falso**, false
lo **zio**, uncle	la **zia**, aunt

EXERCISES

A. Underline the opposite of the word in italics:

1. *ridere*	cantare	piangere	piacere	perdere
2. *vecchio*	grasso	pulito	giovane	vero
3. *corto*	lento	sporco	presto	lungo
4. *povero*	milione	pesante	ricco	vuoto
5. *sopra*	sotto	sonno	senza	sano
6. *largo*	piccolo	stretto	poco	pieno
7. *pesante*	leggere	sinistro	leggero	lasciare
8. *malato*	sano	sono	magro	sudicio
9. *lontano*	triste	amaro	vicino	moderno
10. *ultimo*	uno	primo	superiore	inferiore

B. Match each word in column I with its antonym in column II:

	Column I		*Column* II
____	1. trovare	*a.*	falso
____	2. nuovo	*b.*	lungo
		c.	vecchio
____	3. moglie	*d.*	vuoto
____	4. lento	*e.*	lontano
		f.	meno
____	5. ricco	*g.*	niente
____	6. piangere	*h.*	presto
		i.	marito
____	7. corto	*j.*	ridere
____	8. vero	*k.*	rapido
		l.	perdere
____	9. vicino	*m.*	povero
____	10. tardi		

C. Rewrite the sentences, supplying the opposite of the word in italics and making all necessary changes. Then translate all the Italian sentences into English:

1. Siamo andati al *primo* ufficio a destra.

----

2. Certe ragazze *ridono* senza nessun motivo.

----

3. Perchè preferite il clima del *nord?*

----

4. Mio *zio* è partito *ieri* con la macchina *nuova.*

5. Il *nonno* di Carlo è *nato* in Italia.

6. Le scatole *sotto* la tavola sono *piene.*

7. Rita arriva sempre *presto* a scuola.

8. Questa valigia è *vuota* ma non è *leggera.*

9. Scusi signore, la biblioteca pubblica è *vicina?*

10. Il *primo* treno arriverà a *mezzogiorno.*

11. Il tappeto ed il pavimento sono *sporchi.*

12. Non ci è piaciuto *niente* alla festa.

----

13. Posso mettere il mio pacco *sulla* sedia?

----

14. Il *figlio* minore non è mai stato *sano*.

----

15. Abbiamo *perduto* del denaro ieri *sera*.

D. Complete the sentences by writing the opposite of the expression in italics. Then translate the sentences into English:

1. L'autobus è spesso *lento*, ma il treno è _____.

----

2. Enrico non è *povero;* è molto _____ .

----

3. Questi ragazzi giocano *qui* dalla *mattina* alla _____ .

----

4. Il mese *scorso* ho visitato Firenze. Il mese _____ visiterò Venezia.

----

5. Non mi piace il tempo *caldo*. Preferisco il tempo _____ .

----

6. Questo romanzo è interessante dal *principio* alla _____ .

----

7. Maria non è nè *bella* nè _____ .

----

8. Il mio amico abita al piano *superiore* ed io al piano _____ .

----

9. Non mi hanno detto nè *più* nè _____ .

_____

10. Il *marito* è italiano ma la _____ è francese.

_____

     E. Complete the Italian sentences:

1. That gentleman is not rich; in fact he is poor.

    Quel signore non è ricco; infatti è _____ .

2. Charlie, those shoes are dirty. Where are your clean shoes?

    Carletto, quelle scarpe sono _____ . Dove sono le tue scarpe

    _____ ?

3. Yesterday I went out early and I returned home late.

    Ieri sono uscito _____ e sono ritornato a casa _____ .

4. Mr. Roberti's new house is smaller than the old one.

    La casa _____ del signor Roberti è più _____ della

    _____ .

5. Her grandfather was born in Florence, but he died in Ravenna.

    Il suo _____ è _____ a Firenze, ma è _____ a Ravenna.

6. The new streets are wide, but the old streets are narrow.

    Le strade _____ sono _____ , ma le strade _____

    sono _____ .

7. Mrs. Lanza is seated on the right and her sister on the left.

    La signora Lanza è seduta _____ e sua sorella

    _____ .

8. The theater is not empty; in fact it is full.

    Il teatro non è _____ ; infatti è _____ .

9. Mary, please put the roses here and the carnations there.

    Maria, per piacere metti le rose _____ e i garofani _____ .

10. All persons, young and old, enjoy music.

    A tutti, _____ e _____ , piace la musica.

3. Synonyms

Synonyms	Meanings	Synonyms	Meanings
l'abito, il vestito	dress, suit	il maestro, il professore	teacher
gli abiti, i vestiti	clothes, suits	il magnetofono,	tape recorder
adesso, ora	now	il registratore	
l'aerogetto, l'aviogetto	jet, jet plane	(a nastro	
l'aeroplano, l'aereo	plane, airplane	magnetico)	
l'alunno, lo studente	pupil, student	mandare, spedire	to send
anche, pure	also, too	la montagna, il monte	mountain
la bottega, il negozio	shop, store	niente, nulla	nothing
la camera, la stanza	room	le nozze, lo sposalizio,	wedding
capire, comprendere	to understand	il matrimonio	
caro, costoso	dear, expensive	l'operaio, il lavoratore	workman
cominciare,	to start, begin	passato, scorso	past, last
incominciare		il piroscafo, la nave,	ship
contento, felice	happy, pleased	il vapore	
corto, breve	short, brief	poi, dopo	after, afterward, then
desiderare, volere	to want, wish (for)	presto, subito	quickly, right away,
il divano, il sofà	sofa		soon
la donna, la signora	lady, woman	qui, qua	here
il dono, il regalo	gift	rapido, veloce	fast, rapid
il dottore, il medico	doctor	lo sbaglio, l'errore (m.)	mistake, error
l'edificio, il palazzo	building	sentire, udire	to hear
la faccia, il viso	face	sporco, sudicio	dirty
il favore, il piacere	favor	soprabito, cappotto	overcoat, outer coat
finire, terminare	to finish	la strada, la via	street, road
garbato, cortese,	courteous, polite,	su, sopra	on, upon
gentile	kind	la testa, il capo	head
imparare, apprendere	to learn	venturo, prossimo	next (in time)
infelice, triste	unhappy, sad		

EXERCISES

A. Write a synonym for the italicized word, and make all necessary changes. Then translate each sentence into English:

1. Oggi Patrizia porta un *vestito* rosso. _____

_____

2. Correggete i vostri *errori* subito, ragazzi. _____

_____

3. Abbiamo un magnifico *maestro* quest'anno. _____

_____

4. Hanno *terminato* il lavoro nell'ufficio. _____

_____

5. Ho *mandato* il pacco all'avvocato stamane. -----------------------

6. Sono andati in *aereo* a Parigi? -----------------------

7. Non *capisco* il motivo di questa domanda. -----------------------

8. La sposa ha ricevuto dei *doni* molto belli. -----------------------

9. I cugini sono seduti sul *divano* nuovo. -----------------------

10. Mi devi fare un gran *piacere*, Gino. -----------------------

11. Sei andata dal *medico* ieri, Lisa? -----------------------

12. Il padre ha comprato un *magnetofono* per Maria. -----------------------

13. Ho bisogno di un *operaio* diligente. -----------------------

14. Non hai *udito* il campanello, Giovanni? -----------------------

15. Perchè sono così *sudicie* quelle *strade?* -----------------------

B. Match each word in column I with its synonym in column II:

	Column I		*Column* II
----	1. terminare	*a.*	contento
----	2. capo	*b.*	sbaglio
----	3. errore	*c.*	caro
----	4. felice	*d.*	desiderare
----	5. alunno	*e.*	apprendere
----	6. volere	*f.*	finire
----	7. costoso	*g.*	poi
----	8. imparare	*h.*	stanza
----	9. dopo	*i.*	studente
----	10. camera	*j.*	testa
		k.	cappotto
		l.	dono
		m.	piroscafo

C. Underline the two words in each group having nearly the same meaning:

1. soprabito	vestito	cappotto	cappello	divano
2. prossimo	venturo	caro	garbato	ultimo
3. viso	fame	vino	faccia	fine
4. vapore	piroscafo	magnetofono	soprabito	aerogetto
5. su	sotto	sopra	sud	soldo
6. imparare	insegnare	leggere	apprendere	comprare
7. regalo	dono	dopo	donna	regola
8. udire	volere	uscire	sentire	vedere
9. nulla	mai	niente	nemmeno	nessuno
10. bottega	bottiglia	negozio	nazione	nozze

D. Give two translations in Italian for each word. Include the definite article for each noun:

1. also ....

2. favor ....

3. now ....

4. after ....

5. to finish ....

6. to hear ....

7. to want ....

8. soon ....

9. store ....

10. expensive ....

E. Substitute one of the following words for its italicized synonym in each of the sentences below, and make all necessary changes. Then translate each sentence into English:

vapore	subito	prossimo	gentile	scorso
dono	via	aereo	capo	professore
sposalizio	finire	volere	alunno	signora

1. Sei andato alle *nozze* di Carlo e Maria?

   ....

   ....

2. La settimana *passata* siamo andati in campagna.

   ....

   ....

3. Il signor Russano è ancora il *maestro* di musica di Anna.

   ....

   ....

4. Mio cugino arriverà con il *piroscafo* da Genova domani.

_____

_____

5. Roberto, a che ora *termineranno* gli esami?

_____

_____

6. Il dottor Fante verrà *presto* all'ufficio.

_____

_____

7. Anche Marco ha ricevuto un *regalo* dagli *studenti*.

_____

_____

8. La signorina Montini è sempre molto *garbata*.

_____

_____

9. Quale di queste due borse *desidera* la *donna?*

_____

_____

10. Non ho visto nessuno per la *strada* ieri sera.

_____

_____

The Bay of Naples with Mt. Vesuvius in the background.

4. Topical Vocabulary: Personal Living

PARTS OF THE BODY

il **corpo**, body
la **testa**, head
la **faccia** }
il **viso** } face
i **capelli**, hair
l'**occhio** (gli **occhi**), eye(s)
la **fronte**, forehead
l'**orecchio** (gli **orecchi**), ear(s)
il **naso**, nose
il **mento**, chin

la **guancia**, cheek
il **collo**, neck
la **bocca**, mouth
il **labbro** (le **labbra**), lip(s)
la **lingua**, tongue
il **dente**, tooth
il **petto**, chest
il **braccio** (le **braccia**), arm(s)
la **mano** (le **mani**), hand(s)
il **dito** (le **dita**), finger(s)

la **gamba**, leg
il **ginocchio** (le **ginocchia**), knee(s)
il **piede**, foot
la **schiena** }
il **dorso** } back
la **spalla**, shoulder
il **sangue**, blood
il **cuore**, heart

COLORS

il **colore**, color
azzurro, blue
bianco, white
celeste, sky-blue

grigio, gray
nero, black
giallo, yellow
marrone, brown

rosa, pink
rosso, red
verde, green
viola, violet, purple

CLOTHING

il **vestiario**, clothing
il **cappello**, hat
la **camicia**, shirt
la **cravatta**, tie
la **giacca**, jacket
i **calzoni** }
i **pantaloni** } trousers
il **calzino**, sock
il **fazzoletto**, handkerchief
l'**ombrello**, umbrella

l'**abito** }
il **vestito** } suit, dress
la **veste**, dress
la **borsa** }
la **borsetta** } purse, handbag
la **scarpa**, shoe
la **camicetta**, blouse
la **gonna**, skirt
la **tasca**, pocket
l'**orologio**, watch

l'**impermeabile** (*m*.), raincoat
il **soprabito**, overcoat
lo **stivale**, boot
il **guanto**, glove
il **cotone**, cotton
il **cuoio**, leather
la **lana**, wool
il **nailon**, nylon
la **seta**, silk

OCCUPATIONS

il **mestiere**, trade, business
la **professione**, profession
il **lavoro**, work
l'**avvocato**, lawyer
l'**attore**, actor
l'**attrice**, actress
il **banchiere**, banker
il **barbiere**, barber
il **calzolaio**, cobbler
il **cameriere**, waiter
il **commesso**, salesman
il **contadino**, farmer
il **dentista**, dentist

il **dottore** }
il **medico** } doctor, physician
l'**elettricista**, electrician
il **falegname**, carpenter
il **farmacista**, pharmacist
il **giornalista**, journalist
l'**infermiera**, nurse
l'**ingegnere**, engineer
il **maestro** (la **maestra**),
  teacher
il **professore** (la **professoressa**),
  teacher, professor

il **macellaio**, butcher
il **musicista**, musician
il **negoziante**, merchant,
  storekeeper
l'**operaio**, workman
il **panettiere**, baker
il **poliziotto**, policeman
il **pilota**, pilot
il **sarto**, tailor
la **sarta**, dressmaker
il **soldato**, soldier

EXERCISES

A. Underline the word that does not belong in each group:

1. il cuore, il colletto, il collo, le spalle
2. i capelli, il cappello, i calzini, le camicie
3. bianco, seta, azzurro, verde
4. il panettiere, il musicista, l'impermeabile, l'elettricista
5. il cameriere, il fazzoletto, il vestito, il guanto
6. la giacca, la cravatta, la gamba, la tasca
7. le spalle, le braccia, gli occhi, il cuoio
8. nero, naso, grigio, rosso
9. il falegname, il commesso, il fazzoletto, il sarto
10. la borsetta, il contadino, l'infermiera, l'ingegnere

B. If the statement is true, write **vero**. If it is false, write **falso** and correct it by changing the italicized words. Then translate the sentence into English:

1. *Il dorso* è una parte del corpo umano.

   ----

2. *Il fazzoletto* è una frutta saporita.

   ----

3. Parliamo con *la bocca* e sentiamo con *gli orecchi*.

   ----

4. Generalmente, portiamo il cappello *ai piedi*.

   ----

5. Le banane sono *nere* e le mele sono *bianche*.

   ----

6. Piove molto. Devo portare *l'impermeabile*.

   ----

7. *Gli occhi* ci servono per udire.

   ----

8. Sono andato dal *panettiere* per un taglio di capelli.

   ----

9. Ho comprato della carne dal *macellaio*.

_____

_____

10. Portiamo *il soprabito* quando fa freddo.

_____

_____

C. Underline the word or phrase that best completes the meaning of each sentence. Then translate the sentences into English:

1. La mano ha cinque (dita, occhi, denti, piedi). _____

_____

2. Per comprare del pane, vado dal (sarto, medico, calzolaio, panettiere). _____

_____

3. Tu hai i capelli troppo lunghi. Perchè non vai dal (macellaio, barbiere, falegname,

banchiere? _____

_____

4. I denti e la lingua sono (nel collo, nella bocca, nelle spalle, sulla fronte). _____

_____

5. Il piede è legato alla (gamba, bocca, testa, faccia). _____

_____

6. Il farmacista vende (scarpe, medicine, fiori, legumi). _____

_____

7. Quando piove porto (una cravatta, un fazzoletto, un ombrello, un'orologio). _____

_____

8. Il cielo è (bianco, rosa, celeste, giallo) generalmente. _____

_____

9. Usiamo le (dita, gambe, braccia, spalle) per camminare. _____

_____

10. Quando stiamo male chiamiamo (il medico, l'avvocato, il calzolaio, il professore). _____

_____

D. Complete the sentences in Italian:

1. Tre persone che lavorano all'aperto sono _____

_____.

2. Tre persone che vendono cibo sono _____

_____.

3. Tre persone che lavorano in un ufficio sono --

--- .

4. Tre parti del corpo umano sono --

--- .

5. Tre parti della faccia sono ---

--- .

6. Tre parti della bocca sono --

--- .

7. Tre cose che una persona può portare quando fa freddo sono -----------------------

--- .

8. Tre cose che portiamo ai piedi sono ---

--- .

9. I tre colori della bandiera americana sono ---

--- .

10. I tre colori della bandiera italiana sono --

--- .

5. Topical Vocabulary: Family and Home

FAMILY

la **famiglia**, family
il **padre**, father
il **babbo**, dad
la **madre**, mother
la **mamma**, mom, mamma
il **figlio**, son
la **figlia**, daughter
il **fratello**, brother
la **sorella**, sister
il **cugino**, cousin (male)
la **cugina**, cousin (female)
il **marito**, husband

la **moglie** (le **mogli**), wife (wives)
il **genitore** (la **genitrice**), parent
i **genitori**, parents
il **parente** (la **parente**), relative
i **parenti** (le **parenti**), relatives
il **bambino**, baby boy, little boy
la **bambina**, baby girl, little girl
il **nonno**, grandfather
la **nonna**, grandmother
i **nonni**, grandparents
lo **zio**, uncle

la **zia**, aunt
il **suocero**, father-in-law
la **suocera**, mother-in-law
il **genero**, son-in-law
la **nuora**, daughter-in-law
il **cognato**, brother-in-law
la **cognata**, sister-in-law
il **nipote**, nephew, grandson
la **nipote**, niece, granddaughter
l'**uomo** (gli **uomini**), man (men)
la **donna**, woman, lady

HOME

l'**appartamento**, apartment
la **casa**, house
il **salotto**, living room
la **sala da pranzo**, dining room
la **camera da letto**, bedroom
la **stanza da bagno**, bathroom
la **cucina**, kitchen
la **stanza** } room
la **camera** }

il **tetto**, roof
il **soffitto**, ceiling
il **piano**, floor (story)
il **pavimento**, floor (of a room)
la **porta** } door
l'**uscio** }
la **finestra**, window
il **calorifero** } radiator
il **termosifone** }

la **chiave**, key
le **scale**, stairs
il **giardino**, garden
il **muro**, wall (outside wall)
la **parete**, wall (inside wall)
l'**ascensore** (*m.*), elevator
l'**autorimessa**, garage

FURNISHINGS

i **mobili**, furniture
la **tavola**, table
la **sedia**, chair
la **poltrona**, armchair
il **divano** } sofa
il **sofà** }
lo **scaffale**, bookshelf, bookcase
il **tappeto**, carpet, rug

il **piano** } piano
il **pianoforte** }
la **tendina**, curtain
il **letto**, bed
la **credenza**, sideboard
il **cassettone**, chest of drawers
la **lampada**, lamp
il **quadro**, picture

lo **specchio**, mirror
l'**orologio**, clock
il **frigorifero**, refrigerator
la **cucina a gas**, il **fornello a gas**, gas range
la **radio**, radio
il **telefono**, telephone
il **televisore**, television set

MEALS

il **pasto**, meal
la **(prima) colazione**, breakfast
la **(seconda) colazione**, lunch

il **pranzo**, dinner
la **cena**, supper

la **merenda** } snack
lo **spuntino** }
il **picnic**, picnic

il **piatto**, plate
il **bicchiere**, glass
la **tazza**, cup
la **forchetta**, fork
il **coltello**, knife

il **cucchiaio**, tablespoon
il **cucchiaino**, teaspoon
il **piattino**, saucer
la **tovaglia**, tablecloth
il **tovagliolo**, napkin

il **vassoio**, tray
la **pepaiola**, pepper shaker
la **saliera**, salt shaker
la **bottiglia**, bottle
la **zuccheriera**, sugar bowl

FOODS

il **cibo**, food	l'**olio**, oil	l'**acqua**, water
il **pane**, bread	l'**aceto**, vinegar	il **latte**, milk
il **panino**, roll	il **contorno**, side dish	il **tè**, tea
il **burro**, butter	il **dolce**, dessert	l'**insalata**, salad
la **carne**, meat	la **torta**, cake	il **gelato**, ice cream
l'**uovo** (le **uova**), egg(s)	il **sale**, salt	la **minestra**, soup
la **verdura** } vegetables	il **pepe**, pepper	gli **spaghetti**, spaghetti
gli **ortaggi** }	il **formaggio**, cheese	i **maccheroni**, macaroni
le **patate**, potatoes	lo **zucchero**, sugar	il **vino**, wine
i **piselli**, peas	la **frutta**, fruit	il **caffè**, coffee
il **pesce**, fish	la **bevanda**, beverage	la **panna**, cream

EXERCISES

A. Underline the word that does not belong in each group:

1. tetto, coltello, pavimento, scale, parete
2. olio, aceto, sale, salotto, pepe
3. figlio, giardino, calorifero, chiave, soffitto
4. uomo, marito, donna, cucina, nuora
5. pranzo, cugina, nipote, nonno, moglie
6. merenda, cena, specchio, pasto, colazione
7. tovaglia, tappeto, bicchiere, cucchiaio, tazza
8. dolce, famiglia, gelato, torta, frutta
9. babbo, autorimessa, ascensore, soffitto, muro
10. sedia, uscio, credenza, lampada, poltrona

B. If the statement is true, write **vero**. If it is false, write **falso** and correct it by changing the italicized words. Then translate the sentence into English:

1. Generalmente mangiamo i pasti *nell'ascensore.*

   ----

2. Il latte e l'acqua sono delle *bevande.*

   ----

3. La sorella di mio padre è mia *cognata.*

   ----

4. Mettiamo il burro sul pane con un *cucchiaino.*

   ----

5. Dobbiamo mettere la carne nel *calorifero*.

    ----

6. Serviamo il caffè in una *pepaiola*.

    ----

7. Il divano e la credenza sono dei *cibi*.

    ----

8. Nel caffè generalmente metto del *sale*.

    ----

9. Mia madre prepara i pasti *in cucina*.

    ----

10. Mangiamo *la torta* alla fine del pranzo.

C. Underline the word or phrase that best completes the meaning of each sentence. Then translate the sentences into English:

1. La patata è (un dolce, una bevanda, un ortaggio). ------------------------

    ----

2. Quando mangio metto (dello zucchero, dell'aceto, del sale) sulla carne. ------------

    ----

3. Apriamo la porta con (la lampada, la forchetta, la chiave). ------------------

    ----

4. Il fratello di mia madre è mio (cugino, zio, nonno). ------------------------

    ----

5. Taglio la carne con (un coltello, un cucchiaio, un vassoio). ------------------

    ----

6. Mi lavo la faccia (nel salotto, nella stanza da bagno, nella camera da letto). -----------

    ----

7. Per andare al decimo piano prendo (l'ascensore, l'autorimessa, il cassettone). -----------

    ----

8. Alle otto del mattino mangio (la cena, la seconda colazione, la prima colazione). _ _ _ _ _ _ _ _

_ _

9. Ci guardiamo in (una lampada, uno specchio, una tendina). _

_ _

10. Prendo il caffè in (una tazza, un piatto, una saliera). _

_ _

D. Complete each sentence in Italian:

1. Tre cose che usiamo per bere le bevande sono _

_ .

2. Tre mobili che vediamo nel salotto sono _

_ .

3. Tre parenti che abitano in casa mia sono _

_ .

4. Tre condimenti che mettiamo nell'insalata sono _

_ .

5. Tre bevande che serviamo fredde sono _

_ .

6. Tre cibi che non contengono zucchero sono _

_ .

7. Tre mobili dove mi posso sedere sono _

_ .

8. Tre oggetti di metallo che usiamo per mangiare sono _

_ .

9. Tre pasti principali sono _

_ .

10. Tre cibi che gli animali ci danno sono _

_ .

E. Answer in complete Italian sentences:

1. A che ora fate la seconda colazione?

_ _

2. Generalmente che cosa mette Lei nell'insalata?

_ _

3. Cosa preferisce bere quando Lei ha sete?

_ _

4. Quante stanze ci sono nella vostra casa?

----

5. Quanti parenti ha Lei in Italia?

----

6. Chi suona il pianoforte nella Sua famiglia?

----

7. Le piace il formaggio sugli spaghetti?

----

8. Quali cibi mettete nel frigorifero?

----

9. Dove mettiamo l'automobile per la notte?

----

10. In quale stanza guarda Lei la televisione?

A partial view of the Cathedral of St. Mark in Venice.

6. Topical Vocabulary: School, Classroom, and Studies

SCHOOL

l'**altoparlante**, loudspeaker
l'**armadietto**, locker
la **bandiera**, flag
la **biblioteca**, library
il **campanello**, bell
il **cortile**, courtyard

il **direttore**
la **direttrice** } principal
il **preside**
il **giradischi**, record player
l'**orario**, schedule
la **palestra**, gymnasium

il **registratore**, tape recorder
la **scuola**, school
il **telefono**, telephone
il **televisore**, television set
l'**ufficio**, office

CLASSROOM

l'**aula**, classroom
l'**alunno(a)**, pupil
lo **studente**
la **studentessa** } student
il **banco**, (student's) desk
la **carta geografica**, map
il **cestino**, wastebasket
la **cimosa**, (blackboard)
   eraser

la **classe**, class
la **finestra**, window
il **gesso**, chalk
il **guardaroba**, closet,
   wardrobe
l'**inchiostro**, ink
la **lavagna**, blackboard
il **maestro**
la **maestra** } teacher

l'**orologio**, clock
la **porta**, door
il **professore**
la **professoressa** } teacher
il **ragazzo**, boy
la **ragazza**, girl
la **scrivania**, (teacher's) desk
la **sedia**, chair

STUDIES

cancellare, to erase
il **capitolo**, chapter
la **carta**, paper
il **compito**, homework
la **domanda**, question
domandare, to ask
l'**errore**
lo **sbaglio** } error
l'**esame** (*m.*), examination,
   test
l'**esercizio**, exercise
la **frase**, sentence
la **gomma**, eraser

imparare, to learn
imparare a memoria,
   to memorize
insegnare, to teach
il **lavoro**, work
leggere, to read
la **lettura**, reading
la **lezione**, lesson
il **libro**, book
la **matita**, pencil
la **pagella**, report card
la **pagina**, page
la **parola**, word

la **penna stilografica**, fountain
   pen
la **penna a sfera**, ballpoint pen
il **problema**, problem
il **quaderno**, notebook
la **regola**, rule, principle
la **riga**, ruler
rispondere, to answer
la **risposta**, answer
scrivere, to write
spiegare, to explain
studiare, to study
il **voto**, mark, grade

EXERCISES

A. Underline the word that does not belong in each group:

1. la scrivania, la sedia, la cimosa, il banco
2. il televisore, il gesso, il registratore, il giradischi
3. il direttore, l'altoparlante, la maestra, il professore
4. l'aula, la penna, il gesso, la matita
5. il quaderno, la pagina, il capitolo, la gomma
6. l'esercizio, la lezione, l'inchiostro, il compito
7. la porta, la finestra, il guardaroba, la riga

8. la parola, il lavoro, la frase, il vocabolario
9. la domanda, l'esercizio, la risposta, il cestino
10. la pagella, il campanello, l'altoparlante, il telefono

B. If the statement is true, write **vero**. If it is false, write **falso** and correct it by changing the italicized words. Then translate the sentence into English:

1. Scriviamo sempre sulla lavagna con *la matita.*

----

2. Ci piace giocare alla palla *nella palestra.*

----

3. Quando fa caldo il professore apre *la scrivania.*

----

4. Gli alunni mettono i soprabiti *nella scrivania.*

----

5. Generalmente cancelliamo la lavagna con *la gomma.*

----

6. Per imparare è necessario fare *i compiti.*

----

7. Tutte le scuole hanno *un direttore o una direttrice.*

----

8. Il professore mette le sue cose *nell'armadietto.*

----

9. Scrivo le regole e gli esercizi *nel mio quaderno.*

----

10. Per sapere dov'è l'Italia guardo *la carta geografica.*

C. Underline the word or phrase in parentheses that best completes the meaning of the sentence. Then translate the sentence into English:

1. Alla fine della lezione suona sempre (il cortile, il campanello, la bandiera, il piano). _ _ _ _ _ _

   _

2. Quando voglio sapere che ora è guardo (la cimosa, il cestino, lo sbaglio, l'orologio). _ _ _ _ _ _

   _

3. Tutti i libri hanno (problemi, pagine, risposte, carte geografiche). _ _ _ _ _ _ _ _ _ _ _ _ _ _ _

   _

4. Per parlare più forte usiamo spesso (il telefono, l'altoparlante, il magnetofono, il campanello).

   _

   _

5. In classe gli alunni hanno scritto gli esercizi (sulla sedia, sui banchi, sulla lavagna, sulla

   scrivania). _

   _

6. Giochiamo a pallacanestro e facciamo ginnastica (nell'ufficio, nella biblioteca, nella palestra,

   nel guardaroba). _

   _

7. Quando faccio un errore lo posso cancellare subito con (la frase, la gomma, la riga, il gesso).

   _

   _

8. Il professore scriverà i voti sulle nostre (pagelle, penne, regole, cortili). _ _ _ _ _ _ _ _ _ _ _ _ _ _

   _

9. Per sapere dov'è la prossima lezione guardo il mio (orologio, vocabolario, magnetofono,

   orario). _

   _

10. Gli alunni vanno alla biblioteca per (giocare, fare colazione, studiare, cancellare). _ _ _ _ _ _ _ _

    _

D. Answer in complete Italian sentences:

1. Fate i compiti a scuola o in biblioteca?

   _

2. Studia Lei le regole della grammatica italiana quest'anno?

   _

3. Fa Lei molti sbagli negli esercizi italiani?

   _

4. A che pagina è quest'esercizio?

   ----

5. Chi è il direttore (la direttrice) della vostra scuola?

   ----

6. Ha la Sua scuola un televisore a colori?

   ----

7. Quanti banchi ci sono nell'aula d'italiano?

   ----

8. Usate il registratore nella classe d'italiano?

   ----

9. A quale piano è l'aula d'italiano?

   ----

10. Quanti registratori avete? Quanti televisori?

   ----

7. Topical Vocabulary: Local and World Communities

LOCAL COMMUNITY

la **città**, city
il **paese**, town, country (nation)
il **villaggio**, village
il **grattacielo**, skyscraper
il **marciapiede**, sidewalk
la **strada**, la **via**, street, road
il **chiasso**, noise
l'**edificio**, building
la **casa**, house
la **chiesa**, church
la **cattedrale**, cathedral
la **sinagoga**, synagogue
l'**ospedale** (*m.*), hospital
il **ristorante**, restaurant
il **caffè**, il **bar**, café
la **piazza**, square
l'**abitante**, inhabitant
il **sindaco**, mayor
la **polizia**, police
il **poliziotto**, policeman
il **vigile del fuoco**, fireman
la **banca**, bank
il **traffico**, traffic

l'**automobile** (*f.*), la **macchina**, car
l'**autobus** (*m.*), bus
la **bicicletta**, bicycle
il **tranvai**, il **tram**, streetcar
il **tassì**, taxi
la **metropolitana**, subway
il **piroscafo**, il **vapore**, steamship
l'**aeroporto**, airport
l'**aeroplano**, airplane, plane
l'**aerogetto**, l'**aviogetto**, jet plane
la **biblioteca**, library
il **museo**, museum
l'**albergo**, hotel
l'**ufficio postale**, post office
il **ponte**, bridge
il **parco**, park
la **macelleria**, butcher shop
la **panetteria**, bakery
il **negozio di generi alimentari**, grocery store

il **mercato**, market
il **supermercato**, supermarket
la **bottega**, shop, store
la **farmacia**, pharmacy
il **peso**, weight
il **grammo**, gram
il **chilo**, kilo (kilogram, 1,000 grams)
il **litro**, liter
il **metro**, meter
il **chilometro**, kilometer (1,000 meters)
il **denaro**, money
il **soldo**, penny
la **lira**, lira
il **dollaro**, dollar
il **paio** (le **paia**), pair(s)
la **dozzina**, dozen
la **mancia**, tip
la **valigia**, suitcase, valise
il **baule**, trunk
il **viaggio**, trip
il **viaggiare**, travel

RECREATION

lo **svago**
la **ricreazione** } recreation
la **festa**, holiday, festival, party
le **vacanze**, vacation
il **Natale**, Christmas
il **Capodanno**, New Year's Day
la **Pasqua**, Easter
l'**onomastico**, name day
il **compleanno**, birthday
l'**anniversario**, anniversary
il **dono**
il **regalo** } gift

il **cinema**, movies
il **teatro**, theater
l'**opera**, opera
il **balletto**, ballet
la **radio** (le **radio**), radio(s)
la **televisione**, television
il **televisore**, television set
il **disco**, record
la **musica**, music
il **concerto**, concert
la **canzone**, song
il **dramma**, drama, play

lo **sport** (gli **sport**), sport(s)
il **calcio**, soccer
il **pattinaggio**, skating
il **ballo**, dancing
il **nuoto**, swimming
la **pesca**, fishing
le **carte**, cards
il **tennis**, tennis
la **tribuna**, grandstand
lo **stadio**, stadium
la **partita**, game, match
il **gioco**, game, sport

WORLD COMMUNITY

l'**abitante**, inhabitant
la **bandiera**, flag

la **pace**, peace
la **guerra**, war

la **nazione**, nation
il **paese**, country (nation)

la **patria**, fatherland
il **regno**, kingdom
la **repubblica**, republic
il **continente**, continent
l'**Africa**, Africa
l'**America**, America
l'**Asia**, Asia
l'**Australia**, Australia
l'**Europa**, Europe
il **Canadà**, Canada

l'**Inghilterra**, England
l'**Italia**, Italy
la **Francia**, France
la **Germania**, Germany
l'**Argentina**, Argentina
il **Messico**, Mexico
la **Spagna**, Spain
la **Russia**, Russia
gli **Stati Uniti**, United States
gli **Africani**, Africans

gli **Asiatici**, Asians
gli **Australiani**, Australians
gli **Americani**, Americans
gli **Europei**, Europeans
i **Francesi**, French people
gli **Inglesi**, English people
gli **Italiani**, Italians
i **Tedeschi**, Germans
gli **Spagnoli**, Spaniards
i **Russi**, Russians

le **lingue**, languages
il **francese**, French language
l'**inglese**, English language
l'**italiano**, Italian language

il **tedesco**, German language
lo **spagnolo**, Spanish language
il **russo**, Russian language
la **stazione**, station

il **biglietto**, ticket
il **treno**, train
la **ferrovia**, railroad

EXERCISES

A. Underline the word that does not belong in each group:

1. la strada, la metropolitana, la mancia, la ferrovia
2. l'opera, il teatro, il cinema, il sindaco
3. gli Italiani, gli Stati Uniti, i Francesi, i Russi
4. il museo, l'albergo, l'ufficio postale, il tassì
5. la pesca, la pace, il calcio, il pattinaggio
6. il chiasso, il litro, il grammo, il paio
7. il soldo, il baule, la lira, il dollaro
8. la bicicletta, la bandiera, l'autobus, il treno
9. il grattacielo, l'onomastico, l'anniversario, il compleanno
10. la macelleria, il negozio, la farmacia, il marciapiede

B. If the statement is true, write **vero**. If it is false, write **falso** and correct it by changing the italicized words. Then translate the sentence into English:

1. La bandiera americana è rossa, bianca, e *verde*.

----

2. *Il nuoto* è uno sport popolare.

----

3. La Germania e la Francia sono in *Africa*.

----

4. In *Russia* la lingua ufficiale è il tedesco.

----

5. Per comprare della carne vado alla *macelleria.*

   ----

6. Ci sono *quindici* cose in una dozzina.

   ----

7. La festa di Capodanno è *il primo febbraio*.

   ----

8. *Negli Stati Uniti* la lingua ufficiale è l'italiano.

   ----

9. La Spagna è *una nazione indipendente*.

   ----

10. Dove c'è guerra non c'è mai *pace*.

C. Underline the word or phrase in parentheses that best completes each sentence. Then translate the sentence into English:

1. Il treno arriverà alla (metropolitana, biblioteca, stazione, biglietto) alle dieci. _ _ _ _ _ _ _ _ _ _

   ----

2. L'Empire State Building è un (grattacielo, ospedale, museo, parco) famoso. _ _ _ _ _ _ _ _ _ _

   ----

3. Per comprare dei francobolli andiamo (all'ospedale, al teatro, alla polizia, all'ufficio postale).

   ----

4. Chicago è (una strada, una nazione, una città, un villaggio). _ _ _ _ _ _ _ _ _ _ _ _ _

   ----

5. Per leggere dei libri andiamo in (bicicletta, città, biblioteca, chiesa). _ _ _ _ _ _ _ _ _ _ _

   ----

6. Per arrivare presto in Italia prendiamo (l'aereo, il piroscafo, il treno, il tranvai). _ _ _ _ _ _ _ _

   ----

7. Per comprare qualcosa in Italia usiamo (libbre, libri, dollari, lire). _ _ _ _ _ _ _ _ _ _ _ _

   ----

8. L'italiano e l'inglese sono (abitanti, lingue, paesi, strade). _

_ _

9. Nel Messico e nell'Argentina parlano (inglese, italiano, spagnolo, tedesco). _ _ _ _ _ _ _ _

_ _

10. Il calcio è (un peso, una festa, un ballo, uno sport) molto popolare in Italia. _ _ _ _ _ _ _

_ _

D. Complete each sentence in Italian. Then translate the sentence into English:

1. Per potere entrare in un teatro è necessario comprare un _.

_ _

_ _

2. La lingua ufficiale della Germania è _.

_ _

3. Ci sono molte statue e quadri in un _.

_ _

4. Pasqua e Natale sono delle _ religiose.

_ _

5. Per vedere un film andiamo al _.

_ _

6. Per comprare del pane vado alla _.

_ _

7. In un ristorante diamo la _ per il buon servizio.

_ _

8. Per prendere il treno è necessario andare alla _.

_ _

_ _

9. Il tennis e il nuoto sono degli _ preferiti.

_ _

10. In città camminiamo sul _.

_ _

E. Answer in complete Italian sentences:

1. In quali paesi parlano inglese?

_ _

_ _

2. In quale stagione è il Suo compleanno?

   ----

3. Qual è il vostro sport preferito?

   ----

4. Preferisce Lei ascoltare la radio o guardare la televisione?

   ----

5. In quale stagione è la festa di Natale?

   ----

6. È andato(a) mai al balletto Lei?

   ----

7. Quale festa è più comune in Italia, il compleanno o l'onomastico?

   ----

8. Vi piace la pesca?

   ----

9. Qual è il grattacielo più alto che Lei conosce?

   ----

10. Avete viaggiato mai in tranvai?

    ----

8. Topical Vocabulary: Our Environment

EARTH AND SKY

la **natura**, nature
il **mondo**, world
la **terra**, earth
l'**aria**, air
il **cielo**, sky
il **sole**, sun
la **luna**, moon
la **stella**, star
il **mare**, sea
l'**oceano**, ocean

il **deserto**, desert
la **campagna**, country
la **montagna**, mountain
il **fiume**, river
il **lago**, lake
il **bosco**, wood, forest
la **foresta**, forest
l'**isola**, island
la **spiaggia**, beach
il **campo**, field

la **pioggia**, rain
la **neve**, snow
il **ghiaccio**, ice
il **vento**, wind
il **tuono**, thunder
la **tempesta**, storm
il **tempo**, weather
la **nebbia**, fog
il **lampo**, il **fulmine**, lightning

ANIMALS

l'**animale** (*m.*), animal
l'**agnello**, lamb
il **cane**, dog
il **gatto**, cat
la **pecora**, sheep
l'**uccello**, bird

il **topo**, mouse
la **vacca**, cow
il **cavallo**, horse
la **mosca**, fly
il **gallo**, rooster
la **gallina**, chicken, hen

il **pesce**, fish
l'**asino**, donkey
l'**elefante** (*m.*), elephant
il **leone**, lion
la **tigre**, tiger
la **scimmia**, monkey, ape

FRUITS

la **frutta**, fruit
la **mela**, apple
la **pera**, pear
la **pesca**, peach
l'**arancia**, orange

il **limone**, lemon
la **ciliegia**, cherry
la **banana**, banana
l'**uva**, grape

il **melone**, melon
la **noce**, nut, walnut
l'**arachide** (*f.*), peanut
la **mandorla**, almond

FLOWERS AND PLANTS

il **fiore**, flower
la **margherita**, daisy
il **garofano**, carnation
la **violetta**, violet

la **rosa**, rose
il **giglio**, lily
il **tulipano**, tulip
il **geranio**, geranium

l'**albero**, tree
la **foglia**, leaf
l'**erba**, grass
la **pianta**, plant

MATERIALS

il **materiale**, material
il **mattone**, brick
il **legno**, wood
il **vetro**, glass
l'**acciaio**, steel
il **metallo**, metal
l'**argento**, silver

l'**oro**, gold
la **seta**, silk
la **lana**, wool
il **cotone**, cotton
il **carbone**, coal
la **pietra**, stone

il **ferro**, iron
il **piombo**, lead
il **cuoio**, leather
la **gomma**, il **caucciù**, rubber
la **plastica**, plastic
il **nailon**, nylon

TIME

il **tempo**, time	la **notte**, night	il **secolo**, century
il **momento**, moment	la **mattina**, morning	la **stagione**, season
il **secondo**, second	il **pomeriggio**, afternoon	**ieri**, yesterday
il **minuto**, minute	la **sera**, evening	**oggi**, today
l'**ora**, hour	la **settimana**, week	**domani**, tomorrow
il **giorno**, day	il **mese**, month	**dopodomani**, day after tomorrow
la **giornata**, day	l'**anno**, year	

EXERCISES

A. Underline the word that does not belong in each group:

1. cane, gatto, mare, vacca, agnello
2. montagna, lago, spiaggia, rosa, campo
3. sera, pietra, oro, seta, vetro
4. mosca, pera, pesca, ciliegia, arancia
5. minuto, ora, legno, secondo, secolo
6. settimana, giorno, mese, lana, anno
7. margherita, violetta, gallina, garofano, giglio
8. bosco, foresta, fiore, pesce, albero
9. leone, giglio, cavallo, asino, scimmia
10. sole, montagna, luna, stella, cielo

B. If the statement is true, write **vero**. If it is false, write **falso** and correct it by changing the italicized word(s):

1. Di notte ci sono molte stelle nel *cibo*. _____

   _____

2. Quando *fa bel tempo* portiamo l'impermeabile. _____

   _____

3. *Gli uccelli* generalmente sanno volare. _____

   _____

4. Non ci sono alberi in un *bosco*. _____

   _____

5. Ci sono *settanta* secondi in un minuto. _____

   _____

6. *Il leone* e *la tigre* sono animali domestici. _____

   _____

7. La mela e la pera sono *degli animali*. _____

   _____

8. *L'oro* e *l'argento* sono metalli preziosi. _____

   _____

9. *Il geranio* è un *fiore* rosso. _____

_____

10. Ci sono quattro *mesi* in un anno. _____

_____

C. Underline the word or phrase that best completes each sentence:

1. La primavera è (un giorno, una stagione, un mese).
2. Ci sono cento anni in (un mese, una settimana, un secolo).
3. (La gallina, Il gatto, La pecora) ci dà le uova.
4. Il più grande degli animali è (il leone, il cavallo, l'elefante).
5. Mettiamo (dell'olio, del carbone, del limone) nel tè.
6. (Il leone, Il cane, La vacca) ci dà il latte.
7. Ci sono ventiquattro (ore, secondi, settimane) in un giorno.
8. (L'acciaio, Il legno, Il cotone) è un metallo.
9. C'è molta acqua (nel campo, nel deserto, nel fiume).
10. La Sicilia è (un lago, un'isola, un bosco).

D. Complete each sentence in Italian:

1. Il giglio è un _____ molto bello.

2. La pesca è una _____ deliziosa.

3. Il cavallo è un _____ domestico.

4. _____ è un fiume americano.

5. _____ è un metallo giallo.

6. _____ è un animale che ci dà la lana.

7. Ci piace nuotare alla _____.

8. Ci sono trenta _____ nel mese di novembre.

9. _____ è un animale fedele.

10. Ci sono cento anni in un _____.

E. Complete each sentence in Italian:

1. Tre animali domestici sono _____

_____.

2. Tre metalli sono _____

_____.

3. Tre materiali sono _____

_____.

4. Tre fiori bianchi sono _____

_____.

5. Tre animali selvaggi sono _____

_____ .

6. Tre mesi senza la lettera "r" sono _____

_____ .

7. Tre parole che indicano un periodo di tempo più lungo di un giorno sono _____

_____ .

8. Tre cose che vediamo nel cielo sono _____

_____ .

9. Tre posti dove la gente passa le vacanze sono _____

_____ .

10. I primi tre mesi dell'anno sono _____

_____ .

F. Answer in complete Italian sentences:

1. Andrà la Sua famiglia al mare o in montagna?

_____

2. Dove vivono i pesci?

_____

3. Quante ore ci sono in un giorno?

_____

4. Quali fiori preferisce Lei?

_____

5. Ha Lei un gatto, un cane, o un uccello?

_____

6. Avete paura dei topi?

_____

7. Porta Lei un orologio d'oro o un anello d'argento?

_____

8. Quando andrà Lei alla spiaggia?

_____

9. I bicchieri sono di cuoio o di vetro?

_____

10. Mangia Lei spesso della frutta?

_____

9. Mastery Exercises

A. If the statement is true, write **vero**. If it is false, write **falso** and correct it by changing the italicized word(s):

1. Portiamo *il cappotto* in testa. _____

   _____

2. Andiamo spesso da New York a Roma in *treno*. _____

   _____

3. Ascoltiamo con *gli occhi* e vediamo con *i piedi*. _____

   _____

4. Le arachidi sono *animali domestici*. _____

   _____

5. Un elefante è più *grande* di un topo. _____

   _____

6. Il *marciapiede* è per le macchine. _____

   _____

7. Gennaio è *l'ultimo* mese dell'anno. _____

   _____

8. *Il cavallo* ci dà il latte. _____

   _____

9. Pranziamo generalmente *nell'armadietto*. _____

   _____

10. Le ciliegie generalmente sono *rosse*. _____

    _____

11. Quando piove portiamo *l'ombrello*. _____

    _____

12. Il naso e la bocca sono delle parti del *viso*. _____

    _____

13. La scimmia è *una pianta* molto interessante. _____

    _____

14. Viviamo oggi nel *ventesimo* secolo. _____

    _____

15. *L'estate* commincia in settembre e termina in dicembre. _____

    _____

B. Complete each sentence in Italian. Then translate the sentence into English:

1. Gli abitanti della Russia parlano _ _ _ _ _ _ _ _ _ _ _ _ _ _ .

_ _

2. Portiamo il cappotto quando _ _ _ _ _ _ _ _ _ _ _ _ _ _ _ _ _ _ .

_ _

3. Le neve è bianca e il carbone è _ _ _ _ _ _ _ _ _ _ _ .

_ _

4. Il barbiere mi taglia i _ _ _ _ _ _ _ _ _ _ _ _ _ _ _ _ .

_ _

5. Alla fine della lezione suona il _ .

_ _

6. I fratelli di mio padre sono i miei _ _ _ _ _ _ _ _ _ .

_ _

7. Vediamo con gli _ _ _ _ _ _ _ _ _ _ _ _ _ _ _ _ e udiamo con gli _ _ _ _ _ _ _ _ _ _ _ _ _ _ _ _ _ .

_ _

8. Quando ho mal di denti vado dal _ _ _ _ _ _ _ _ _ _ _ _ _ _ _ _ _ .

_ _

9. Per comprare della carne andiamo dal _ _ _ _ _ _ _ _ _ _ _ _ _ _ _ _ _ _ _ .

_ _

10. Quando voglio sapere che ora è guardo _ .

_ _

_ _

11. Facciamo il vino con _ _ _ _ _ _ _ _ _ _ _ _ _ _ ed il formaggio con _ _ _ _ _ _ _ _ _ _ _ _ _ _ _ _ _ _ .

_ _

12. Mia madre prepara i cibi in _ _ _ _ _ _ _ _ _ _ _ _ _ _ _ _ ogni giorno.

_ _

_ _

13. Alla lavagna scriviamo con _ _ _ _ _ _ _ _ _ _ _ _ _ _ e cancelliamo con _ _ _ _ _ _ _ _ _ _ _ _ _ _ _ _ _ .

_ _

_ _

14. L'Italia, la Francia, e la Spagna sono tre _ _ _ _ _ _ _ _ _ _ _ _ importanti.

_ _

15. Roma è la _ _ _ _ _ _ _ _ _ _ _ _ _ _ _ d'Italia.

_ _

Constantine the Great built this arch in Rome in A.D. 315 to commemorate a military victory.

C. Write the Italian nouns with the definite articles:

1. three common beverages _____

2. three articles used at meals _____

3. four pieces of furniture _____

4. four bodies of water _____

5. four materials used in clothing _____

6. four rooms of the house _____

7. four articles used in writing _____

8. five common colors _____

9. five favorite flowers _____

10. five popular fruits _____

11. five means of transportation -
   -

12. five buildings found in a city -
   -

13. five animals (domestic or wild) -
   -

14. five parts of the body -
   -

15. five articles of clothing -
   -

16. five members of the family -
   -

D. Write the correct Italian word. Include the definite article for each noun.

1. yesterday — domani, ieri, dopo, oggi, sera -
2. room — camera, gabinetto, soffitto, pavimento, cortile -
3. month — meno, mese, messa, settimana, mente -
4. steel — legno, oro, argento, acciaio, arancia -
5. fish — pesca, pera, pesce, pietra, piombo -
6. nothing — niente, neve, nuovo, nave, nord -
7. trip — villaggio, viaggio, valigia, vacanza, voto -
8. expensive — carta, troppo, vicino, caro, cotto -
9. to cry — piangere, piovere, ridere, piacere, mettere -
10. apple — male, melone, mela, mano, mosca -
11. clothing — vestito, vestiario, verdura, veste, vetro -
12. clean — sporco, pesante, sudicio, pulito, garbato -
13. summer — estate, inverno, stato, spiaggia, scaffale -
14. century — secondo, anno, secolo, cento, orario -
15. living room — cucina, salotto, soffitto, sala da pranzo, aula -
16. weak — dito, dono, debole, dente, dorso -
17. man — uovo, uomo, tuono, uccello, maestro -
18. chin — mare, meno, metro, mento, collo -

19. coat   cappotto, cappello, coltello, campanello, cotone   ---------------------------

20. desk   sedia, lavagna, scrivania, tavola, credenza   ---------------------------

21. eye   orecchio, olio, orologio, occhio, oro   ---------------------------

22. nose   naso, nave, bocca, nuora, nailon   ---------------------------

23. flag   bandiera, bicicletta, biblioteca, biglietto, banchiere   ---------------------------

24. heavy   leggero, pesante, facile, grasso, magro   ---------------------------

25. glass   vetro, pietra, legno, seta, neve   ---------------------------

26. cow   pecora, voce, vacca, vecchia, cuore   ---------------------------

27. meal   prato, pasto, peste, piatto, pioggia   ---------------------------

28. noise   chiave, chiesa, chiasso, cassa, chilo   ---------------------------

29. carpet   tappeto, terreno, topo, tovaglia, tulipano   ---------------------------

30. wall   mare, mese, vetro, muro, mandorla   ---------------------------

31. hen   gallo, gallina, mosca, cavallo, scimmia   ---------------------------

32. husband   marito, cognato, mercato, facchino, moglie   ---------------------------

33. roof   tutto, tanto, tuono, tetto, tasca   ---------------------------

34. egg   uovo, uomo, vuoto, tuono, uccello-   ---------------------------

35. ceiling   soldo, soffitto, tetto, stivale, schiena   ---------------------------

36. napkin   tovagliolo, tovaglia, tavola, tappeto   ---------------------------

37. iron   faccia, frase, fila, ferro, fiore   ---------------------------

38. chalk   mattone, pietra, carbone, gesso, piombo   ---------------------------

39. gloves   guanti, gonne, giacche, scarpe, stivali   ---------------------------

40. tailor   falegname, sarto, contadino, infermiera, panettiere   ---------------------------

E. Write the two words in each group that have similar meanings. Include the definite article with each noun:

1. ragazzo, alunno, amico, studente, vicino   ---------------------------

2. operaio, uomo, barbiere, medico, lavoratore   ---------------------------

3. cercare, volere, domandare, studiare, desiderare   ---------------------------

4. dopo, subito, adesso, oggi, ora   ---------------------------

5. stanco, contento, diligente, felice, pigro --

6. dono, divano, gesso, regalo, onomastico --

7. venturo, presente, passato, prossimo, vecchio --

8. sbaglio, risposta, errore, esercizio, lezione --

9. piacere, viaggio, spiaggia, favore, stazione --

10. maestro, musica, opera, professore, dottore --

F. Write the two words in each group that have opposite meanings. Include the definite article with each noun:

1. pace, terra, chiesa, guerra, casa --

2. aprire, alzarsi, dormire, ridere, chiudere --

3. forte, bello, brutto, piccolo, grasso --

4. vicino, amico, parente, abitante, nemico --

5. povero, grande, ricco, alto, vecchio --

6. sinistro, duro, felice, pulito, destro --

7. buono, intelligente, pigro, cattivo, basso --

8. forte, freddo, felici, caro, caldo --

9. dire, dare, vedere, ricevere, insegnare --

10. entrare, perdere, dimenticare, trovare, comprare --

11. venire, volere, vendere, capire, comprare --

12. giorno, estate, notte, settimana, domani --

13. con, su, dopo, per, senza --

14. piccolo, poco, lontano, tutto, vicino --

15. partire, uscire, viaggiare, finire, arrivare --

16. pulito, passato, inferiore, presente, vecchio --

17. niente, meno, sopra, tutto, nulla --

18. principe, fine, cielo, principio, addizione --

19. male, più, dentro, piano, bene --

20. sporco, pieno, garbato, vuoto, grasso --

Part V. Civilization

1. The Geography of Italy

Italy is an independent democratic republic (**Repubblica Italiana**) located in the southern part of central Europe. Because of its beautiful landscape, lovely towns, and art masterpieces, Italy is called "il bel paese."

Every year millions of visitors come to Italy from other countries to enjoy the climate and culture that make Italy a leading tourist center of Europe.

IMPORTANT FACTS

Shaped like a boot, the Italian peninsula forms a span across the Mediterranean Sea (**Mar Mediterraneo**) extending from Europe almost to Africa.

With an area of 302,388 square kilometers (116,303 square miles), Italy is approximately twice the size of Florida. The population of Italy is about 56½ million.

BOUNDARIES

1. *North:* from west to east, France (**la Francia**), Switzerland (**la Svizzera**), Austria (**l'Austria**), and Yugoslavia (**la Iugoslavia**)

2. *East:* Adriatic Sea (**Mare Adriatico**)

3. *West:* Ligurian Sea (**Mar Ligure**) and Tyrrhenian Sea (**Mar Tirreno**)

4. *South:* Ionian Sea (**Mare Ionio**) and Mediterranean Sea (**Mar Mediterraneo**)

MOUNTAINS

1. The Alps (**le Alpi**) form a natural boundary across northern Italy. The Alps shield Italy from the cold winds of the North, thus helping to make Italy's climate mild. The highest point, Mont Blanc (**Monte Bianco**) on the border of France and Italy, is 4,810 meters (15,771 feet) above sea level. Skiing and other winter sports are very popular in this area.

2. The Apennines (**gli Appennini**) form the "backbone" (**la spina dorsale**) of Italy. They extend down the entire length of the Italian peninsula.

VOLCANOES

1. Vesuvius (**Vesuvio**), 1,278 meters (4,190 feet) high, south of Naples, is the most famous volcano. One of its numerous eruptions buried the Roman cities of Pompeii and Herculaneum in A.D. 79.

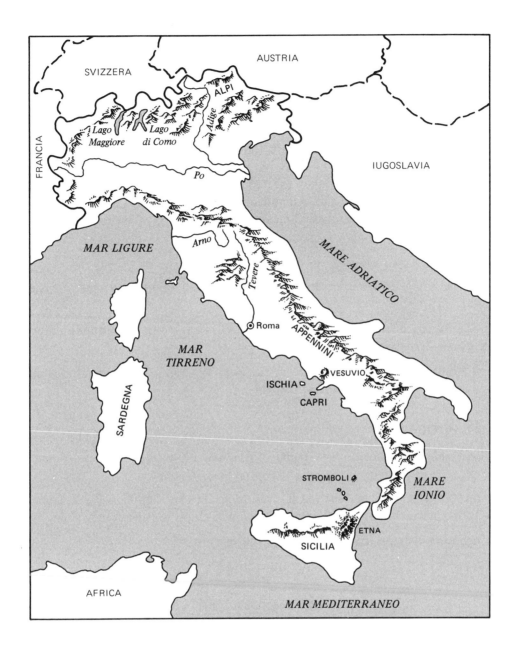

2. **Etna,** 3,325 meters (10,902 feet) high, in eastern Sicily, is the highest volcano in Europe.

3. **Stromboli,** 927 meters (3,038 feet) high, is on the island of Stromboli in the Tyrrhenian Sea.

RIVERS

1. The **Po** originates in the northwest and flows eastward into the Adriatic Sea. It is the longest Italian river and helps to irrigate the fertile Po Valley.

2. The **Adige** begins in the Tyrolean Mountains and flows south and then east parallel to the Po River into the Adriatic Sea, forming a common delta with the Po. The Adige is the second longest Italian river. It flows through Verona, the city of Romeo and Juliet.

3. The **Arno** flows westward through the cities of Florence and Pisa into the Ligurian Sea.

4. The Tiber (**il Tevere**) flows down central Italy and westward through Rome into the Tyrrhenian Sea.

LAKES

Italy is famous for its resorts on the beautiful Alpine lakes in the northern region of Lombardy. The most important of these lakes are **Garda** (the largest Italian lake), **Maggiore, Como, Lugano,** and **Iseo.**

Central Italy has a number of lakes located in the craters of ancient volcanoes. Among these lakes are **Bolsena, Vico, Bracciano, Albano,** and **Nemi.**

The region of Umbria has the fourth largest lake in Italy—**Lago Trasimeno.**

ISLANDS

1. Sicily (**Sicilia**), a large Mediterranean island shaped like a triangle, lies just off the toe of the Italian boot.

2. Sardinia (**Sardegna**) is also a Mediterranean island. It is a very mountainous region rich in livestock, particularly sheep.

3. **Capri** and **Ischia,** two small islands, are in the Bay of Naples. Capri is famous as a summer resort and for its Blue Grotto (**Grotta Azzurra**).

IMPORTANT PRODUCTS

1. *Agriculture:* almonds, cheese, figs, fruits, olives and olive oil, potatoes, tomatoes, wheat, wine

2. *Manufacturing:* automobiles, chemicals, clothing, electric appliances, leather products, machine tools, petroleum products, sewing machines, ships, textiles, typewriters

3. *Mining:* asbestos, bauxite, marble, mercury, sulfur, zinc

CLIMATE

Italy is generally called "Sunny Italy" because, except for its cool and rainy winters, the seasons are quite sunny. Summer is usually dry and warm.

EXERCISES

A. Identify the following lakes, rivers, and mountains by writing the corresponding number from the map on the facing page.

1. _____ il Po

2. _____ l'Arno

3. _____ l'Adige

4. _____ il Tevere

5. _____ il Lago di Como

6. _____ il Lago Maggiore

7. _____ l'Etna

8. _____ gli Appennini

9. _____ il Vesuvio

10. _____ le Alpi

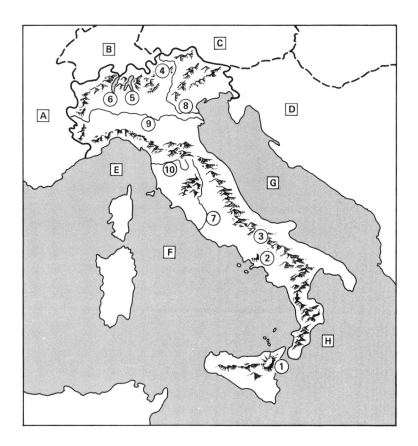

B. Identify Italy's borders by writing the corresponding letter from the map:

1. _ _ _ _ _ il Mar Ligure

2. _ _ _ _ _ l'Austria

3. _ _ _ _ _ la Francia

4. _ _ _ _ _ la Iugoslavia

5. _ _ _ _ _ la Svizzera

6. _ _ _ _ _ il Mare Ionio

7. _ _ _ _ _ il Mare Adriatico

8. _ _ _ _ _ il Mar Tirreno

C. Indicate whether each of the following is true or false by writing **vero** or **falso**:

1. Le Alpi formano una frontiera (*border*) naturale al nord d'Italia. _ _ _ _ _ _ _ _ _ _ _ _ _

2. Il Mare Ionio è al sud d'Italia. _ _ _ _ _ _ _ _ _ _ _ _

3. L'Italia ha meno di 50 milioni di abitanti. _ _ _ _ _ _ _ _ _ _ _ _

4. Il fiume più grande d'Italia è il Tevere. _ _ _ _ _ _ _ _ _ _ _ _

5. L'Etna è il vulcano più alto d'Italia. _ _ _ _ _ _ _ _ _ _ _ _ _

6. L'Italia ha un clima molto freddo. _ _ _ _ _ _ _ _ _ _ _ _

7. Le automobili sono uno dei prodotti principali d'Italia. _ _ _ _ _ _ _ _ _ _ _ _

8. Ischia è l'unica isola nella baia di Napoli. _ _ _ _ _ _ _ _ _ _ _ _

9. Gli Appennini sono chiamati "la spina dorsale" d'Italia. _ _ _ _ _ _ _ _ _ _ _ _

10. L'Italia è quasi due volte più grande della Florida. _ _ _ _ _ _ _ _ _ _ _ _

D. Answer in complete Italian sentences:

1. Dove si trova (*is*) l'Etna? _____

    _____

2. Durante quale stagione piove molto in Italia? _____

    _____

3. Che è l'Arno? _____

    _____

4. In che parte si trovano i laghi più famosi d'Italia? _____

    _____

5. Dov'è la Grotta Azzurra? _____

    _____

6. Come si chiama il fiume che passa per Roma? _____

    _____

7. Che forma ha la penisola italiana? _____

    _____

8. Quali sono tre prodotti agricoli italiani? _____

    _____

9. Dov'è il punto più alto d'Italia? _____

    _____

10. Quali sono alcuni vulcani d'Italia? _____

    _____

2. Rome

Rome, the capital of Italy, has been one of the outstanding cities in the world for more than 2,000 years. For that reason it is called "the Eternal City" **(la Città Eterna)**. Rome is one of the most historical and beautiful cities in the world. Its long history is reflected in its architecture, from ancient monuments and ruins to the most modern buildings.

As the capital of the mighty Roman Empire of antiquity, Rome ruled over the entire western world. Rome's influence over this vast geographic area can still be seen today in architecture, government, law, language, and engineering. As the seat of the popes, Rome also became the center of the Roman Catholic Church. The popes contributed greatly to the splendor of Rome by sponsoring great artists, who produced beautiful buildings and priceless works of art.

The wonders of Rome are admired by thousands of visitors who go there each year from every corner of the world to enjoy them. Here are some of the highlights of this great city.

MUSEUMS

1. The Vatican Museum **(il Museo Vaticano)** contains the finest collection of ancient relics and works of art ever to be gathered in one place.

2. The Vatican Palace **(il Palazzo Vaticano)** houses many of the world's greatest paintings and statues. They include masterpieces by artists such as Leonardo da Vinci, Michelangelo, and Raphael.

3. The Capitoline Museum **(il Museo Capitolino)** contains fine sculptures of ancient Rome.

4. The Borghese Gallery **(Galleria Borghese)** includes works by almost every master of the Renaissance.

5. The National Gallery of Modern Art **(la Galleria Nazionale d'Arte Moderna)** contains masterpieces dating from the 1800's to the present.

6. The National Museum of the Villa Giulia **(il Museo Nazionale di Villa Giulia)** has a splendid collection of art from central Italy dating from pre-Roman times.

CHURCHES

1. Saint Peter's Church **(la Basilica di San Pietro)** in Vatican City is the world's largest church. This magnificent structure is an outstanding example of Renaissance architecture. Bramante and Michelangelo were its chief designers.

2. Saint John in Lateran Church **(la Basilica di San Giovanni in Laterano)**. Its palace was once the residence of the popes.

3. Saint Paul's Outside the Walls **(la Basilica di San Paolo Fuori le Mura)** has interior dimensions second only to those of Saint Peter's. The brilliance of its marbles and mosaics as well as the elegance of its design makes it one of the most beautiful churches in Rome.

4. Saint Mary Major's Church **(la Basilica di Santa Maria Maggiore)**. It is believed that the ceiling of this church was decorated with the first gold to arrive from Peru.

5. The Church of Trinità dei Monti stands at the top of the Spanish Steps, where flower vendors' stands often add color to the scene.

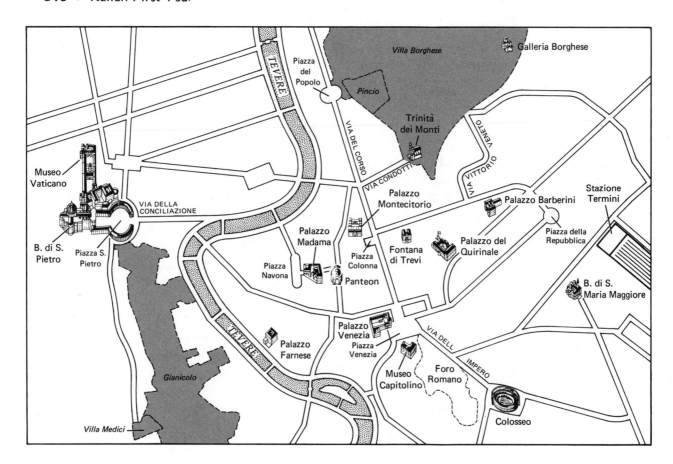

6. The Pantheon **(il Panteon),** originally a Roman temple, later a Christian church, is regarded as the best preserved of the ancient Roman buildings.

SQUARES

1. Saint Peter's Square **(Piazza San Pietro)** in Vatican City is enclosed by majestic colonnades by the sculptor Bernini. Large crowds gather here on special occasions to hear the Pope speak.

2. **Piazza Colonna** is located in the heart of Rome. It is the busiest place in the city.

3. **Piazza Venezia** is the geometric center of the city. Here are found the **Palazzo Venezia** (from which the one-time dictator Benito Mussolini used to address large crowds) and the imposing monument to Vittorio Emanuele II, first king of the united Italy.

4. **Piazza Navona** contains three beautiful fountains. During the Christmas season, the square is filled with people shopping for toys at the characteristic stands placed there for the occasion.

5. **Piazza del Popolo** is one of the most majestic and best designed of the Roman squares. Three major Roman streets converge there.

6. **Piazza dell'Esedra,** also called Piazza della Repubblica, is located on the site of the ancient Baths of Diocletian.

STREETS

1. **Via della Conciliazione** is a modern street designed to make the approach to Saint Peter's Square easier.

2. **Via del Corso** runs through Piazza Colonna, linking two other squares—Piazza del Popolo and Piazza Venezia.

3. **Via Vittorio Veneto,** the most elegant of Rome's streets, is lined with fashionable hotels, shops, and cafes frequented by celebrities.

4. **Via dell'Impero,** or **Via dei Fori Imperiali,** passes by the Colosseum.

5. **Via Condotti,** one of Rome's most picturesque streets, is the meetingplace for artists from all over the world.

PALACES

1. **Palazzo Venezia,** the former office of Benito Mussolini, is now an art museum.

2. **Palazzo Madama,** once owned by the powerful Medici family, is now the seat of the Italian Senate.

3. **Palazzo Montecitorio** once housed the pontifical tribunals. It is now the seat of the Italian Chamber of Deputies.

4. **Palazzo del Quirinale,** formerly the home of popes and kings, is now the official residence of the Italian president.

5. **Palazzo Barberini,** completed by Bernini, now houses the Galleria Nazionale.

6. **Palazzo Farnese,** one of the most beautiful examples of Renaissance architecture, was the work of Sangallo and Michelangelo.

PARKS

1. **Villa Borghese** is the largest park in Rome. It has a large zoo.

2. **Villa Ada** is the former home of Italian kings. Now many campers visit the site.

3. **Villa Gloria** is rich in pine trees. It was dedicated to Italy's war dead.

4. **Villa Medici** is one of the most charming of Roman parks.

St. Peter's Square and Basilica in Vatican City.

5. **Il Pincio** is a well-known park located on the hill of the same name. From there one can enjoy the panorama of the city as well as some of the most breathtaking sunsets.

6. **Villa Sciarra** on the Janiculum Hill **(Gianicolo)** has a famous fountain and many rare plants.

FOUNTAINS

1. **Fontana di Trevi** is Rome's most famous fountain. Tourists believe that by tossing a coin into its waters, they will someday return to Rome.

2. **Fontana dei Dioscuri** is located close to the Quirinale Palace.

3. **Fontana dell'Esedra,** in the Piazza della Repubblica, is decorated with bronze statues of the Naiads by the sculptor Rutelli.

4. **Fontana delle Tartarughe** is one of the most graceful fountains. It is the work of Giacomo Della Porta and Taddeo Landini.

5. **Fontana del Tritone** in Piazza Barberini is the work of Bernini.

OTHER LANDMARKS

1. **Accademia di Santa Cecilia,** a music school, is famous for its orchestra and chorus.

2. **Le Terme di Caracalla,** which are the ruins of ancient Roman baths, serve as the site for the summer opera season during July and August.

3. The University of Rome **(Città Universitaria)** was founded in 1303 by Pope Boniface VII. With a student body of about 90,000, it is the largest university in Italy.

4. The Colosseum **(il Colosseo)** is a great Roman amphitheater where ancient Romans watched gladiators battle each other or fight wild animals.

5. The Catacombs **(le Catacombe)** are underground passages and rooms used by early Christians as hiding places and burial places during persecutions.

6. The Roman Forum **(il Foro Romano)** was the center of Roman government. It includes the ruins of the Curia, or Senate House, the Arch of Triumph of Septimus Severus, the Temple of Saturn, and the Basilica Julia.

7. The Terminal Station **(la Stazione Termini)** is the largest and most beautiful railroad station in the world.

8. Leonardo da Vinci Airport **(l'Aeroporto Leonardo da Vinci)** at Fiumicino is a modern and well-designed facility that handles national and international air traffic.

EXERCISES

A. Identify the Roman landmark being described. Choose your answers from the names below:

Basilica di Santa Maria Maggiore	il Panteon
Palazzo Venezia	Via Vittorio Veneto
le Catacombe	Villa Borghese
Fontana di Trevi	le Terme di Caracalla
il Colosseo	la Galleria Borghese

1. the most fashionable street in Rome

   ----

2. an ancient amphitheater

   ----

3. the largest park in Rome

   ----

4. ancient temple later used as a Christian church

   ----

5. hiding place for early Christians

   ----

6. ancient baths used for the summer opera season

   ----

7. Its ceiling was decorated with gold from Peru.

   ----

8. Mussolini had his office there.

   ----

9. It houses a fine collection of Renaissance art.

   ----

10. favorite fountain among tourists

B. Complete the sentences in Italian:

1. Per la sua lunga storia, Roma è chiamata _____.

2. _____ è la chiesa più grande del mondo.

3. Il Palazzo _____ è un bel esempio di architettura rinascimentale.

4. Il colonnato di Piazza San Pietro è opera (*work*) di _____.

5. L'aeroporto di Roma si chiama _____

   _____.

6. _____ è la stazione ferroviaria più grande e più bella del mondo.

7. Le sede (*seat*) del Senato d'Italia è il Palazzo _____.

8. Lo zoo di Roma è in _____.

9. La Fontana del Tritone è opera di _____.

10. _____ è la residenza ufficiale del presidente della Repubblica Italiana.

C. Match each item in column I with its description in column II:

Column I	*Column* II
_ _ _ _ _ 1. il Foro Romano	*a.* the center of Roman government
_ _ _ _ _ 2. Trinità dei Monti	*b.* the center of Rome
	c. meetingplace for artists
_ _ _ _ _ 3. Piazza Venezia	*d.* marketplace for toys during the Christmas season
_ _ _ _ _ 4. Piazza Navona	*e.* built on the site of the ancient baths of Diocletian
	f. park on a hill overlooking Rome
_ _ _ _ _ 5. Piazza dell'Esedra	*g.* former home of Italian kings
_ _ _ _ _ 6. il Pincio	*h.* seat of Italian Chamber of Deputies
	i. surmounts the Spanish Steps
_ _ _ _ _ 7. Palazzo Montecitorio	*j.* famous for its opera and chorus
_ _ _ _ _ 8. Villa Ada	
_ _ _ _ _ 9. Accademia di Santa Cecilia	
_ _ _ _ 10. Via Condotti	

D. Answer in complete Italian sentences:

1. Come si chiama la stazione ferroviaria di Roma?

   _____

   _____

2. Dove, a Roma, possiamo ammirare dei capolavori di Michelangelo, Raffaello, e da Vinci?

   _____

   _____

3. D'estate, dove vanno i Romani a vedere delle opere?

   _____

   _____

4. Qual è la chiesa più grande dopo quella di San Pietro?

   _____

   _____

5. A Roma, dove possiamo vedere una collezione di antiche sculture romane?

   _____

   _____

3. Other Cities

The eight principal Italian cities in order of size are Rome, Milan, Naples, Turin, Genoa, Palermo, Florence, and Bologna.

PORTS

On the Tyrrhenian coast:

1. **Genoa (Genova)** is Italy's largest port. It provides the chief outlet to the western Mediterranean Sea for the products of the Po Valley and the industrial cities of Milan and Turin. Its industries include shipbuilding, steel refining, and food canning.

   Places of interest in Genoa:
   a. The house where Columbus was allegedly born still stands in Genoa.
   b. The beautiful cemetery of Staglieno is where Mazzini is buried.
   c. The monument of Columbus is in the Piazza Acquaverde.

2. **Leghorn (Livorno),** Italy's third largest seaport, lies on the coast of the Ligurian Sea. It is the seat of the Italian Naval Academy.

3. **Naples (Napoli),** one of Italy's busiest ports, lies on the north shore of the Bay of Naples. The city's location is one of the most scenic in Europe. The port is important for the shipping of products manufactured by local industry, such as locomotives, textiles, and machinery.

   Places of interest in Naples:
   a. The **Museo Nazionale** contains many relics from Pompeii.
   b. The **San Carlo Opera House** is one of the largest in Europe.
   c. **Il Duomo** is the splendid cathedral dating from the early 1300's.

On the Adriatic coast:

1. **Trieste,** located on the northern end of the Adriatic Sea, is a free port where goods may be transshipped without duties or taxes. Because of its excellent location and modern dock facilities, many European countries use this port.

2. **Venice (Venezia)** is called the "Queen of the Adriatic" because it was once a great city-state, mistress of the Mediterranean. No other city is quite like this port city of northern Italy. Built on 120 small islands in a lagoon, it has 160 canals instead of streets, elegant black boats **(gondole)** instead of taxis, and ferries **(vaporetti)** instead of buses.

   Places of interest in Venice:
   a. **The Church of St. Mark (la Basilica di S. Marco),** in the beautiful square by the same name, is an outstanding example of Byzantine architecture.
   b. **The Doges' Palace (il Palazzo Ducale)** was the seat of the Doges, or rulers of Venice, when Venice was a city-state.
   c. **The Bridge of the Rialto (il Ponte di Rialto)** is lined on both sides with gift shops.

On the Sicilian coast:

Palermo is the chief port of the island of Sicily. It is one of the oldest seaports on the Mediterranean and one of the most important industrial centers in southern Italy.

Places of interest in Palermo:

a. **L'Osservatorio Astronomico** is an outstanding scientific resource of the university.

b. **La Cattedrale di Monreale** has remarkable mosaics.

c. **Il Teatro Massimo** is a famed opera house.

INDUSTRIAL CITIES

1. **Milan (Milano)** is the chief financial and banking city of Italy. It is a center for the manufacture of a great variety of products including cars, airplanes, textiles, motorcycles, and bicycles. It is also a publishing center for books.

   Places of interest in Milan:

   a. **Il Duomo,** famed Gothic cathedral, is in the square of the same name.

   b. **Il Teatro della Scala** is the world's most famous opera house.

   c. **Il Castello Sforzesco** was the home of the distinguished Sforza family.

2. **Turin (Torino)** is the other leading industrial center of Italy. It is the home of the Fiat Motor Company, one of the leading car manufacturers in Europe. Other industries include textiles, furniture, liquor, and clothing.

3. Other industrial cities mentioned earlier are Genoa, Naples, and Palermo.

OTHER INTERESTING CITIES

1. **Florence (Firenze)** is one of the richest centers of Renaissance art in the world. Tourists come from all over the world to see the city and to admire its art treasures. Florence was the home of great writers such as Dante and Boccaccio; the theologian Savonarola; the navigator Vespucci; the political scientist Machiavelli; and numerous artists such as Giotto, Botticelli, Michelangelo, and Cellini.

    Places of interest in Florence:
    a. **Il Palazzo Vecchio** dominates **la Piazza della Signoria**. The palace now houses the city's governmental offices.
    b. **La Loggia dei Lanzi**, also in la Piazza della Signoria, contains many statues, among them the *Perseus* by Benvenuto Cellini.
    c. **The Church of San Lorenzo** contains Michelangelo's tombs of the Medici.
    d. **The Church of Santa Croce** has frescoes by Giotto and the tombs of some famous Italians, such as Michelangelo and Rossini.
    e. **The Cathedral of Santa Maria del Fiore (il Duomo)**, the largest church in Florence, has a famous dome designed by Filippo Brunelleschi. Adjacent to the Duomo are the **campanile** (bell tower) designed by Giotto and **il Battistero** (baptistery) with its renowned bronze sculptured doors by Lorenzo Ghiberti and Andrea Pisano.
    f. Museums are: **il Palazzo Pitti, la Galleria degli Uffizi, il Palazzo del Bargello,** and **l'Accademia.**
    g. **Il Ponte Vecchio** is a bridge lined with gift shops.

2. **Siena** is a charming old town in the Tuscan hills near Florence. Its central square, dominated by the beautiful city hall **(Palazzo Comunale),** is internationally famous. Each year colorful horse races known as the **Palio** are run there. Siena was the home of St. Catherine (*S. Caterina*), the patron saint of Italy.

3. **Ravenna** is a historic city in northern Italy famous for its treasures of Byzantine art and architecture. The poet Dante is buried there.

4. **Bologna** is the seat of the oldest university in Europe. Dante studied there.

5. **Pisa** is famous for its celebrated landmark, the leaning tower. Pisa was the birthplace of Galileo.

6. **Padua (Padova)** is the oldest city in northern Italy. It has many medieval palaces and churches.

    Places of interest in Padua:
    a. **La Cappella degli Scrovegni** contains many of Giotto's famous frescoes.
    b. **L'Università** is one of the oldest universities in Europe. Galileo lectured there.
    c. **La Basilica di S. Antonio** contains the remains of St. Anthony.
    d. The botanical garden is the oldest in Europe.

7. **Perugia** has a well-known university offering special courses for foreigners. It also has a world-famous chocolate industry.

8. **Assisi** is the charming medieval town where St. Francis was born.

Places of interest in Assisi:

a. **La Basilica di S. Francesco** contains many of Giotto's frescoes.

b. In **la Chiesa di S. Chiara** the mummified body of St. Clare can be seen.

9. **Salerno** was the site of the first medical school in Italy.

10. **Pompeii** was a thriving Roman city near Mount Vesuvius. It was buried by the ashes of an eruption that took place in A.D. 79, almost 2,000 years ago. About half of the city has been excavated, revealing not only its buried treasures but also the life style and customs of ancient Romans.

11. **Syracuse (Siracusa)** is a city in Sicily, built on the site of the ancient city of the same name. Some remains of the ancient civilization can still be seen, including a Greek theater where classical dramas are still presented.

REGIONS

Politically Italy is now divided into twenty regions. They are:

a. *In northern Italy (Italia settentrionale):* **Piemonte, Lombardia, Liguria, Emilia-Romagna, Friúli-Venezia Giulia, Trentino-Alto Adige, Veneto, Valle d'Aosta.** The rich **Po Valley (valle del Po)** and the great industrial cities of Milan and Turin make these regions the most prosperous in Italy.

b. *In central Italy (Italia centrale):* **Toscana, Umbria, Marche, Lazio, Abruzzo, Molise.** These regions are largely agricultural. Farmland is generally good. Olive groves, grain, and livestock thrive there.

c. *In southern Italy (Italia meridionale):* **Campania, Puglia, Basilicata, Calabria,** and the two island regions **Sicilia** and **Sardegna.** These regions are also mainly agricultural. Farm production was very low, however, until the introduction of modern machinery in the 1960's.

EXERCISES

A. Write the name of the Italian city described:

1. financial center of Italy _____

2. city where the *Palio* takes place _____

3. city with classical Greek theaters still in use _____

4. the "Queen of the Adriatic" _____

5. birthplace of Galileo _____

6. rich center of Renaissance art _____

7. site of *il Duomo, Santa Maria del Fiore* _____

8. Italy's free port _____

9. seat of first medical school in Italy _____

10. city known for its world-famous chocolate candy _____

11. home of St. Anthony _____

12. an ancient Roman city near Mount Vesuvius _____

13. birthplace of St. Francis _____

14. center of Byzantine art _____

15. one of the oldest seaports on the Mediterranean _____

    B. Match each item in column I with its description in column II:

Column I	*Column II*
_____ 1. Pompeii	*a.* region in central Italy
_____ 2. Siracusa	*b.* San Carlo Opera House
	c. region in northern Italy
_____ 3. Padova	*d.* Palazzo Pitti
_____ 4. Venezia	*e.* Naval Academy
	f. St. Mark's Square
_____ 5. Milano	*g.* Cappella degli Scrovegni
_____ 6. Umbria	*h.* Castello Sforzesco
	i. Greek theater
_____ 7. Livorno	*j.* buried by an eruption of Mount Vesuvius
_____ 8. Firenze	
_____ 9. Napoli	
_____ 10. Lombardia	

    C. Complete the following sentences by underlining the correct item in parentheses:

1. Il porto più grande d'Italia è (Napoli, Genova).
2. L'università più antica d'Europa è (Pisa, Bologna).
3. Il Palazzo Vecchio si trova a (Firenze, Venezia).
4. La Calabria è nell'Italia (settentrionale, meridionale).
5. La chiesa di (Santa Croce, Santa Maria del Fiore) ha il celebre campanile di Giotto.
6. La zona più ricca d'Italia è la parte (settentrionale, centrale).
7. Il famoso Teatro della Scala si trova a (Napoli, Milano).
8. La tomba di Dante è a (Padova, Ravenna).
9. Le automobili Fiat sono fabbricate a (Genova, Torino).
10. Un porto italiano usato da molti paesi europei è (Venezia, Trieste).
11. La città di (Venezia, Trieste) è costruita su 120 isole.
12. Il Ponte di Rialto si trova a (Firenze, Venezia).
13. (Pisa, Siena) è la città nativa di S. Caterina.
14. I due grandi centri industriali d'Italia sono (Milano e Torino, Napoli e Palermo).
15. La città di (Napoli, Siracusa) ha uno dei più bei panorami d'Europa.

4. The Italian Way of Life

RELIGION

The vast majority of Italians are Roman Catholics. As a result of the Lateran Treaty of 1929 between the Italian government and the Vatican, Vatican City became an independent state and the Catholic religion was recognized as the state religion in Italy. A 1977 treaty provided, however, that Catholicism is no longer to be considered the state religion.

EDUCATION

Italian children must attend school from the age of six to the age of fourteen. Preschool children between the ages of three and six attend a kindergarten (**scuola materna**). Children begin primary school (**scuola elementare**) at the age of six for a five-year elementary school program. Primary school is followed by a three-year course at a junior high school (**scuola media**).

At the age of 14, Italian students must choose among various schools that they may attend: (1) they may begin a five-year course at a **liceo** (**liceo classico, liceo scientifico, liceo artistico, liceo linguistico**), which is similar to a combination of high school and junior college in the United States; (2) they may go to an **istituto magistrale**, which trains elementary school teachers; (3) finally, they may attend a technical institute (**istituto tecnico**), a vocational training school (**istituto professionale**), or a school that specializes in the arts, such as an art institute (**istituto d'arte**) or a music conservatory (**conservatorio di musica**). Those who wish to become actors may attend the National Academy of Dramatic Arts (**l'Accademia Nazionale di Arte Drammatica**), while future dancers may attend the National Dance Academy (**l'Accademia Nazionale di Danza**).

Italian universities are schools for specialization in various fields. Courses vary from four to six years, according to the body of learning. Graduates receive a **laurea**, a degree that is equivalent to a master's degree in the United States.

Italian children attend school six days a week, from Monday through Saturday. The school year begins on October 1 and ends on June 28. Schools are devoted to academic studies and play no significant role in the student's social life. Although schools do have a physical education program, extracurricular activities such as sports, plays, clubs, and dances are unknown in Italian schools.

Teachers in Italy generally enjoy considerable respect. Students must stand, as a sign of respect for the teacher, when he or she enters the room.

The Minister of Education, a member of the Italian Cabinet, is in charge of all education, both public and private.

FESTIVALS AND HOLIDAYS

1. **La Festa del Redentore** in Venezia. This feast takes place in July. The highlight of this event is the famous regatta of colorfully decorated gondolas with people singing and playing instruments as they ride through the canals. Fireworks conclude the festivities.

2. **Lo Scoppio del Carro** in Firenze. This event takes place on Holy Saturday in front of the cathedral. At a given signal, fireworks decorating a special float are set afire by means of other fireworks running along a wire to the float.

3. **Il Giuoco del Calcio in Costume** in Firenze. This festival is a game of soccer played in the dress and in the manner of the 1500's. Colorful costumes of the Renaissance are worn in a procession that ends at the site of the game in the Piazza della Signoria.

4. **Il Palio** in Siena. Colorful festivities are associated with a historical horserace in which the various sections (**borghi**) of the city of Siena are represented.

5. **Il Maggio Musicale Fiorentino** in Firenze. This music festival is held in May, during which symphonic concerts, operas, and ballets are presented.

6. **Festival of Two Worlds** in Spoleto. It features summer programs of concert, opera, dance, and the theater.

7. **Venice Film Festival.** It is held every year in late August and early September.

8. **La Festa di Piedigrotta** in Napoli. This feast, with its celebrated Neapolitan song festival, takes place every September.

9. **La Festa di San Nicola** in Bari. This feast takes place in May. As a culminating activity, the statue of the patron saint is taken by boat in a procession to the accompaniment of music, singing, and fireworks.

10. **La Festa di Santa Rosa** in Viterbo. Sixty men carry a sixty-foot belfry in a torchlight procession.

11. **Il Carnevale.** This event is celebrated before Lent all over Italy with many parades and masquerades and with general merriment. One of the most famous carnivals is held in the city of Viareggio.

12. **Anniversary of the Republic.** This is a national holiday that takes place on June 2.

13. **Befana.** This imaginary figure in the form of an old witch brings gifts to children during the night of January 6, the feast of Epiphany.

LEISURE TIME

Particularly on Sundays, Italians tend to gather in the central area of the city. They go there in order to see a movie, to walk around a square or along an avenue, or to sit in a cafe. The cafe generally has indoor and outdoor areas. In warm weather, people sit at the tables placed outside on the sidewalk. There they can have some refreshment, talk to friends, play cards, read the newspaper, or simply relax and watch people go by. Some cafes have small orchestras or even singers for the entertainment of their patrons. Many other people, particularly families with children, go to the parks and beaches.

SPORTS

Soccer (**il calcio**) is the favorite Italian sport. Another popular sport is bicycling. The **Giro d'Italia**, the annual bicycle race that takes its participants all over Italy, lasts 20 days and generates a great deal of enthusiasm. Car racing is also popular. In fact, Italy builds some of the best racing cars in the world—the **Ferrari**, the **Maserati**, and the **Alfa Romeo**. Other sports are horseracing, skiing, tennis, boxing, and fencing. A typically Italian game is **bocce**, a bowling game played on a court of flattened soil.

FOOD

The basic Italian food is **pasta**, which includes varieties of macaroni such as spaghetti, vermicelli, lasagne, ravioli, etc. Oil and tomatoes are the chief ingredients of Italian cooking. There is a great variety of dishes in Italy, since each region has its own specialties. Some of them are:

pizza, a flat cake of dough that is covered with tomato sauce, mozzarella cheese, oil, and oregano and then baked

polenta, a thick porridge made of cornmeal and served in various ways

scaloppine al marsala, thin slices of veal cooked in Marsala wine sauce

pollo alla cacciatore, chicken cooked in oil, tomatoes, and wine

risotto alla milanese, rice cooked in broth and served with beef

tortellini di Bologna, egg noodles that are filled with meat (including prosciutto) and parmesan cheese and served in broth or with sauce

fritto misto, a mixture of fried seafoods or organ meats such as liver

EXERCISES

A. Match each item in column I with its description in column II:

	Column I		*Column* II
_ _ _ _ _	1. laurea	*a.*	elementary school teachers' college
_ _ _ _ _	2. Palio	*b.*	Neapolitan song festival
_ _ _ _ _	3. tortellini	*c.*	nursery school
_ _ _ _ _	4. polenta	*d.*	period of merriment
_ _ _ _ _	5. scuola magistrale	*e.*	Italian racing car
_ _ _ _ _	6. Piedigrotta	*f.*	soccer
_ _ _ _ _	7. Carnevale	*g.*	degree
_ _ _ _ _	8. Ferrari	*h.*	cornmeal porridge
_ _ _ _ _	9. calcio	*i.*	filled egg noodles
_ _ _ _ _	10. scuola materna	*j.*	traditional horserace

B. If the statement is true, write **vero**; if it is false, make it true by making the necessary changes:

1. L'istruzione italiana è sotto la direzione del governo municipale. _
   _

2. La maggior parte degli Italiani sono cattolici. _
   _

3. I ragazzi che vogliono imparare un mestiere (*trade*) vanno all'istituto tecnico. _ _ _ _ _ _ _ _ _ _
   _

4. Lo Scoppio del Carro ha luogo (*takes place*) a Siena. _
   _

5. Durante la festa di San Nicola di Bari la statua del Santo è portata per un giro in barca.
   _
   _

6. Nelle scuole italiane gli studenti si alzano quando il professore entra nell'aula. _ _ _ _ _ _ _ _ _ _

_ _

7. La domenica gli Italiani generalmente vanno al centro della città. _ _ _ _ _ _ _ _ _ _ _ _ _

_ _

8. Il Carnevale è una festa che si celebra d'estate. _

_ _

9. In Italia i ragazzi devono andare a scuola fino ai sedici anni. _ _ _ _ _ _ _ _ _ _ _ _ _ _ _

_ _

10. In Italia non è necessario andare all'università per farsi (*to become*) maestro di scuola

elementare. _

_ _

C. Complete in Italian:

1. In Italia i ragazzi devono frequentare la scuola dall'età di _ _ _ _ _ _ _ _ _ anni ai

_ anni.

2. Gli studenti italiani frequentano la scuola _ _ _ _ _ _ _ _ _ giorni la settimana.

3. Lo sport più popolare in Italia è _ _ _ _ _ _ _ _ _ _ _ _ _ _ _ _ _ _ .

4. Il cibo basico degli Italiani è _ _ _ _ _ _ _ _ _ _ _ _ _ _ _ _ _ _ .

5. Il Giuoco del Calcio in Costume ha luogo a Firenze in

_ .

6. La Festa del Redentore si celebra a Venezia nel mese di _ _ _ _ _ _ _ _ _ _ _ _ _ .

7. In Italia quando uno studente finisce l'università riceve _ _ _ _ _ _ _ _ _ _ _ _ _ _ _ _ _ _ .

8. Il _ _ _ _ _ _ _ _ _ _ d'Italia è una corsa di biciclette che genera molto entusiasmo.

9. Possiamo mangiare dei tortellini nella città di _ _ _ _ _ _ _ _ _ _ _ _ _ _ _ _ .

10. Una persona che vuole ascoltare della bella musica classica deve andare a Firenze nel mese

di _ _ _ _ _ _ _ _ _ _ .

11. Tre feste religiose sono _ ,

_ , e

_ .

12. Un tipico giuoco italiano è _ _ _ _ _ _ _ _ _ _ _ _ _ _ _ _ _ _ _ .

13. Due festival musicali sono

_ e

_ .

14. Quattro tipici piatti italiani sono _____,

   _____,

   _____, e

   _____.

15. Tre scuole italiane sono _____,

   _____, e

   _____.

The Fontana di Trevi in Rome. "If you toss a coin into the fountain," tourists are told, "you will someday return to Rome."

5. The Italian Language

Italian is the official language of Italy and one of the official languages of Switzerland. Italian is also spoken by many people in some areas of France and Yugoslavia located near Italy, as well as by millions of Italian emigrants all over the world.

Italian is a Romance language, one of the languages that came from Latin, the language of the Romans. (Other Romance languages are French, Spanish, Portuguese, and Rumanian.)

In a sense, most Italians are bilingual because besides Italian they speak the dialect of their particular region. For example, a man from Sicily will speak Sicilian in addition to Italian.

In the early 1300's, the great poet Dante Alighieri wrote his famous poem *The Divine Comedy* in the Tuscan dialect. Other great literary figures such as Petrarch and Boccaccio also wrote in Tuscan. As a result, the Tuscan dialect established itself as the common language of Italy.

Many words in English were borrowed from Italian. Some examples are:

FOOD AND BEVERAGES KNOWN TO AMERICANS

antipasto, an appetizer consisting of cheese, meats, fish, peppers, olives, etc.

caffè espresso, a very strong black coffee

chianti, a dry red wine

gnocchi, Italian dumplings

gorgonzola, Italian blue cheese

lasagne, wide flat noodles used in the dish of the same name

marsala, a light wine from Sicily

minestrone, a thick vegetable soup

mozzarella, a soft cheese used on pizza and in other Italian dishes

pizza, a dish consisting of a baked flat cake of leavened dough, covered with cheese, tomato sauce, etc.

provolone, a sharp cheese

ravioli, small square pieces of dough, filled with cheese or meat, which are boiled and then served with tomato sauce

ricotta, Italian cottage cheese

salami (plural of **salame**), a thick sausage

scaloppine, thin slices of veal cooked in wine, mushrooms, etc.

spaghetti, thin strings of dried dough cooked in boiling water

spumante, Italian sparkling wine

spumone, a kind of Italian ice cream

tortoni, a kind of Italian ice cream

MUSICAL EXPRESSIONS

a cappella, singing without accompaniment

adagio, slow

allegro, fast and lively

cantata, brief work for one or more vocal soloists and orchestra

crescendo, growing louder

finale, the ending of an act, or of a movement, a scene, etc.

forte, strong and loud
legato, graceful and smooth
piano, soft
scherzo, a light, whimsical movement

THEATRICAL TERMS

bravo, a cheer used for performers, meaning *well done!* or *excellent!*
concerto, a musical composition for one or more principal instruments and orchestra
impresario, the manager of an opera, ballet, or concert company
maestro, a composer or conductor of music
opera, a play that is sung with the accompaniment of music
pastorale, an opera or other musical work with a pastoral theme
primadonna, the principal woman singer in an opera
scenario, an outline of a play, an opera, etc.
soprano, the highest female singing voice
virtuoso, a person highly skilled in playing a musical instrument

MISCELLANEOUS EXPRESSIONS

casino, a building for public shows, dancing, gambling, etc.
costume, style of dress
fiasco, a complete failure
ghetto, a section of a city inhabited by a single minority group
gondola, the typical boat used in the canals of Venice. In the U.S., a kind of river boat or a kind of freight car or a car that hangs underneath a dirigible
malaria, a disease transmitted by the bite of an infected mosquito
portico, a roof supported by columns forming a covered walk or porch
regatta, a boat race
stanza, a group of lines of verse
stucco, a type of plaster
studio, the workroom of a painter, sculptor, photographer, etc.
villa, a country house, a vacation house
viola, a musical instrument of the violin family

COGNATES

Many English and Italian words are related to each other and have the same original source, usually Latin. Such related words are called *cognates*.

Italian	*English*	*Italian*	*English*
anno	annual	**gazzetta**	gazette
balcone	balcony	**granito**	granite
bancarotta	bankrupt	**lavare**	lavatory
cane	canine	**mano**	manual
cantare	chant	**memoria**	memory
carnevale	carnival	**ombrello**	umbrella
cassa	cash	**piede**	pedestal, pedestrian
fame	famine	**pilota**	pilot
fanteria	infantry	**sorella**	sorority
fratello	fraternal	**vulcano**	volcano

EXERCISES

A. Give an English cognate for each Italian word:

1. fratello _____
2. fame _____
3. anno _____
4. cane _____
5. piede _____
6. pilota _____
7. sorella _____
8. balcone _____

9. bancarotta _____
10. lavare _____
11. ombrello _____
12. mano _____
13. fanteria _____
14. cantare _____
15. carnevale _____

B. Complete the following sentences:

1. Italian is called a Romance language because it is derived from _____, the language of the _____.

2. The _____ dialect became the official language of Italy.

3. Two other countries in parts of which Italian is also spoken are

_____.

4. Most Italians speak Italian and _____

_____.

5. *The Divine Comedy* by Dante was written in the _____ dialect.

6. The English word *sorority* comes from the same source as the Italian word

_____.

7. The Italian word *memoria* comes from the same source as the English word

_____.

8. Italian blue cheese is called _____.

9. _____ is a thick vegetable soup.

10. The outline of a play or opera is called a _____.

C. Substitute an appropriate Italian term for the expression in parentheses:

1. The (manager) of the Metropolitan Opera has discovered a new soprano.

_____.

2. Arturo Toscanini was a great (conductor). _____

3. The performance was a (complete failure). _____

4. A well-known (boat race) is held in Venice every year. _____

5. The Scotti family lives in a lovely (country house) on top of a hill.

_____

6. The group was singing a (brief work for singers and orchestra).

   ----

7. Since none could play the piano, the singers sang (without accompaniment).

   ----

8. (Italian sparkling wine) is sometimes served with cake. ------------------------------

9. I like (Italian dumplings) with meat sauce. ------------------------------

10. The sculptor was working in his (workroom). ------------------------------

6. The History of Italy

For over 1,000 years, beginning with the founding of Rome in 753 B.C., the history of Italy was largely the history of the Roman Empire. After the fall of the Roman Empire, there was a steady growth of important cities that eventually became small states, such as the powerful city-states of Venice, Genoa, and Pisa. For a period of time, these states were communes. Later many of them became **signorie**, each ruled by a lord or ruling family. Always small in comparison to the surrounding European nations, the Italian city-states were easy prey for foreign powers. At various times, almost all of Italy was under the domination of France or Spain or Austria.

A UNITED AND INDEPENDENT ITALY

It was a long-standing dream of great Italian thinkers that Italy should become a united nation, free from foreign domination. The dream became a true struggle during the period called the **Risorgimento**—the awakening.

1. One of the greatest "awakeners" of the will for unity and independence was **Giuseppe Mazzini** (1805–1872). He became known as the *apostle* ("l'apostolo") of Italian independence because for him Italian nationalism took the form of a religious devotion.

2. The struggle was advanced under the leadership of **Camillo Benso di Cavour** (1810–1861), a minister of the King of Piedmont. Because of his successful planning of the war against Austria, Cavour was eventually called the *brain* ("il cervello") of Italian independence.

3. The greatest of the heroes who fought for Italy's freedom and unity was **Giuseppe Garibaldi** (1807–1882), called the *sword* ("la spada") of Italian independence. It was Garibaldi who, with his 1,000 Red Shirts, conquered the Kingdom of the Two Sicilies for the patriotic cause.

4. After many setbacks, the struggle was crowned with success. In 1861, the parliament of a united Italy convened in Turin, with Victor Emmanuel II of Piedmont as the first king of the new nation. The nation's capital was later moved to Florence. When the remaining papal territory was finally gained by Italy in 1870, Rome became the national capital.

WORLD WAR I

Italy entered the war on the side of the Allies because of their secret promises of territory if they won the war. The Italians fought valiantly. The Allies did not keep all their promises, however, and gave Italy only Trieste and Trentino, far less than had originally been promised.

THE REGIME OF MUSSOLINI

The settlement of World War I created much bitterness among Italians and dissatisfaction with their government. The result was a great deal of disorder and many strikes. The **Fascist** movement, led by **Benito Mussolini,** promised to restore order and to improve conditions. It won the support of many Italians and used force to suppress opposition to its undemocratic rule. In 1922, Mussolini's Fascists marched on Rome, where King Victor Emmanuel III named Mussolini premier of Italy.

Some of the promises of order and prosperity made to the Italians by the Fascists were fulfilled. The cost, however, was a dictatorship that deprived the people of basic civil rights and that eventually led Italy into a disastrous war.

WORLD WAR II

Under Mussolini, Italy had taken part in two wars—one in Ethiopia, the other in Spain, where Mussolini had sent troops to fight on the side of Franco.

In 1939, Italy signed a treaty providing that Italy would fight alongside the Germans in case of war. Most Italians were against this alliance (the Axis). They were even more strongly opposed to the participation of Italy in World War II.

After the landing of the Allies in Sicily in July, 1943, the king imprisoned Mussolini. He was later freed by the Germans and taken to the north, where he formed a separate government.

In September, 1943, Italy surrendered to the Allies and soon afterward declared war on Germany and fought on the side of the Allies. In 1945, Mussolini was caught by the Italian partisans **(partigiani)** and killed.

THE ITALIAN REPUBLIC

On June 2, 1946, Italy held its first free election in 20 years and selected a republic instead of a monarchy. King Humbert II left his throne and went to live in exile in Portugal.

As a result of the war, Italy lost all her colonies. The nation recovered from the destruction of the war remarkably well, however, and made great economic and political progress.

In 1949, Italy became a member of NATO. Italy was instrumental in forming the European Payment Union (1950). In 1953, it became a member of the European Coal and Steel Community (ECSC). Meanwhile, the government continued to work for industrial growth and began major reforms in education, tax structure, and land distribution. In 1954, Italy and Yugoslavia settled their dispute over Trieste. The following year, Italy became a member of the United Nations. In 1958, Italy joined with other European countries in forming the European Economic Community (the Common Market).

ITALY TODAY

Italy, particularly in the north, has experienced one of the greatest economic growths in Western Europe. The Italian highway system is one of the best in Europe, second only to that of Germany. In 1966, the Fiat Motor Company signed a pact with the Soviet Union to build in Russia a plant capable of producing 2,000 cars a day.

Since 1962 the Christian Democratic party has managed to remain in power by forming a "center-left" coalition with the Socialists. The coalition has been responsible for the passage of significant legislation in the areas of education and welfare.

In the 1963 elections, the Christian Democratic party received its first setback when the Communist party gained in strength. The most serious setback, however, was suffered in the June 1976 elections when the Communists won 34 percent of the vote; the Communists placed only four points behind the Christian Democrats, whose party has headed every Italian government since 1948.

The success of the Communist party is due, at least in part, to the new look the members have created for themselves by claiming independence from the Soviet Union, asserting patriotic loyalty, and projecting an image of responsibility, autonomy, and devotion to democracy.

In view of this development, it has become necessary for the Christian Democratic party to initiate a new era of cooperation and consultation with the Communists in order to insure their minority government a chance for survival.

EXERCISES

A. Complete the following statements:

1. The three chief Italian city-states were _____, _____, and _____ .

2. _____ is the period during which Italy gained its independence.

3. The "apostle" of Italian independence was _____ .

4. _____ was called the "brain" of the movement for Italian independence.

5. The greatest military leader in the fight for Italian independence was _____ _____ .

6. _____ was the first king of a united Italy.

7. The Fascist movement of Mussolini came about as a result of _____ _____ .

8. In 1939, Italy signed a treaty of war with _____ .

9. One of the largest Fiat plants outside Italy is located in _____ .

10. The _____ party has headed every Italian government since 1948.

B. Complete the following sentences by underlining the correct item in parentheses:

1. Nel 1922 il re Vittorio Emanuele III nominò (*named*) (Umberto II, Mussolini) primo ministro d'Italia.
2. Dopo la prima guerra mondiale, l'Italia ricevette (*received*) Trieste e (la Libia, il Trentino).
3. Mussolini era il capo del partito (comunista, fascista).
4. Lo sbarco (*landing*) delle truppe alleate in Sicilia ebbe luogo (*took place*) nell'anno (1943, 1946).
5. Il primo re d'Italia fu (*was*) (Vittorio Emanuele II, Umberto I).
6. Le autostrade italiane sono fra (le migliori, le peggiori) d'Europa.
7. La Fiat è una grande compagnia (automobilistica, farmaceutica) italiana.
8. Nell'anno 1958 l'Italia entrò (*entered*) (nel Mercato Comune, nella "NATO").
9. Umberto II andò (*went*) a vivere (nel Portogallo, in Austria).
10. Nel 1962 la Democrazia Cristiana formò una coalizione con i (fascisti, socialisti).

7. Literature

PRE-RENAISSANCE

1. **Dante Alighieri** (1265-1321). One of the greatest poets of all time. He wrote his major works, *Vita Nuova* and *Divina Commedia*, in the Tuscan dialect, which then became the national language of Italy. For this reason, he is sometimes referred to as the father of the Italian language.

2. **Francesco Petrarca** (1304-1374). One of the greatest lyric poets. His influence on European poetry lasted for hundreds of years. His major work, *Il Canzoniere*, is a collection of some of the finest love poems ever written. They are addressed to his beloved Laura.

3. **Giovanni Boccaccio** (1313-1375). Author of the *Decameron*, a collection of short stores.

RENAISSANCE

4. **Niccolò Machiavelli** (1469-1527). His major work, *Il Principe* (*The Prince*), established Machiavelli as the father of modern political science. In *Il Principe* Machiavelli sets forth rules for the strong and successful ruler. He also wrote *La Mandragola*, considered one of the best comedies of the Renaissance.

5. **Ludovico Ariosto** (1474-1533). Wrote *Orlando Furioso*, the world's greatest epic poem of chivalrous love.

6. **Baldassare Castiglione** (1478-1529). Author of *Il Cortigiano* (*The Courtier*), in which he describes the ideal conduct of a nobleman at court.

7. **Torquato Tasso** (1544-1595). One of the greatest Italian poets. His major work was the epic poem *La Gerusalemme Liberata* (*Jerusalem Delivered*).

18TH AND 19TH CENTURIES

8. **Carlo Goldoni** (1707-1793). Helped establish the Italian theater. Goldoni wrote many comedies. The most famous ones are *La Locandiera* (*The Mistress of the Inn*) and *Il Ventaglio* (*The Fan*).

9. **Giuseppe Parini** (1729-1799). He attacked the corruption of upper-class society in his mock epic poem *Il Giorno.*

10. **Vittorio Alfieri** (1749-1803). Dramatist and poet whose plays such as *Virginia* and *Bruto primo* helped awaken love of freedom and independence among Italians.

11. **Ugo Foscolo** (1778-1827). A great lyric poet. His major work is *I Sepolcri* (*The Sepulchres*).

12. **Alessandro Manzoni** (1785-1873). The leading Italian romanticist of his time. He was a fine poet, playwright, and novelist. His masterpiece is the historical novel *I Promessi Sposi* (*The Betrothed*).

13. **Giacomo Leopardi** (1798-1837). The foremost poet of his time. His poetry has been translated into all the major languages of the world. Some of his outstanding poems are *L'Infinito* (*The Infinite*), *A Silvia*, *Le ricordanze* (*Memories*), and *La ginestra* (*The Broom Flower*).

14. **Giosuè Carducci** (1835–1907). Outstanding poet who won the Nobel prize for literature in 1906. He wrote a collection of poems called *Odi Barbare.*

15. **Giovanni Verga** (1840–1922). One of the leading novelists of the realist and regionalist trend in literature. His masterpiece is *I Malavoglia* (*The House by the Medlar Tree*).

16. **Antonio Fogazzaro** (1842–1911). One of the great novelists of the 19th century. He wrote *Piccolo mondo antico* (*Little World of Yesterday*).

17. **Giovanni Pascoli** (1855–1912). Poet of delicate inspiration and refined form. He wrote *Myricae*, *Canti di Castelvecchio*, and several other collections.

MODERN

18. **Gabriele D'Annunzio** (1863–1938). A leading poet, dramatist, and novelist. He produced many fine works including a collection of poems called *Le laudi*, plays such as *La figlia di Iorio*, and the novels *Francesca da Rimini*, *Il piacere*, and *Il trionfo della morte.*

19. **Benedetto Croce** (1866–1952). Great contemporary philosopher whose thought had a profound influence on theories of art and literary criticism.

20. **Luigi Pirandello** (1867–1936). World-famous dramatist and novelist who won the 1934 Nobel prize for literature. Pirandello raises philosophical questions about human nature in novels such as *Il fu Mattia Pascal* (*The Late Matthew Pascal*) and in plays such as *Sei personaggi in cerca d'autore* (*Six Characters in Search of an Author*).

21. **Grazia Deledda** (1875–1936). A great author of novels with a Sardinian background. She won the Nobel prize for literature in 1926. Some of her best works are *Cenere* (*Ashes*), *Colombi e sparvieri* (*Doves and Hawks*), *L'edera* (*Ivy*), and *La madre.*

22. **Aldo Palazzeschi** (1885–1974). Writer concerned with the analysis of human behavior. One of his best novels is *Le sorelle Materassi* (*The Materassi Sisters*).

23. **Giuseppe Ungaretti** (1888–1970). Modern poet known for his original approach to poetry. Some of his collections are *Sentimento del tempo* and *Il dolore.*

24. **Riccardo Bacchelli** (1891–   ). Contemporary writer whose historical novel *Il mulino del Po* (*The Mill on the River Po*) is one of the best of European novels.

25. **Giuseppe Tomasi di Lampedusa** (1896–1957). Author of the best-selling novel *Il gattopardo* (*The Leopard*).

26. **Eugenio Montale** (1896–1981). Contemporary poet whose verse conveys very well his pessimistic view of life. He won the Nobel prize for literature in 1975. Some of his poems are *Ossi di seppia*, *Le occasioni*, and *La bufera.*

27. **Ignazio Silone** (1900–1978). Anti-Fascist writer. Author of *Vino e pane* (*Bread and Wine*), one of the most intensely human novels of this century.

28. **Salvatore Quasimodo** (1901–1968). Modern poet who reflects the contemporary theme of pessimism. He won the Nobel prize for literature in 1959. Some of his most famous poems are *Ed è subito sera*, *Giorno dopo giorno*, and *Il falso è vero verde.*

29. **Carlo Levi** (1902–1975). Contemporary novelist who wrote *Cristo si è fermato ad Eboli* (*Christ Stopped at Eboli*) and *L'orologio* (*The Watch*).

30. **Alberto Moravia** (1907–   ). One of the most successful of contemporary writers. Some of his best-known short stories are *La romana*, *La bella vita*, and *La ciociara*. He also wrote several novels, among them *La noia.*

31. **Cesare Pavese** (1908–1950). Wrote *La luna e i falò* (*The Moon and the Bonfire*).

32. **Elio Vittorini** (1908–1966). Wrote *Conversazione in Sicilia* (*Conversation in Sicily*).

EXERCISES

A. Complete the following statements:

1. A playwright who helped revive Italian nationalism and the desire for independence was Vittorio _____ .

2. One of the most severe critics of the corruption of the upper middle class was _____ .

3. Manzoni's masterpiece is the historical novel _____ .

4. _____ was the poet who wrote the volume of poems *Odi Barbare*.

5. *I Malavoglia* is a novel that represents the _____ _____ trend in literature.

6. Luigi _____ is the world-renowned playwright who wrote *Sei personaggi in cerca d'autore*.

7. Benedetto Croce was a famous _____ .

8. Carlo _____ wrote the popular novels *Cristo si è fermato ad Eboli* and *L'orologio*.

9. The best-selling novel *Il gattopardo* was written by Giuseppe _____ _____ .

10. _____ wrote popular comedies such as *La Locandiera* and *Il Ventaglio*.

B. Identify each famous Italian writer:

1. il famoso poeta moderno vincitore del premio Nobel in letteratura _____ _____

2. l'autore di una delle più famose opere di scienza politica: *Il Principe* _____ _____

3. il sommo (*greatest*) poeta d'Italia ed uno dei più grandi del mondo _____ _____

4. uno dei più grandi poeti lirici del mondo, autore del *Canzoniere* _____ _____

5. scrittrice sarda (*Sardinian writer*) che scrisse dei romanzi sulla vita sarda _____ _____

6. autore del *Decameron* _

   _

7. autore del poema epico *La Gerusalemme Liberata* _ _ _ _ _ _ _ _ _ _ _ _ _ _ _ _ _

   _

8. scrittore antifascista, autore del romanzo (*novel*) *Vino e pane* _ _ _ _ _ _ _ _ _

   _

9. scrisse (*wrote*) *Piccolo mondo antico* _

   _

10. il poeta che scrisse *Orlando Furioso* _

    _

8. Painting, Sculpture, Architecture

PAINTERS

1. **Giovanni Cimabue** (1240?–1302?). First famous Florentine painter. Began the movement away from Byzantine painting that led to the Renaissance style. *The Crucifixion* is one of his greatest paintings.

2. **Giotto di Bondone** (1266?–1337). A pupil of Cimabue, Giotto became the greatest artist of the early Renaissance. Giotto added grace, feeling, and realism to traditional Italian painting of his time. His most famous frescoes can be seen in the Scrovegni Chapel of Padua, in the Church of St. Francis in Assisi, and in the Church of Santa Croce in Florence.

3. **Paolo Uccello** (1397–1475). The rules of perspective introduced by Masaccio acquired a special emphasis in the work of Paolo Uccello. Movement and color were also stressed.

4. **Fra Angelico (Giovanni da Fiesole)** (1400?–1455). A Dominican friar who helped pioneer Renaissance artistic methods in Florence. *The Annunication* in the Convent of San Marco in Florence is one of his outstanding works.

5. **Masaccio (Tommaso Guidi)** (1401–1428). The first painter to introduce scientific rules of perspective and foreshortening in painting. His figures were the first to have a three-dimensional effect and to intensify the realistic trend started by Cimabue and Giotto.

6. **Fra Filippo Lippi** (1406–1469). Much influenced by Masaccio. Lippi's madonnas and other religious paintings have a warm, human quality.

7. **Piero della Francesca** (1416–1492). Early Renaissance painter concerned with perspective. He wrote a book on the laws of perspective drawing.

8. **Giovanni Bellini** (1430–1516). One of the leaders of the Venetian painters. He emphasized landscape background and rich, soft coloring.

9. **Andrea Mantegna** (1431–1506). Considered the father of engraving. An outstanding work of his is *St. Sebastian.*

10. **Sandro Botticelli** (1444–1510). Renaissance painter whose works are characterized by delicate color, rich decoration, and poetic feeling. He painted mythological and religious subjects. His best-known works are *Spring, The Birth of Venus,* and the *Adoration of the Magi.*

11. **Leonardo da Vinci** (1452–1519). One of the greatest artists of the Italian Renaissance. Introduced innovation with respect to the use of color and perspective. Most noteworthy is the way he was able to capture complex emotions on the faces of his subjects. Some of his famous paintings are *The Last Supper (Il Cenacolo), Mona Lisa (La Gioconda),* and *The Virgin and Child with Saint Anne.*

12. **Michelangelo Buonarroti** (1475–1564). The most famous artist of the Italian Renaissance and one of the greatest artists of all time. Michelangelo applied the technical skill acquired as a sculptor to his paintings. His masterpieces are the frescoes in the Sistine Chapel.

13. **Giorgione** (1478–1510). Pioneer of the Venetian school of painting. Tried to achieve unity between the human figure and the background. Some of his works are: *The Storm, The Sleeping Venus,* and the *Adoration of Shepherds.*

14. **Raffaello Sanzio da Urbino (Raphael)** (1483–1520). One of the greatest artists of the Italian Renaissance. He is most noted for his idealized and tranquil madonnas and his portraits. Because of his idealized view of nature, he became known as "the Divine Raphael." His great works include *The School of Athens, The Transfiguration of Christ, Alba Madonna, Madonna del Cardellino*, and the portraits of *Julius II* and *Castiglione*.

15. **Tiziano Vecellio (Titian)** (1490–1576). Greatest Venetian painter of the Italian Renaissance. The rulers of Europe sought his services as a portrait artist. He also painted religious, historical, and mythological subjects. His works are in museums all over the world: *The Assumption of the Virgin* (Venice), *The Rape of Europa* (Boston), *Bacchanal* (Madrid), *The Entombment of Christ* (Paris), and *Venus* (New York).

16. **Tintoretto (Jacopo Robusti)** (1518–1594). One of the last great Venetian painters of the Italian Renaissance. He combined Titian's brilliance of colors with the vigorous action of Michelangelo in an original and imaginative way called "mannerism." His most important works include *The Last Supper* and *Bacchus and Ariadne*.

17. **Paolo Veronese** (1528–1588). Great Venetian painter of the Italian Renaissance. He was famous for his paintings of historical and mythical subjects. He also painted religious subjects and portraits. His major works include *Marriage at Cana* and *Mars and Venus*.

18. **Caravaggio (Michelangelo Merisi)** (1569–1610). Greatest naturalist painter of the early 1600's. He painted both religious and everyday subjects. Other painters such as Rembrandt were influenced by him. Among his greatest works is *The Adoration of the Shepherds*.

19. **Gian Battista Tiepolo** (1696–1770). Most important painter of the Venetian school. He worked mostly in Germany and Spain. One of his most outstanding paintings is *The Meeting of Antony and Cleopatra*.

20. **Amedeo Modigliani** (1884–1920). Modern portrait artist who liked to paint single figures with long bodies and oval heads, using strong lines to catch the personality of the subject. One of his most famous portraits is *Girl in Pink Blouse*.

21. **Giorgio De Chirico** (1888–1978). Surrealist painter whose works dealing with the subconscious had a great deal of influence on neo-surrealist painters. One of his most famous works is *The Transformation Dream*.

SCULPTORS

1. **Niccolò Pisano** (1220–1278?). Forerunner of Italian Renaissance. Among his works is the marble pulpit in the baptistery of the Cathedral of Pisa.

2. **Lorenzo Ghiberti** (1378–1455). His bronze doors of the baptistery of the Duomo in Florence were so beautiful that Michelangelo named them the "Gates of Paradise" (*Porte del Paradiso*).

3. **Donatello** (1386–1466). Greatest Italian sculptor of the early Renaissance. His works include *David* (revival of ancient use of nude figure), *Gattamelata* (first equestrian statue since Roman times), and *St. George*.

4. **Luca della Robbia** (1400–1482). Sculptor famous for his glazed terracotta figures. He introduced this medium as a cheaper alternative to marble. His series of ten panels in Florence is called the *Singing Galleries*.

5. **Michelangelo Buonarroti** (1475–1564). One of the finest sculptors of all times. Among his best-known works are *Moses, La Pietà, David*, and the *Tomb of Giuliano de'Medici*.

Moses, a statue by Michelangelo.

6. **Benvenuto Cellini** (1500–1571). Great sculptor and superb goldsmith. He wrote an excellent treatise on the casting of bronzes by the lost-wax method. He is also famous for his autobiography. His bronze statue *Perseus* is one of his most famous sculptures.

7. **Giovanni Lorenzo Bernini** (1598–1680). Leading sculptor of the Baroque period. He executed the altarpiece in St. Peter's Church in Rome, *Constantine Before the Vision of the Cross*, and *Saint Teresa in Ecstasy*.

8. **Antonio Canova** (1757–1822). The leading neoclassic sculptor in Italy. His works include *Venus* and *Napoleon I*.

9. **Marino Marini** (1901–   ). Contemporary sculptor. He sculpted powerful figures of horses and horsemen.

10. **Giacomo Manzù** (1908–   ). Contemporary sculptor. He created sensitive figures such as *The Cardinal*. He also executed the bronze panels for St. Peter's Church in Rome.

ARCHITECTS

1. **Filippo Brunelleschi** (1377?–1446). Started the trend for domed Renaissance churches with his daringly original design for the dome of the Cathedral of Florence. He also designed the Pitti Palace, which was the first of the great Florentine palaces.

2. **Leon Battista Alberti** (1404–1472). His writings and buildings influenced Renaissance architecture. Among his great works are the churches of St. Francis in Rimini and St. Andrew in Mantua. He also worked on the Trevi Fountain in Rome.

3. **Donato Bramante** (1444–1514). One of the greatest Renaissance architects. He established the vast dimensions of St. Peter's Church in Rome. He also designed the Vatican Galleries as well as the exquisite choir and dome of the Church of Santa Maria delle Grazie in Milan.

4. **Leonardo da Vinci** (1452–1519). Leonardo's unique genius also mastered the field of architecture. He spent several years in Rome working on plans of St. Peter's Church and other buildings in the Vatican.

5. **Michelangelo Buonarroti** (1475-1564). One of the great architects of the Renaissance. He designed the magnificient dome of St. Peter's Church in Rome.

6. **Andrea Palladio** (1518-1580). Architect who became famous for his elegant style. He initiated the Palladian motif (or arch) with his design of the arcades of the Basilica in Vicenza. Other great works include the Villa Capra in Vicenza and the churches of San Giorgio Maggiore and Il Redentore in Venice. Palladio's style strongly influenced Colonial American architecture.

7. **Giovanni Lorenzo Bernini** (1598-1680). A leading architect of the Baroque period. He designed St. Peter's Square in Vatican City.

8. **Francesco Borromini** (1599-1667). A second leading architect of the Baroque period. He designed the Church of Sant'Agnese in the Piazza Navona in Rome.

9. **Pier Luigi Nervi** (1891-1979). Leading modern architect known for his functional yet attractive use of reinforced concrete in sports arenas and stadiums. One such example is the small Olympic Sports Palace in Rome.

EXERCISES

A. Identify each of the following names by writing *painter*, *sculptor*, or *architect*:

1. Donatello _____
2. Brunelleschi _____
3. Giotto _____
4. Fra Angelico _____
5. Ghiberti _____
6. Bramante _____
7. Bellini _____
8. Nervi _____
9. Botticelli _____
10. Pisano _____

11. Leonardo da Vinci _____
12. Borromini _____
13. Tiziano _____
14. Bernini _____
15. De Chirico _____
16. Manzù _____
17. Caravaggio _____
18. Alberti _____
19. Cellini _____
20. Raffaello _____

B. Identify each famous Italian:

1. scultore delle "Porte del Paradiso" _____

2. maestro di Giotto _____

3. creatore della cupola di San Pietro a Roma _____

   _____

4. scultore della famosa statua il *Perseo* _____

5. pittore moderno famoso per i suoi ritratti (*portraits*) dai visi ovali _____

   _____

6. il celebre pittore della *Scuola d'Atene* _____

_____

7. una delle sue opere più note (*known*) è lo Stadio Olimpico di Roma _____

_____

8. uno dei più grandi scultori del mondo _____

_____

9. gran pittore naturalista imitato dal Rembrandt _____

10. uno dei più grandi geni del mondo, pittore del celebre quadro la *Mona Lisa* _____

_____

C. Complete the following statements:

1. Tommaso Guidi, known as _____, introduced scientific rules of perspective in painting.

2. Filippo Brunelleschi designed the _____ of the cathedral of Florence.

3. The painting called *Spring* is the work of Sandro _____.

4. Tiziano _____ was one of the leading international portrait painters of the Renaissance.

5. Giovanni Bernini designed St. Peter's _____ in Rome.

6. Donatello is the sculptor of _____, the first equestrian statue since Roman times.

7. Raffaello Sanzio is best known for his tranquil madonnas and his _____.

8. Tintoretto's original way of painting was called _____.

9. The bronze doors of the baptistery in Florence are the work of _____

_____.

10. The celebrated statue of Moses is the work of _____ Buonarroti.

9. Exploration, Science, Music, and Italian Names in American History

EXPLORERS

1. **Marco Polo** (1254?–1324?). Venetian explorer and traveler who crossed central Asia; visited China, Sumatra, Ceylon, India, and Persia (1271–1295).

2. **Cristoforo Colombo (Christopher Columbus)** (1451–1506). Genoese navigator who sailed under the Spanish flag. He discovered America in 1492. He made four voyages to the West Indies and Caribbean lands.

3. **Giovanni Caboto (John Cabot)** (1450–1498). Venetian navigator who sailed under the English flag. He traveled across the Atlantic Ocean and discovered the east coast of the present-day United States in 1497.

4. **Amerigo Vespucci** (1454–1512). Florentine navigator who called the newly discovered continent the "New World." He explored the West Indies and South America. The continent of America was named after him.

5. **Ludovico di Varthema** (?–1517). Explored Egypt and Asia up to Java. Circumnavigated Africa and was the first European to visit Mecca (1502–1507).

6. **Sebastiano Caboto (Sebastian Cabot)** (1476?–1557). Son of John Cabot. He explored the South American coast to the Rio de la Plata. He sailed under the Spanish flag.

7. **Antonio Pigafetta** (1491–1534?). Completed Magellan's voyage around the world after the death of the Portuguese explorer.

8. **Giovanni da Verrazzano** (or **Verrazano**) (1485?–1528). Florentine navigator who sailed under the French flag. He explored the Atlantic coast of the present-day United States. He entered New York Harbor and discovered the Hudson River (1524) long before Henry Hudson.

9. **Luigi Amedeo di Savoia, Duke of the Abruzzi** (1873–1933). First to climb Mount Saint Elias in Alaska (1897).

10. **Umberto Nobile** (1885–1978). Italian Air Force general and Arctic explorer. He flew over the North Pole in a dirigible in 1926.

SCIENTISTS

1. **Leonardo da Vinci** (1452–1519). The greatest experimental scientist of his age. He was an inventor, a civil and military engineer, a botanist, an anatomist, an astronomer, and a geologist. He understood principles of machines that were put to use only in modern times. He forecast such inventions as the helicopter, the airplane, and the modern tank.

2. **Galileo Galilei** (1564–1642). Astronomer, physicist, and mathematician. He is considered the founder of modern experimental science and the first great rebel against traditional Aristotelian science. He discovered the law of the pendulum when he was only 20 years old. He formulated the law of falling bodies. He invented the telescope, the thermometer, the

hydrostatic scale, and the sector (a sort of compass still used by draftsmen). Galileo upheld the theory of Copernicus that the earth moves around the sun. For this belief he was prosecuted by the Inquisition. In astronomy, he made many discoveries such as the mountainous nature of the moon and the existence of the Milky Way, the four satellites of Jupiter, the peculiar rings around Saturn, the phases of Venus, and sun spots.

3. **Evangelista Torricelli** (1608–1647). Mathematician and physicist. He invented the barometer and also improved the microscope and telescope.

4. **Marcello Malpighi** (1628–1694). Anatomist who has been called the first histologist (student of the structure of living tissues). He discovered the capillary blood vessels that carry the blood between the arteries and veins. He was one of the first to use the microscope in medical research and one of the first to describe red blood corpuscles. The Malpighian tube, a structure in insects, was named after him.

5. **Lazzaro Spallanzani** (1729–1799). Experimental biologist. He showed that air can carry microscopic life and that microscopic life can be killed by boiling. He was the first to watch bacterial cells divide. He discovered that salamanders can replace damaged parts of their bodies and that bats can avoid obstacles even though they do not see them. He performed important studies on the circulation of blood and digestion.

6. **Luigi Galvani** (1737–1798). Anatomist who pioneered electrophysiology, which is the science of the relationships between living organisms and electricity. Such terms as *galvanized iron*, *galvanizing*, and *galvanometer* are derived from his name.

7. **Alessandro Volta** (1745–1827). Inventor of the electric battery and the electric condenser. He laid the foundation of electrochemistry. The *volt*, *voltage*, and *voltmeter* are named after him.

8. **Giovanni Schiapparelli** (1835–1910). Astronomer who was convinced that he had discovered canals on Mars. He discovered the asteroid Hesperia and the true rotation of Mercury.

9. **Guglielmo Marconi** (1874–1937). Internationally famous inventor and electrical engineer. He developed wireless telegraphy, which led to present-day radio and television broadcasting. He won the Nobel prize in 1909.

10. **Enrico Fermi** (1901–1954). Famous physicist who developed the first atomic pile and produced the first nuclear chain reaction in 1942. He also worked on the atomic bomb project at Los Alamos, N.M. In 1938, he was awarded the Nobel prize in physics for his atomic research.

COMPOSERS

1. **Guido d'Arezzo** (995?–1050?). A monk who was the first to use parallel lines in the form of a staff and to name the notes of the scale. This development made it possible to preserve religious music in writing.

2. **Giovanni Palestrina** (1525?–1594). Developed the most important systematic approach to polyphonic composition before Bach.

3. **Claudio Monteverdi** (1567–1643). First major composer of opera and a music reformer. *Orfeo* is his first and major opera.

4. **Alessandro Scarlatti** (1659–1725). Leading composer of early Italian opera. The overtures to his operas influenced the development of later orchestral symphonies. He composed 115 operas, 150 oratorios, and 600 cantatas.

5. **Antonio Vivaldi** (1675–1741). Famous violinist and composer. He is best known for his instrumental compositions, including sonatas for violins and concertos for various instruments. Two of his most popular works are *La Pastorella* and *Le Quattro Stagioni*.

6. **Domenico Scarlatti** (1685–1757). Son of Alessandro Scarlatti and almost as famous a composer as his father. He is best known for his keyboard sonatas. He composed more than 550 superb pieces of music.

7. **Niccolò Paganini** (1782–1840). One of the greatest violinists of all time. He composed several pieces for violin, such as the popular *Moto perpetuo* (*Perpetual Motion*).

8. **Gioacchino Rossini** (1792–1868). Great opera composer who made use of melody and frequent crescendos in his works. *The Barber of Seville* and *William Tell* are among his most popular operas.

9. **Vincenzo Bellini** (1801–1835). Opera composer known for his tender and soothing melodies. His most important operas are *La Sonnambula*, *Norma*, and *I Puritani*.

10. **Giuseppe Verdi** (1813–1901). One of the musical giants of all time. He composed many successful operas. Some of them are *Rigoletto*, *Il Trovatore*, *La Traviata*, *Aida*, *Otello*, *La Forza del Destino*, and *Falstaff*.

11. **Amilcare Ponchielli** (1834–1886). Composer of the popular opera *La Gioconda* with the familiar "Dance of the Hours."

12. **Arrigo Boito** (1842–1918). Was one of Verdi's librettists. His own great opera is *Mefistofele*.

13. **Ruggiero Leoncavallo** (1858–1919). Composer of the popular opera *I Pagliacci*.

14. **Giacomo Puccini** (1858–1924). Operatic composer famous for his melodies and dramatic harmonies. His most popular operas are *La Bohème*, *Tosca*, *Madama Butterfly*, *La Fanciulla del West*, and *Turandot*.

15. **Pietro Mascagni** (1863–1945). Opera composer whose greatest success was the one-act opera *Cavalleria Rusticana*.

16. **Ottorino Respighi** (1879–1936). One of the best-known Italian composers of the 1900's. His tone poems *The Fountains of Rome* and the *Pines of Rome* are very popular.

17. **Gian-Carlo Menotti** (1911–   ). Italian-born American composer who writes his own English librettos for his operas. Some of his operas are *The Saint of Bleecker Street*, *The Medium*, *The Telephone*, and *Amahl and the Night Visitors*.

ITALIAN NAMES IN AMERICAN HISTORY

1. **Christopher Columbus** (1451–1506). Discoverer of America. He was one of the greatest seamen and navigators of all time.

2. **Amerigo Vespucci** (1454–1512). Gave his name to America. He was the first explorer to claim that the land Columbus had discovered was not India but a new world.

3. **Giovanni da Verrazzano** (or **Verrazano**) (1485?–1528). Explored and mapped the coast of

North America. He was the first European to enter New York Harbor. The Verrazano Bridge, the longest suspension bridge in the world, was named in his honor.

4. **Enrico Tonti** (1650–1704). Explored the Great Lakes and the Mississippi River with La Salle. He is called the "father of Arkansas."

5. **Philip Mazzei** (1730–1816). An American patriot who traveled all over Europe in order to raise funds for the American war of independence. The phrase "all men are created equal," which Mazzei used in a book he wrote, was later incorporated into the *Declaration of Independence* by his friend Thomas Jefferson.

6. **William Paca** (1740–1799). Signed the Declaration of Independence. He took part in many American political movements from 1771 to his death. He was governor of Maryland and was appointed judge of the court of Maryland by Washington in 1789.

7. **Francis Vigo** (1747–1836). A hero of the American revolutionary war. He was a friend of General Clark, whom he helped in his fight against the British. Vigo's actions helped to double the size of the United States.

8. **Constantino Brumidi** (1805–1880). Known as the "Michelangelo of the United States" because, after his arrival from Italy, he spent the rest of his life decorating the Capitol Building in Washington, D.C.

9. **Saint Frances Xavier Cabrini (Mother Cabrini)** (1850–1917). The first American citizen to be declared a saint by the Roman Catholic Church.

10. **Arturo Toscanini** (1867–1957). One of the world's greatest musical directors. During his long musical career, he conducted opera at La Scala in Milan and at the Metropolitan Opera House in New York City, as well as symphonic music with the New York Philharmonic and NBC Symphony orchestras.

11. **Amadeo P. Giannini** (1870–1949). Founded the Bank of Italy, which in 1930 became the Bank of America, the world's largest commercial bank.

12. **Enrico Caruso** (1873–1921). A Metropolitan Opera tenor who had one of the most brilliant voices in the history of music.

13. **Fiorello La Guardia** (1882–1947). Gained national fame as the dynamic mayor of New York City from 1934 to 1945. He was universally admired because of his programs, such as slum clearance and new park construction, designed to help the people of the city.

14. **Enrico Fermi** (1901–1954). Left Italy in 1938 to escape the Fascist regime, and settled in the United States, where he remained for the rest of his life. A brilliant physicist, he helped develop the atomic bomb and the hydrogen bomb. The chemical element fermium was named in his honor.

15. **Gian-Carlo Menotti** (1911–   ). Italian-born American composer whose operas in English have won wide acclaim, particularly with American audiences. His opera *The Consul* won the 1950 Pulitzer Prize.

EXERCISES

A. Identify each of the following names by writing *explorer*, *scientist*, or *composer:*

1. Domenico

    Scarlatti _____

2. Galvani _____

3. Polo _____

4. Volta _____

5. Galileo _____

6. Menotti _____

7. Giovanni

    Caboto _____

8. Verrazzano _____

9. Da Vinci _____

10. Verdi _____

11. Torricelli _____

12. Colombo _____

13. Puccini _____

14. Schiapparelli _____

15. Vespucci _____

16. Nobile _____

17. Mascagni _____

18. Fermi _____

19. Marconi _____

20. Rossini _____

B. Identify each famous Italian:

1. uno dei più grandi scienziati del mondo che scoprì (*discovered*) la legge della caduta dei gravi (*falling bodies*) _____

2. inventore del telegrafo senza fili (*wireless telegraph*) _____

3. vincitore del premio Nobel per la fisica che produsse (*produced*) la prima reazione atomica a catena _____

4. celebre fisico che fece (*made*) delle importanti scoperte nel campo dell'elettricità _____

5. navigatore florentino che diede (*gave*) il suo nome all'America _____

6. genio universale che fu inventore, artista, architetto, ingegnere, fisico, geologo, astronomo, etc. _____

7. scoprì (*discovered*) l'America nel 1492 _____

8. generale italiano che fu il primo a sorvolare (*fly over*) il polo Nord _____

9. compositore della bell'opera *Tosca* _____

10. la sua sola opera fu *I Pagliacci* _____

C. Complete the following statements:

1. Antonio _____ completed Magellan's trip after Magellan's death.

2. Enrico _____ produced the first nuclear chain reaction.

3. _____ invented the telescope.

4. _____ was the Venetian explorer who visited China.

5. The Malpighian tube was named after the anatomist _____
   _____.

6. Evangelista _____ invented the barometer.

7. Lazzaro Spallanzani was the biologist who showed that air can carry _____
   _____.

8. Ludovico de Varthema was the first European to visit _____.

9. The Duke of _____ was the first to climb Mount Saint Elias in Alaska.

10. Ottorino _____ is famous for his tone poems such as *The Fountains of Rome*.

11. Vincenzo _____ is the composer of the operas *La Sonnambula*, *Norma*, and *I Puritani*.

12. The opera *La Gioconda* is the work of Amilcare _____.

13. Gian-Carlo _____ is the Italian-born American composer of operas such as *The Saint of Bleecker Street* and *Amahl and the Night Visitors*.

14. Giuseppe _____, one of the greatest opera composers, wrote *Rigoletto* and *Aida*.

15. Arturo _____ was one of the greatest conductors of orchestras and opera companies.

D. If the statement is true, write **true**. If it is false, replace the italicized word or phrase with the correct term to make the statement true.

1. *Galileo* is considered the founder of modern experimental science. _____
   _____

2. Sebastiano Caboto explored the *North American coast*. _____
   _____

3. *Giuseppe Verdi* is the composer of the opera "Aida." _____
   _____

4. *Alessandro Scarlatti* invented a way of preserving religious music in writing. _____
   _____

5. *Enrico Fermi* pioneered the science of electrophysiology. _____
   _____

6. *Volt* and *voltage* are terms derived from the name of Alessandro Volta. _____
   _____

7. *Amilcare Ponchielli* was the first major composer of operas. _____
   _____

8. "La Bohème" is an opera by *Puccini*. _____
    _____

9. *Galileo* was prosecuted by the Inquisition because of his scientific beliefs. _____
    _____

10. *Caruso* was an operatic tenor. _____

11. Fiorello La Guardia was the *governor of Maryland*. _____
    _____

12. *William Paca* signed the Declaration of Independence. _____
    _____

13. The sentence "all men are created equal" was included in the *Declaration of Independence*
    as a result of Mazzei's writings. _____

14. *Francis Vigo* was in part responsible for doubling the size of the United States. _____
    _____

15. *Torricelli* was a pioneer in the field of atomic energy. _____
    _____

E. Complete the following sentences by underlining the correct item in parentheses:

1. The first American saint was (Saint Catherine, Saint Clare, Saint Frances Xavier Cabrini).
2. Constantino Brumidi was (the artist who decorated the Capitol in Washinton, D.C., a famous Italian-American poet, an emperor).
3. The largest bank in America was founded by (Umberto Nobile, Amadeo P. Giannini, Philip Mazzei).
4. Enrico Fermi was a great (astronomer, architect, atomic scientist).
5. An Italian-American composer of operas sung in English is (Giuseppe Verdi, Gian-Carlo Menotti, Giacomo Puccini).
6. One of the greatest music conductors was the Italian-born director (Arturo Toscanini, Enrico Caruso, Arrigo Boito).
7. The American continent was named after (Christopher Columbus, Giovanni da Verrazzano, Amerigo Vespucci).
8. The man who explored the Great Lakes and the Mississippi River with La Salle was (Enrico Tonti, Constantino Brumidi, Philip Mazzei).
9. The longest suspension bridge in the world was named after the Italian navigator (Vespucci, Verrazzano, Caboto).
10. The composer of *Moto perpetuo* was the great violinist (Vincenzo Bellini, Niccolò Paganini, Claudio Monteverdi).

10. Mastery Exercises

A. Underline the word or phrase that does not belong with the rest of the group:

1. montagne: Alpi, Appennini, Vesuvio, Po
2. laghi: Adige, Garda, Como, Lugano
3. compositori: Palestrina, Uccello, Puccini, Leoncavallo
4. fiumi: Siena, Adige, Tevere, Arno
5. Roma: Galleria Borghese, Palazzo Pitti, Piazza Venezia, Fontana di Trevi
6. porti: Napoli, Palermo, Genova, Roma
7. scrittori: Manzoni, Moravia, Masaccio, Deledda
8. chiese: Basilica di San Pietro, il Colosseo, il Duomo, Santa Croce
9. formaggi: provolone, gorgonzola, mozzarella, marsala
10. vini: chianti, spumone, marsala, spumante
11. piatti: gnocchi, lasagne, caffè espresso, ravioli
12. pittori: Michelangelo, Raffaello, Mascagni, Tiziano
13. vulcani: Iseo, Etna, Vesuvio, Stromboli
14. città: Firenze, Ischia, Milano, Napoli
15. regioni: Puglia, Calabria, Lombardia, Capri
16. poeti: D'Annunzio, Galvani, Leopardi, Quasimodo
17. esploratori: Verrazzano, Colombo, Vespucci, Marconi
18. scienziati: Polo, Galileo, Fermi, Torricelli
19. scultori: Canova, Bernini, Nobile, Michelangelo
20. architetti: Nervi, Vespucci, Palladio, Bramante

B. Write *T* for each statement that is true, and *F* for each statement that is false:

_____ 1. The Apennines are considered the "backbone" of Italy.

_____ 2. Rome is the capital of Italy.

_____ 3. Spain borders on Italy.

_____ 4. Italy is not an industrial country.

_____ 5. The political subdivisions of modern Italy are its regions.

_____ 6. Genoa is the largest seaport of Italy.

_____ 7. The Alps contribute to the mild climate of Italy by acting as a shield against the cold air from the north.

_____ 8. Italian highways are the best in Europe, next to those of Germany.

_____ 9. *La Cappella degli Scrovegni* is famous for its frescoes by Fra Angelico.

_____ 10. The region of Campania is in northern Italy.

_____ 11. Saint Peter's Church in Vatican City is the world's largest Christian church.

_____ 12. Every region of Italy has its own food specialties.

_____ 13. The cafe plays an important role in Italian social life.

_____ 14. Italian children must attend school from the age of six to the age of sixteen.

_ _ _ _ _ 15. One who wants to be an elementary school teacher goes to a *scuola magistrale*.

_ _ _ _ _ 16. The *Palio* is a famous boat race that takes place in Venice.

_ _ _ _ _ 17. Vittorio Emanuele II was the first king of the united Italy.

_ _ _ _ _ 18. The Italian motor company Fiat has built a very large plant in Russia.

_ _ _ _ _ 19. The *Festa di Piedigrotta* takes place in Naples every September.

_ _ _ _ _ 20. The most popular sport in Italy is soccer.

_ _ _ _ _ 21. The renowned opera house *La Scala* is in Naples.

_ _ _ _ _ 22. *Polenta* is a thick porridge made of cornmeal.

_ _ _ _ _ 23. The Italian president resides at the *Quirinale* Palace.

_ _ _ _ _ 24. In World War I, Italy fought on the side of the Germans.

_ _ _ _ _ 25. Italy became a republic in 1946.

_ _ _ _ _ 26. The Italian language is derived principally from Latin.

_ _ _ _ _ 27. Galileo Galilei is considered the founder of modern experimental science.

_ _ _ _ _ 28. Venice is called the "Queen of the Adriatic."

_ _ _ _ _ 29. *Il giro d'Italia* refers to the annual bicycle race.

_ _ _ _ _ 30. Giovanni Caboto discovered the east coast of South America.

_ _ _ _ _ 31. Alessandro Volta invented the electric battery.

_ _ _ _ _ 32. An English cognate of *cane* is canal.

_ _ _ _ _ 33. The leading industrial cities of Italy are Milan and Turin.

_ _ _ _ _ 34. Bologna has the oldest university in Europe.

_ _ _ _ _ 35. In 1943, Italy declared war on Germany and fought on the side of the Allies.

_ _ _ _ _ 36. The national holiday of Italy is June 2.

_ _ _ _ _ 37. Giovanni da Verrazzano was the first to discover the port of New York and the Hudson River.

_ _ _ _ _ 38. Niccolò Paganini was a great opera composer.

_ _ _ _ _ 39. The famous portrait of Julius II was the work of Raffaello Sanzio.

_ _ _ _ _ 40. *Spumone* is a type of Italian ice cream.

_ _ _ _ _ 41. The Italian Naval Academy is located in Genoa.

_ _ _ _ _ 42. Dante's tomb is in Ravenna.

_ _ _ _ _ 43. The best preserved of Roman remains is the Pantheon in Rome.

_ _ _ _ _ 44. The Tiber flows through Rome.

_ _ _ _ _ 45. Benedetto Croce was the leading modern philosopher of Italy.

_ _ _ _ _ 46. The seat of the Italian Chamber of Deputies is the Montecitorio Palace.

_ _ _ _ _ 47. Capri, the famous summer resort, is located in the Bay of Naples.

_ _ _ _ _ 48. Mount Vesuvius is the tallest volcano.

_ _ _ _ _ **49.** Marconi is the inventor of wireless telegraphy.

_ _ _ _ _ **50.** Most Italians are bilingual, since they speak Italian and the dialect of their region.

C. Complete the following sentences by underlining the correct item in parentheses:

1. Verdi è il compositore dell'opera (*Tosca, Otello, Mefistofele*).
2. Il sommo poeta d'Italia è (Pascoli, Petrarca, Dante).
3. Il fiume più lungo d'Italia è (il Po, l'Adige, l'Arno).
4. La città romana di Pompei fu distrutta (*was destroyed*) dall'eruzione del vulcano (Etna, Vesuvio, Stromboli).
5. Quando si parla della "Città Eterna" si parla di (Firenze, Venezia, Roma).
6. Invece di tassì ci sono delle gondole a (Siena, Napoli, Venezia).
7. Il più grande scultore del mondo fu (Bernini, Michelangelo, Rodin).
8. Un famoso scrittore moderno di racconti (*short stories*) è (Alfieri, Montale, Moravia).
9. La più bella stazione ferroviaria del mondo è la stazione Termini di (Roma, Milano, Bari).
10. Il Tevere sbocca (*empties*) nel (Mar Tirreno, Mare Adriatico, Mar Ligure).
11. Il poeta che ha vinto il premio Nobel nel 1959 è (Ungaretti, Quasimodo, Montale).
12. *La Gioconda,* o *Mona Lisa,* è opera di (Tiziano, Botticelli, Da Vinci).
13. L'aeroporto di Roma si chiama (Malpensa, Leonardo da Vinci, Capodichino).
14. Paganini era (*was*) un famoso (pittore, architetto, violinista).
15. *La Pietà* è una famosa (statua, chiesa, cappella).
16. Puccini è il compositore di (*Madama Butterfly, Rigoletto, Fidelio*).
17. Il Palazzo Pitti è (la residenza del papa, un museo, una stazione).
18. (Firenze, Siena, Napoli) è uno dei centri più ricchi d'arte rinascentista del mondo.
19. *Il Decameron* è opera di (Petrarca, Boccaccio, Castiglione).
20. Il lago più grande d'Italia è il lago di (Como, Lugano, Garda).
21. Ischia è (un monte, un'isola, un fiume).
22. La Toscana è nell'Italia (centrale, settentrionale, meridionale).
23. Il telescopio è un'invenzione di (Torricelli, Volta, Galileo).
24. *L'Ultima Cena* è un dipinto (*painting*) di (Raffaello, Botticelli, Da Vinci).
25. *La Ginestra* è una famosa poesia di (Pascoli, Leopardi, Ungaretti).
26. Grazia Deledda è l'autrice (*authoress*) del romanzo (*novel*) (*Il fu Mattia Pascal, Il gattopardo, Colombi e Sparvieri*).
27. Lo Scoppio del Carro ha luogo (*takes place*) a Firenze (il giorno di Natale, il giorno di Capodanno, il giorno del Sabato Santo).
28. Una delle vie più eleganti di Roma è via (Condotti, della Conciliazione, Vittorio Veneto).
29. La prima opera di fama (*famous*) scritta nel dialetto toscano fu (*La Divina Commedia, La Gerusalemme Liberata, Il Canzoniere*).
30. Lo spumante è (un gelato, un vino, un formaggio).

Part VI. Auditory Comprehension

A. Completion of Oral Sentences

Directions to the Pupil: The teacher will read aloud a sentence, in Italian, and will repeat it. After the *second* reading of the sentence, circle the letter of the answer that best completes the sentence.

1.	*a*	*b*	*c*	*d*	26.	*a*	*b*	*c*	*d*
2.	*a*	*b*	*c*	*d*	27.	*a*	*b*	*c*	*d*
3.	*a*	*b*	*c*	*d*	28.	*a*	*b*	*c*	*d*
4.	*a*	*b*	*c*	*d*	29.	*a*	*b*	*c*	*d*
5.	*a*	*b*	*c*	*d*	30.	*a*	*b*	*c*	*d*
6.	*a*	*b*	*c*	*d*	31.	*a*	*b*	*c*	*d*
7.	*a*	*b*	*c*	*d*	32.	*a*	*b*	*c*	*d*
8.	*a*	*b*	*c*	*d*	33.	*a*	*b*	*c*	*d*
9.	*a*	*b*	*c*	*d*	34.	*a*	*b*	*c*	*d*
10.	*a*	*b*	*c*	*d*	35.	*a*	*b*	*c*	*d*
11.	*a*	*b*	*c*	*d*	36.	*a*	*b*	*c*	*d*
12.	*a*	*b*	*c*	*d*	37.	*a*	*b*	*c*	*d*
13.	*a*	*b*	*c*	*d*	38.	*a*	*b*	*c*	*d*
14.	*a*	*b*	*c*	*d*	39.	*a*	*b*	*c*	*d*
15.	*a*	*b*	*c*	*d*	40.	*a*	*b*	*c*	*d*
16.	*a*	*b*	*c*	*d*	41.	*a*	*b*	*c*	*d*
17.	*a*	*b*	*c*	*d*	42.	*a*	*b*	*c*	*d*
18.	*a*	*b*	*c*	*d*	43.	*a*	*b*	*c*	*d*
19.	*a*	*b*	*c*	*d*	44.	*a*	*b*	*c*	*d*
20.	*a*	*b*	*c*	*d*	45.	*a*	*b*	*c*	*d*
21.	*a*	*b*	*c*	*d*	46.	*a*	*b*	*c*	*d*
22.	*a*	*b*	*c*	*d*	47.	*a*	*b*	*c*	*d*
23.	*a*	*b*	*c*	*d*	48.	*a*	*b*	*c*	*d*
24.	*a*	*b*	*c*	*d*	49.	*a*	*b*	*c*	*d*
25.	*a*	*b*	*c*	*d*	50.	*a*	*b*	*c*	*d*

B. Suitable Responses to Questions or Statements

Directions to the Pupil: The teacher will read aloud a question or statement, in Italian, and will repeat it. After the *second* reading of the question or statement, circle the letter of the most suitable response to the oral question or statement.

1. *a.* Si chiama Annalia.
   b. Ha sedici anni.
   c. È mio cugino Ezio.
   d. Sono francesi.

2. *a.* Tredici.
   b. Fanno venti.
   c. Alle otto.
   d. Non ha niente.

3. *a.* Sono sette.
   b. A mezzogiorno.
   c. Non sono qui.
   d. Sono le otto.

4. *a.* Bene, grazie, e tu?
   b. Mi chiamo Elio.
   c. Sto a casa.
   d. Tante grazie.

5. *a.* Preferisco l'inverno.
   b. Non ho fame.
   c. Non ho sete.
   d. Non ho sonno.

6. *a.* Vado dal dentista.
   b. Non può andare.
   c. Non vado oggi.
   d. Sono qua.

7. *a.* Sì, è una brutta giornata.
   b. Sì, guarda che bel sole!
   c. Sì, è una bella giornata.
   d. No, parto subito.

8. *a.* Sono stanco.
   b. Fa bel tempo.
   c. Sono in ritardo.
   d. Ho sonno.

9. *a.* Sono contenta.
   b. Vado al cinema.
   c. Sto bene, grazie.
   d. Non ho tempo.

10. *a.* Parla italiano.
    b. È molto simpatico.
    c. È mio nonno.
    d. Siamo amici.

11. *a.* Davanti a Rosalba.
    b. Fa i compiti.
    c. È presente.
    d. È la sedia mia.

12. *a.* Sì, mi piacciono gli sport.
    b. Nè ora nè mai.
    c. Amo i libri d'avventura.
    d. Vado con te.

13. *a.* Grazie, ma non prendo il sale.
    b. Mi dia il coltello, per piacere.
    c. Grazie, ma preferisco il tè.
    d. Camminerò con te.

14. *a.* Scusi.
    b. Per favore.
    c. Prego.
    d. Arrivederci.

15. *a.* Perchè non vai a dormire?
    b. Preferisco sentire qualche disco.
    c. Silenzio, per piacere!
    d. Marisa suona il piano.

16. *a.* Peccato!
    b. Grazie, altrettanto.
    c. Ottima idea!
    d. D'accordo.

17. *a.* Sì, è un ragazzo pigro.
    b. È sempre ammalato.
    c. Preferisce sempre giocare.
    d. Sì, è un alunno diligente.

18. *a.* Sì, dov'è la chiave?
    b. Sì, porterò tutto.
    c. La finestra è già chiusa.
    d. La porta è aperta.

19. *a.* Perchè non ti metti il cappotto?
    b. Sì, la poesia è bella.
    c. Allora, apri la finestra!
    d. Non sei ancora andato?

20. *a.* Magnifico!
    b. Che peccato!
    c. È davvero fortunato.
    d. Ho ragione.

21. *a.* Grazie, sto meglio.
    b. Prendi la mia.
    c. Non ho trovato nulla.
    d. Ecco un foglio di carta.

22. *a.* Sì, ma ho dimenticato il quaderno.
    b. Molto bene!
    c. Al contrario! Sono sempre in orario.
    d. Lo comprerò subito.

23. *a.* Il treno è in ritardo.
    b. Prendiamo l'autobus numero 12.
    c. Allora, è bene prendere l'ascensore.
    d. Possiamo sentire della musica.

24. *a.* Sì, è già nella stazione.
    b. Sì, è partito poco fa.
    c. No, non è ancora a casa.
    d. No, è andato a pranzo.

25. *a.* Non dimenticare l'ombrello.
    b. Sì, vedo il sole.
    c. Sì, è già notte.
    d. Sì, è arrivata poco fa.

26. *a.* La settimana scorsa.
    b. Sì, l'orologio è mio.
    c. Domenica prossima.
    d. Ieri sera.

27. *a.* Ah! È vuota.
    b. Non abita più vicino a noi.
    c. Hanno finito la battaglia.
    d. Non mi piace mangiare.

28. *a.* Sì, vado spesso al cinema.
    b. Sì, è una magnifica idea.
    c. No, non ho comprato il giornale.
    d. No, non mi piace leggere.

29. *a.* No, è di mio fratello.
    b. È nuova.
    c. Non amo il colore giallo.
    d. Sì, è una bicicletta.

30. *a.* Va bene.
    b. Stamattina.
    c. In autobus.
    d. Alle otto.

31. *a.* Dietro a Tonio.
    b. Spero di sì.
    c. Molto bene.
    d. Non so perchè

32. *a.* Devo leggere un libro.
    b. Sono stanco.
    c. Sono ammalato.
    d. Parlano inglese.

33. *a.* Sono in cucina.
    b. Ha un raffreddore.
    c. Apparecchia la tavola.
    d. Non è venuta.

34. *a.* Nel parco.
    b. Al pian terreno.
    c. Nel fiume.
    d. A buon mercato.

35. *a.* No, non abbiamo sonno.
    b. Sì, abbiamo fame.
    c. Sì, abbiamo sete.
    d. No, non siamo troppo vecchi.

36. *a.* Non c'è luce.
    b. Non abbiamo fatto i compiti.
    c. Ho sete.
    d. Ho un forte raffreddore.

37. *a.* Va bene con la camicia.
    b. È di mio padre.
    c. Non c'è.
    d. E Graziella.

38. *a.* Non tanto bene.
    b. Sì, Fabiano è con me.
    c. Piacere mio.
    d. Sì, studiamo insieme.

39. *a.* Sì, l'ho venduto ieri.
    b. I cani non giocano con i gatti.
    c. I cani hanno paura dei gatti.
    d. Sì, è un bel cagnolino.

40. *a.* Ho dormito bene.
    b. Ho lavorato molto oggi.
    c. Il caffè è freddo.
    d. Domani avrò molto lavoro da fare.

41. *a.* È una ragazza intelligente.
    b. Sì chiama Enrico.
    c. La luna è bella.
    d. Ci sono nove alunne.

42. *a.* Com'è bello!
    b. Che brutta mattina.
    c. Sarà il mio compleanno.
    d. Amo la pace.

43. *a.* Ho freddo.
    b. Fa bel tempo oggi.
    c. Oggi ne abbiamo dieci.
    d. È una mela.

44. *a.* L'asino è nel campo.
    b. In una farmacia.
    c. In un giardino zoologico.
    d. In un negozio di generi alimentari.

45. *a.* Non è ricca.
    b. È andata via.
    c. È molto simpatica.
    d. Studia molto.

46. *a.* Ha perduto la palla.
    b. Ha trovato la palla.
    c. È contento.
    d. Viene subito.

47. *a.* Aspettiamo un tassì.
    b. È dietro a te.
    c. Fanno una passeggiata.
    d. Siete in ritardo.

48. *a.* Scusi.
    b. Volentieri.
    c. È ben cotto.
    d. Sì, l'arancia è gialla.

49. *a.* Sì, è molto magra.
    b. No, è abbastanza diligente.
    c. No, è partita poco fa.
    d. Sì, è molto giovane.

50. *a.* Più di sei.
    b. Abitiamo insieme.
    c. Sono in Italia.
    d. Sono tutti a casa.

Part VII. Passages for Reading Comprehension

Group I

Read each passage. Then circle in each exercise the letter of the answer based on the passage:

1. Giulietta Titone mostra la pagella al padre.
—Brava! esclama il padre dopo aver guardato i risultati con gioia. E siccome sei stata brava a scuola dimmi che cosa desideri!
—Non andarci più!

(1) Il padre di Giulietta è contento perchè

    a. Giulietta sta molto bene.

    b. Giulietta ha ottenuto dei buoni risultati a scuola.

    c. A sua figlia non piace la pagella.

    d. Giulietta è un'ottima maestra.

(2) Come premio Giulietta vuole?

    a. una pagella nuova

    b. un libro nuovo

    c. non andare più a scuola

    d. guardare i risultati

2. Un cosmonauta russo, mentre gira intorno alla terra, incontra un astronauta americano.
—Ehilà! grida il Russo. Voglio farti una fotografia.
—Un momento! grida l'Americano. Chiama per radio Pentagono e spiega:
—C'è un cosmonauta russo che vuol farmi la fotografia. Che cosa devo fare?
Il Pentagono risponde:
—Sorridi.

Che cosa desidera il cosmonauta russo?

    a. una fotografia dell'Americano

    b. parlare in inglese

    c. aiuto

    d. mettersi in comunicazione col Pentagono

3. Il poeta Giosuè Carducci esamina uno studente che non sa rispondere bene. Allora Carducci chiede:
—Che cosa farai se ti boccio?
—Mi getto nel fiume, risponde il giovane.
—Oh, buttati nel fiume senza paura, giacchè le zucche non vanno giù, risponde il Carducci.

(1) Il poeta Carducci esamina

    a. un bravo studente.

    b. un professore.

    c. uno studente che non risponde bene.

    d. un fiume italiano.

(2) Il Carducci incoraggia l'alunno a

    a. camminare sul fuoco.   *c.* saltare dal treno.
    b. fare l'esame.   *d.* gettarsi nell'acqua.

4. Thomas Alva Edison, il grande inventore, un giorno è invitato a una festa durante la quale i giovani ballano al suono acuto di un fonografo. Infastidito, lo scienziato domanda:
—Ma chi è quel disgraziato che ha inventato quello strumento?
Sorpreso il suo ospite risponde:
—Ma Lei, signor Edison!
—Io? Quel giorno io dovevo essere proprio pazzo!

(1) A Edison non piace

    a. il suono del fonografo.   *c.* il ballo dei giovani.
    b. la musica classica.   *d.* la moda del tempo.

(2) Edison non sa

    a. la data di quel giorno.   *c.* il nome del suo ospite.
    b. il nome del nuovo ballo.   *d.* il nome dell'inventore del fonografo.

5. Siamo al cinema, un cane seduto in una poltrona ride mentre guarda i cartoni animati e poi segue il film con interesse. Alla fine il cane applaude entusiasticamente.
—Ma questo cane è meraviglioso! dicono tutti al padrone. Ha visto con che interesse ha guardato il film?
—Sì, risponde il padrone, considerando che quando il cane ha letto il libro non gli è piaciuto affatto.

(1) Che cosa trovano meraviglioso gli spettatori?

    a. lo spettacolo   *c.* un animale eccezionale
    b. i fumetti animati   *d.* il film a colori

(2) Secondo il padrone, che altro sa fare il cane?

    a. leggere   *c.* cantare
    b. parlare   *d.* ballare

6. Un giovane studente si presenta all'esame orale di storia.
—Come si chiama Lei? chiede il professore.
—Vittorio Lenti.
—Bene, ma perchè ride?
—Perchè sono contento, professore, di aver risposto bene alla prima domanda!

Perchè ride Vittorio?

    a. È stato promosso.   *c.* È stato bocciato.
    b. La prima risposta è corretta.   *d.* L'esame è finito.

7. Lui: —Tesoro, per l'anniversario del nostro matrimonio preferisci una pelliccia di visone (*mink coat*) o un viaggio in America?
Lei: —Oh, amore, andiamo in America. In America le pellicce di visone costano meno.

Questa signora desidera avere

    a. soltanto la pelliccia.   *c.* la pelliccia ed il viaggio.
    b. un cagnolino.   *d.* nè la pelliccia nè il viaggio.

8. Alla casa di un famoso dottore arriva un vestito nuovo fatto dal suo sarto. Il dottore si prova il vestito ma non è soddisfatto. Il vestito non gli sta bene.

—Questo lavoro è mal fatto, dice il medico. Perciò rimanda il vestito dal sarto.

Pochi giorni dopo il dottore ed il sarto sono ai funerali di un cliente del dottore. Mentre la prima palata di terra cade sulla cassa del morto, il sarto dice:

—Ah, come sono fortunati i dottori!

—Ma che cosa dice Lei? domanda il dottore.

—Dico, risponde il sarto, che il lavoro mal fatto dei dottori non ritorna mai più.

(1) Perchè il medico rimanda il vestito dal sarto?

a. Non gli piace il lavoro.   *c.* La misura non è giusta.
b. Non è un vestito di moda.   *d.* È un pò scuro.

(2) Chi è il morto?

a. un parente del medico   *c.* il padre del sarto
b. un cliente del sarto   *d.* un paziente del medico

9. Due signori sono in treno nello stesso vagone. È un giorno del mese d'agosto e fa molto caldo. Un signore di settanta anni domanda:

—Scusi, ma Lei non è Bruno Orsi, l'uomo fortissimo che può sollevare cinquanta chili con una mano?

—Sì, sono proprio lui, risponde l'altro.

—Ma allora, dice il primo, apra la finestra perchè qui fa troppo caldo.

Chi è Bruno Orsi?

a. È un uomo famoso per la sua forza.   *c.* È il padre dell'altro signore.
b. È un dottore americano.   *d.* È un celebre viaggiatore.

10. Tre fratelli, la sera, raccontano al babbo la loro buona azione del giorno:

—Abbiamo aiutato una vecchia ad attraversare la strada.

—Bravi, dice il babbo. Ma perchè vi siete messi in tre ad aiutarla?

—Perchè . . . non voleva attraversare la strada.

Che cosa hanno fatto i tre fratelli?

a. Hanno giocato a palla.   *c.* Hanno forzato una signora ad andare
b. Hanno aiutato una vecchia caduta per terra.   all'altra parte della strada.
     d. Sono andati a casa di una vecchietta.

11. È inverno. Fa molto freddo. Un uccellino ha fame e freddo. Picchia ad una finestra. Una ragazzina di dieci anni guarda l'uccello. Ella è molto buona. La bambina apre la finestra e l'uccello entra. Lei dà da mangiare all'uccellino tutto l'inverno. Nella primavera l'uccello è triste. Non canta più. Anche la bambina è triste; ma apre la finestra e l'uccellino vola via.

(1) Che tempo fa?

a. Fa bel tempo.   *c.* Fa cattivo tempo.
b. Fa caldo.   *d.* Piove.

(2) L'uccello vuole

a. bere.   *c.* ballare.
b. giocare.   *d.* mangiare.

(3) Dopo l'inverno la ragazzina e l'uccellino

    a. sono allegri.
    b. non sono contenti.

    c. sono felici.
    d. non sono buoni.

12. Giovanni e Teresa entrano in un ristorante. Il cameriere porta la lista.

—Che cosa desidera, signorina? domanda il cameriere.

—Voglio della minestra, una bistecca, delle patate fritte, dei fagiolini, dell'insalata, del caffè e del gelato, risponde Teresa.

    —E Lei, signore, che cosa desidera? domanda il cameriere a Giovanni.

    —Una tazza di caffè, risponde Giovanni.

    —Perchè solo una tazza di caffè? domanda Teresa.

    —Perchè non ho denaro, risponde Giovanni.

(1) Chi ordina un pranzo completo?

    a. il cameriere
    b. Giovanni

    c. la ragazza
    d. il cuoco

(2) Perchè non può mangiare Giovanni?

    a. Non ha fame.
    b. È in dieta.

    c. Non può pagare.
    d. È vegetariano.

13. Tra pochi giorni sarà il compleanno di Maurizio e la mamma dice:

—Anche quest'anno faremo una bella festa. Scrivi ai cugini per invitarli a venire da noi per il giorno del tuo compleanno.

Maurizio salta felice e grida a tutti la sua gioia. Egli sa che i cugini, quando sono invitati, arrivano carichi di regali, mentre la mamma, la nonna, e la zia preparano per l'occasione torte, paste, biscotti.

Ora il ragazzo scrive i biglietti d'invito; ma è già notte e non può uscire per spedirli. Li mette in un cassetto. Domani li spedirà.

Arriva il giorno del compleanno. Tutto è pronto: i dolci, la torta, le candele. Ma gli invitati non arrivano.

A un tratto la mamma chiede a Maurizio:

—Hai imbucato i biglietti d'invito?

—Ah! grida il ragazzo. Sono ancora nel cassetto!

Addio cugini, addio regali, addio festa!

(1) Fra pochi giorni

    a. si chiuderanno le scuole.
    b. i cugini compiranno gli anni.

    c. si sarà una festa per Maurizio.
    d. sarà il compleanno della nonna.

(2) I cugini non sono venuti perchè

    a. sono ammalati.
    b. non hanno ricevuto i biglietti d'invito.

    c. abitano molto lontano.
    d. non hanno preparato la torta.

14. Sono le sei del pomeriggio. Mentre la signora Santori prepara il pranzo, suo marito legge il giornale nel salotto. Luigi suona il pianoforte e Silvana apparecchia la tavola. Un'ora più tardi, la famiglia va nella sala da pranzo. Il pranzo è molto buono e tutti sono contenti. I figli parlano della scuola e i genitori parlano del viaggio che faranno in Italia il prossimo luglio.

(1) Quante persone ci sono in questa famiglia?

    a. due   *c.* una

    b. tre   *d.* quattro

(2) Quando andranno in Italia?

    a. per Natale   *c.* la prossima estate

    b. in autunno   *d.* a mezzogiorno

15. Una sera il celebre violinista Paganini noleggia una carrozza per andare al teatro. A viaggio finito chiede il prezzo.

    —Venti lire, risponde il cocchiere.

    Il musicista rimane sorpreso, ed allora il cocchiere dice:

    —Una persona come Lei che riceve tremila lire per suonare su una corda sola può pagare venti lire per una carrozza.

    Paganini non risponde, ma paga al cocchiere solo due lire e dice:

    —Ti darò il resto quando imparerai a portare la carrozza su una ruota sola.

(1) Come va Paganini al teatro?

    a. a piedi   *c.* in automobile

    b. in carrozza   *d.* a cavallo

(2) Che cosa dà il violinista al cocchiere?

    a. più di venti lire   *c.* meno di venti lire

    b. venti lire   *d.* molti ringraziamenti

16. Allo zoo in una gabbia c'è uno scimpanzè che scrive a macchina.

    —E che scrive? chiede incuriosito un visitatore.

    —Novelle, risponde il guardiano.

    —Ma che animale straordinario! esclama il visitatore.

    —Non tanto straordinario, risponde il guardiano. Non hanno pubblicato nemmeno una delle sue novelle.

Perchè rimane sorpreso un visitatore?

    a. Il guardiano non risponde.   *c.* Una scimmia sa scrivere a macchina.

    b. Lo scimpanzè parla italiano.   *d.* Hanno pubblicato delle sue novelle.

17. In una scuola suona il telefono e la maestra risponde. Ella sente la voce infantile d'un ragazzino che cerca d'imitare la voce d'un uomo.

    la Voce: Pronto, parlo con la maestra?

    la Maestra: Sì, chi parla?

    la Voce: L'alunno Pierino non va a scuola oggi perchè è ammalato.

    la Maestra: Peccato! Sta molto male Pierino?

    la Voce: No, no; domani starà molto bene.

    la Maestra: Bene, questo mi fa piacere. E chi parla?

    la Voce: Mio padre.

(1) L'alunno Pierino

    a. non vuole andare a scuola.   *c.* è diligente.

    b. è davvero ammalato.   *d.* è un uomo.

(2) La maestra parla con

    a. il padre di Pierino.
    b. un signore.

    c. la madre di Pierino.
    d. Pierino.

18. Ad Einstein, che era non solo molto distratto ma anche assai miope (*nearsighted*), un giorno in treno gli cadono gli occhiali. Una bambina li raccoglie subito e li dà al signore.
  —Grazie, carina, le sorride il grande scienziato. Come ti chiami?
  —Clara Einstein, papà, risponde la piccola.

Chi raccoglie gli occhiali dello scienziato?

    a. una signora gentile
    b. sua figlia

    c. sua nipote
    d. uno straniero

19. I grandi magazzini sono affollati. In un negozio molto affollato un bambino di quattro anni comincia a gridare disperatamente:
  —Annamaria! Annamaria!
  Subito viene sua madre.
  —Quante volte ti ho detto di non chiamarmi per nome ma di chiamarmi "mamma"?
  —Lo so, mamma, risponde il bimbo. Ma il negozio è pieno di mamme ed io volevo proprio la mia!

(1) Perchè grida il bambino?

    a. Ha fame.
    b. Vuole giocare.

    c. Vuole sua madre.
    d. Vuole la sua compagna.

(2) Come vuole essere chiamata la madre?

    a. Annamaria
    b. Mamma

    c. Signora
    d. Signorina

20. È d'estate, e fa caldo. Molte persone sono sedute in un parco ad ascoltare un concerto. Ad un tratto, un bimbo di sei anni s'avvicina al direttore dell'orchestra e gli chiede:
  —Per favore, vuole suonare "Fratelli d'Italia," signore?
  Il musicista sorpreso, dice:
  —Ma perchè vuoi sentire l'inno nazionale?
  —Se quella gente si alza, io posso trovare la mia palla che ora è sotto una di quelle sedie.

Il ragazzino fa la richiesta al musicista perchè

    a. gli piacciono i concerti.
    b. è un patriota.

    c. ha perduto qualcosa.
    d. vuole cantare l'inno nazionale.

21. —Emilio, dice il professore, non sono affatto soddisfatto del tuo tema "Una gita in campagna." Tu hai scritto parola per parola lo stesso componimento di tuo fratello.
  —Ma, professore, risponde Emilio, noi abbiamo fatto esattamente la stessa gita.

Che spiegazione dà Emilio al professore?

    a. che va spesso in campagna
    b. che la sua gita è simile a quella del fratello.

    c. che ha copiato da suo fratello
    d. che ha bisogno di camminare

22. Un Italiano entra in un negozio a New York e domanda al commerciante:
  —Come sta Lei?

—Molto bene, grazie, risponde il commerciante.

—E la famiglia? chiede l'Italiano.

—Tutti bene.

—E gli affari? continua l'Italiano.

—Bene. Ma Lei, scusi, che cosa desidera comprare? chiede il commerciante.

—Io, niente, risponde l'Italiano. Ho visto il cartello in vetrina che dice "Qui si parla italiano" e sono entrato a parlare un po'.

Che cosa vuole l'Italiano?

    a. comprare un paio di scarpe   *c.* ascoltare la radio
    b. parlare italiano   *d.* giocare un poco

23. Una donna entra in un negozio.

—Desidero comprare una bambola.

—La commessa va via e ritorna dopo qualche minuto.

—Ecco una bella bambola, signora. Quando Lei la mette a letto, essa chiude gli occhi come una vera bambina.

La cliente comincia a ridere.

—Signorina, è evidente, dice la cliente, che Lei non ha bambini.

L'opinione della cliente è che

    a. i bambini non si addormentano subito.   *c.* la bambola è troppo grande.
    b. la commessa conosce molto bene i bambini.   *d.* la commessa ha tre bambini.

24. Mascagni, il famoso compositore dell'opera "Cavalleria Rusticana," un giorno sente un organino che suona un brano della sua opera di un modo terribile. Furioso, Mascagni grida al suonatore dell'organino:

—Fermati! Io sono Mascagni e t'insegnerò a suonare per bene questa musica.

L'organista sorride contento e comincia a ballare dalla gioia. Ha avuto un'ottima idea, non come musicista ma come uomo d'affari! Egli va dal cartellonista.

Il giorno dopo Mascagni di nuovo sente l'organino e si avvicina per udire meglio. La sua sorpresa è grande quando, attaccato allo strumento, vede un cartello che dice: "Alunno di Mascagni."

(1) Perchè è furioso Mascagni?

    a. Non gli piacciono i suonatori di organini.   *c.* Ha avuto un'ottima idea.
    b. L'organista suona molto male.   *d.* Il cartellaio non sa suonare.

(2) Che idea ha avuto l'organista?

    a. di annunciare che Mascagni è stato il suo   *c.* di andare al conservatorio
        maestro   *d.* di non lavorare più
    b. farsi compositore

25. Un importante uomo d'affari entra nel suo ufficio e chiede alla segretaria:

—Niente di nuovo?

—C'è di là un signore, risponde la segretaria, che vuole parlare con Lei per sapere il segreto del suo successo negli affari.

—Ah, un giornalista!

—No, un agente di polizia.

Che cosa desidera il poliziotto?

  a. delle informazioni sugli affari dell'uomo   *c.* investigare un omicidio
  b. i particolari di un incidende stradale   *d.* dei consigli su certi affari personali

Group II

  1. Read the following passage; then answer each question in a complete *English* sentence:
  In treno, un signore fa conoscenza con un giovane che egli trova molto simpatico.
  —Io ho lavorato molto, gli dice. L'ho fatto per assicurare una vita tranquilla alle mie figlie:
la più giovane ha sedici anni e quando si sposerà le darò venti milioni, un'altra ha venticinque anni
e le darò trenta milioni, un'altra ha trentasette anni e le darò quaranta milioni. . . .
  —Scusi, lo interrompe il giovane. Non ha Lei una figlia sui cinquant'anni?

a. Dove s'incontrano i due uomini?

  _____

  _____

b. Perchè ha lavorato tanto il signore?

  _____

  _____

c. Quanti anni ha la più giovane?

  _____

  _____

d. Quanto denaro darà alla figlia di 37 anni?

  _____

  _____

e. Che cosa vuole sapere il giovane?

  _____

  _____

  2. Read the following passage; then answer each question in a complete *English* sentence:

  Daniela è la ragazza più pigra della classe d'italiano. Ella non fa i suoi compiti e non studia
le lezioni. Ma fa attenzione perchè pensa di potere imparare se ascolta il professore. Il professore
chiede agli alunni di scrivere un componimento sulla pigrizia. Daniela dà al professore, come
componimento, un foglio in bianco!

a. Com'è Daniela?

  _____

  _____

b. Che cosa non fa?

  _____

  _____

c. Perchè fa attenzione?

----

d. Che cosa chiede il professore agli alunni?

----

e. Che ha scritto Daniela?

----

3. Read the following passage; then answer each question in a complete *English* sentence:

In una piccola comunità del Texas è da molto tempo che non piove. Il pastore protestante ha organizzato una funzione speciale per invocare (*pray for*) la pioggia è ha chiamato tutti i fedeli a pregare. Ma al momento della predica li rimprovera severamente:

—Gente di poca fede, dice lui. Venite qui a pregare il buon Dio per la pioggia e fra voi non vedo nemmeno uno con un ombrello!

a. Dove non ha piovuto per molto tempo?

----

b. Chi ha organizzato la funzione speciale?

----

c. Che cosa farà la gente durante la funzione?

----

d. Che cosa fa il pastore prima della predica?

----

e. Perchè il pastore rimprovera i fedeli?

----

4. Read the following passage; then answer the exercises below:

Due amici vanno per la stessa strada. Ad un tratto vedono un orso. Un amico sale su un albero e si nasconde; l'altro, sul punto di essere preso dall'orso, cade a terra e fa il morto (cioè, non si muove). L'orso s'avvicina all'uomo e fiuta (*sniffs*) dappertutto. Ma l'uomo non respira perchè sa che l'orso non tocca i cadaveri (*dead bodies*).

Quando l'animale si allontana l'uomo sull'albero scende e domanda all'amico:

—Che cosa ti ha detto all'orecchio l'orso?

—Mi ha detto di non fare più viaggi con amici che scappano via nel pericolo.

For each of the following statements based on the story, write *T* if the statement is true and *F* if it is false:

_____ *a*. Due signori viaggiano in treno.

_____ *b*. Gli amici non hanno paura dell'orso.

_____ *c*. L'orso sale sull'albero.

_____ *d*. Gli orsi non mangiano i morti.

_____ *e*. Uno degli amici crede che l'orso sappia (*knows how*) parlare.

Complete the following statements in Italian:

a. Per la strada due amici incontrano _____.

b. Un amico si salva perchè sale sull'albero; l'altro si salva perchè fa _____.

c. L'orso non molesta _____.

d. Uno degli amici scende dall'albero quando _____ va via.

e. È meglio non andare con amici che _____ nel pericolo.

5. Read the following passage; then answer the exercises below:

Annalisa è una ragazza di tredici anni. Essa è molto pigra e non fa mai i compiti di scuola. È contenta perchè presto incominceranno le vacanze estive, e andrà in montagna. Ma il suo fratellino, Robertino, che ha quattro anni, non è contento. La mamma vede che Robertino piange. La mamma chiede al bambino perchè piange. Robertino risponde:
—Piango perchè Annalisa ha sempre le vacanze ed io no.

For each of the following statements based on the story, write *T* if the statement is true and *F* if the statement is false:

_____ *a*. Annalisa fa sempre i suoi compiti.

_____ *b*. Ella è triste adesso.

_____ *c*. Annalisa andrà al mare.

_____ *d*. Robertino è triste.

_____ *e*. Egli va a scuola con sua sorella.

Complete the following statements in Italian:

a. Annalisa ha _____ anni più di Robertino.

b. Ella aspetta le vacanze _____.

c. Annalisa è una ragazza molto _____.

d. La madre di Robertino vuole sapere perchè _____.

e. Robertino dice che non ha mai _____.

6. Read the following passage; then answer the exercises below:

Sulla porta di un ristorante di una città balneare (cioè, per i bagni) frequentata da molti stranieri c'è un cartello che dice:
—Qui si parla inglese, tedesco, russo, francese, e spagnolo.
Un giovane turista americano entra e chiede di parlare con l'interprete.

—Noi non abbiamo nessun interprete, risponde un cameriere.

—Ma allora, chi parla le lingue menzionate sul cartello?

—I turisti, signore, risponde il cameriere.

For each of the following statements based on the story, write *T* if the statement is true and *F* if the statement is false:

_ _ _ _ _ *a.* Il ristorante è in montagna.

_ _ _ _ _ *b.* Un viaggiatore straniero vuole parlare con l'interprete.

_ _ _ _ _ *c.* Nel ristorante non ci sono interpreti.

_ _ _ _ _ *d.* In questa città ci sono molti turisti.

_ _ _ _ _ *e.* Tutti i turisti parlano italiano.

Complete the following statements in Italian:

a. Siamo in una città _.

b. Il cartello dice che nel ristorante si parlano molte _ _ _ _ _ _ _ _ _ _ _ _ _ _ _.

c. _ desidera un interprete.

d. L'Americano parla con _.

e. Il cameriere risponde _.

Part VIII. Verb Summary Chart

Note

In Italian words of two or more syllables, the stress usually falls on the next-to-the-last syllable. Exceptions to this rule are indicated in Parts VIII, IX, and X of this book by a dot below the vowel of the syllable to be stressed.

REGULAR VERBS

Present	Present Perfect	Future	Imperative
	parlare, *to speak*		
io parlo	ho parlato	parlerò	. . . . . .
tu parli	hai parlato	parlerai	parla*
Lei parla	ha parlato	parlerà	parli
egli parla	ha parlato	parlerà	. . . . . .
essa parla	ha parlato	parlerà	. . . . . .
noi parliamo	abbiamo parlato	parleremo	parliamo
voi parlate	avete parlato	parlerete	parlate
Loro parlano	hanno parlato	parleranno	parlino
essi parlano	hanno parlato	parleranno	. . . . . .
esse parlano	hanno parlato	parleranno	. . . . . .
	credere, *to believe*		
io credo	ho creduto	crederò	. . . . . .
tu credi	hai creduto	crederai	credi
Lei crede	ha creduto	crederà	creda
egli crede	ha creduto	crederà	. . . . . .
essa crede	ha creduto	crederà	. . . . . .
noi crediamo	abbiamo creduto	crederemo	crediamo
voi credete	avete creduto	crederete	credete
Loro credono	hanno creduto	crederanno	credano
essi credono	hanno creduto	crederanno	. . . . . .
esse credono	hanno creduto	crederanno	. . . . . .
	dormire, *to sleep*		
io dormo	ho dormito	dormirò	. . . . . .
tu dormi	hai dormito	dormirai	dormi
Lei dorme	ha dormito	dormirà	dorma

*Note that for the negative form of the second person singular of the imperative of Italian verbs, the infinitive is used. Examples: non parlare, non credere, non dormire.

egli dorme	ha dormito	dormirà	. . . . . .
essa dorme	ha dormito	dormirà	. . . . . .
noi dormiamo	abbiamo dormito	dormiremo	dormiamo
voi dormite	avete dormito	dormirete	dormite
Loro dọrmono	hanno dormito	dormiranno	dọrmano
essi dọrmono	hanno dormito	dormiranno	. . . . . .
esse dọrmono	hanno dormito	dormiranno	. . . . . .

capire, *to understand*

io capisco	ho capito	capirò	. . . . . .
tu capisci	hai capito	capirai	capisci
Lei capisce	ha capito	capirà	capisca
egli capisce	ha capito	capirà	. . . . . .
essa capisce	ha capito	capirà	. . . . . .
noi capiamo	abbiamo capito	capiremo	capiamo
voi capite	avete capito	capirete	capite
Loro capịscono	hanno capito	capiranno	capịscano
essi capịscono	hanno capito	capiranno	. . . . . .
esse capịscono	hanno capito	capiranno	. . . . . .

IRREGULAR VERBS

andare, *to go*

io vado	sono andato(a)	andrò	. . . . . .
tu vai	sei andato(a)	andrai	va'
Lei va	è andato(a)	andrà	vada
egli va	è andato	andrà	. . . . . .
essa va	è andata	andrà	. . . . . .
noi andiamo	siamo andati(e)	andremo	andiamo
voi andate	siete andati(e)	andrete	andate
Loro vanno	sono andati(e)	andranno	vạdano
essi vanno	sono andati	andranno	. . . . . .
esse vanno	sono andate	andranno	. . . . . .

avere, *to have*

io ho	ho avuto	avrò	. . . . . .
tu hai	hai avuto	avrai	abbi
Lei ha	ha avuto	avrà	ạbbia
egli ha	ha avuto	avrà	. . . . . .
essa ha	ha avuto	avrà	. . . . . .
noi abbiamo	abbiamo avuto	avremo	abbiamo
voi avete	avete avuto	avrete	abbiate
Loro hanno	hanno avuto	avranno	abbiano
essi hanno	hanno avuto	avranno	. . . . . .
esse hanno	hanno avuto	avranno	. . . . . .

bere, *to drink*

io bevo	ho bevuto	berrò	. . . . . .
tu bevi	hai bevuto	berrai	bevi

Lei beve	ha bevuto	berrà	beva
egli beve	ha bevuto	berrà	. . . . . .
essa beve	ha bevuto	berrà	. . . . . .
noi beviamo	abbiamo bevuto	berremo	beviamo
voi bevete	avete bevuto	berrete	bevete
Loro bẹvono	hanno bevuto	berranno	bẹvano
essi bẹvono	hanno bevuto	berranno	. . . . . .
esse bẹvono	hanno bevuto	berranno	. . . . . .

chiụdere, *to close*

io chiudo	ho chiuso	chiuderò	. . . . . .
tu chiudi	hai chiuso	chiuderai	chiudi
Lei chiude	ha chiuso	chiuderà	chiuda
egli chiude	ha chiuso	chiuderà	. . . . . .
essa chiude	ha chiuso	chiuderà	. . . . . .
noi chiudiamo	abbiamo chiuso	chiuderemo	chiudiamo
voi chiudete	avete chiuso	chiuderete	chiudete
Loro chiụdono	hanno chiuso	chiuderanno	chiụdano
essi chiụdono	hanno chiuso	chiuderanno	. . . . . .
esse chiụdono	hanno chiuso	chiuderanno	. . . . . .

conọscere, *to know*

io conosco	ho conosciuto	conoscerò	*normal*

dare, *to give*

io do	ho dato	darò	. . . . . .
tu dai	hai dato	darai	da'
Lei dà	ha dato	darà	dia
egli dà	ha dato	darà	. . . . . .
essa dà	ha dato	darà	. . . . . .
noi diamo	abbiamo dato	daremo	diamo
voi date	avete dato	darete	date
Loro danno	hanno dato	daranno	dịano
essi danno	hanno dato	daranno	. . . . . .
esse danno	hanno dato	daranno	. . . . . .

dire, *to say*

io dico	ho detto	dirò	. . . . . .
tu dici	hai detto	dirai	di'
Lei dice	ha detto	dirà	dica
egli dice	ha detto	dirà	. . . . . .
essa dice	ha detto	dirà	. . . . . .
noi diciamo	abbiamo detto	diremo	diciamo
voi dite	avete detto	direte	dite
Loro dịcono	hanno detto	diranno	dịcano
essi dịcono	hanno detto	diranno	. . . . . .
esse dịcono	hanno detto	diranno	. . . . . .

divịdere, *to divide*

io divido	ho diviso	dividerò	*normal*

dovere, *to have to, must*

io devo (debbo)	ho dovuto	dovrò	. . . . . .
tu devi	hai dovuto	dovrai	. . . . . .
Lei deve	ha dovuto	dovrà	. . . . . .
egli deve	ha dovuto	dovrà	. . . . . .
essa deve	ha dovuto	dovrà	. . . . . .
noi dobbiamo	abbiamo dovuto	dovremo	. . . . . .
voi dovete	avete dovuto	dovrete	. . . . . .
Loro dẹvono (dẹbbono)	hanno dovuto	dovranno	. . . . . .
essi dẹvono	hanno dovuto	dovranno	. . . . . .
esse dẹvono	hanno dovuto	dovranno	. . . . . .

ẹssere, *to be*

io sono	sono stato(a)	sarò	. . . . . .
tu sei	sei stato(a)	sarai	sii
Lei è	è stato(a)	sarà	sia
egli è	è stato	sarà	
essa è	è stata	sarà	. . . . . .
noi siamo	siamo stati(e)	saremo	siamo
voi siete	siete stati(e)	sarete	siate
Loro sono	sono stati(e)	saranno	sịano
essi sono	sono stati	saranno	. . . . . .
esse sono	sono state	saranno	. . . . . .

fare, *to do, to make*

io fạccio	ho fatto	farò	. . . . . .
tu fai	hai fatto	farai	fa'
Lei fa	ha fatto	farà	fạccia
egli fa	ha fatto	farà	. . . . . .
essa fa	ha fatto	farà	. . . . . .
noi facciamo	abbiamo fatto	faremo	facciamo
voi fate	avete fatto	farete	fate
Loro fanno	hanno fatto	faranno	fạcciano
essi fanno	hanno fatto	faranno	. . . . . .
esse fanno	hanno fatto	faranno	. . . . . .

lẹggere, *to read*

io leggo	ho letto	leggerò	*normal*

mẹttere, *to put*

io metto	ho messo	metterò	*normal*

morire, *to die*

io muọio	sono morto(a)	morrò	. . . . . .
tu muori	sei morto(a)	morrai	muori
Lei muore	è morto(a)	morrà	muọia
egli muore	è morto	morrà	. . . . . .
essa muore	è morta	morrà	. . . . . .

noi moriamo	siamo morti(e)	morremo	moriamo
voi morite	siete morti(e)	morrete	morite
Loro muoiono	sono morti(e)	morranno	muoiano
essi muoiono	sono morti	morranno	. . . . . .
esse muoiono	sono morte	morranno	. . . . . .

nascere, *to be born*

io nasco	sono nato(a)	nascerò	*normal*

offrire, *to offer*

io offro	ho offerto	offrirò	*normal*

piangere, *to cry*

io piango	ho pianto	piangerò	*normal*

potere, *to be able*

io posso	ho potuto	potrò	. . . . . .
tu puoi	hai potuto	potrai	. . . . . .
Lei può	ha potuto	potrà	. . . . . .
egli può	ha potuto	potrà	. . . . . .
essa può	ha potuto	potrà	. . . . . .
noi possiamo	abbiamo potuto	potremo	. . . . . .
voi potete	avete potuto	potrete	. . . . . .
Loro possono	hanno potuto	potranno	. . . . . .
essi possono	hanno potuto	potranno	. . . . . .
esse possono	hanno potuto	potranno	. . . . . .

rispondere, *to answer*

io rispondo	ho risposto	risponderò	*normal*

salire, *to go up*

io salgo	sono salito(a)	salirò	. . . . . .
tu sali	sei salito(a)	salirai	sali
Lei sale	è salito(a)	salirà	salga
egli sale	è salito	salirà	. . . . . .
essa sale	è salita	salirà	. . . . . .
noi saliamo	siamo saliti(e)	saliremo	saliamo
voi salite	siete saliti(e)	salirete	salite
Loro salgono	sono saliti(e)	saliranno	salgano
essi salgono	sono saliti	saliranno	. . . . . .
esse salgono	sono salite	saliranno	. . . . . .

sapere, *to know*

io so	ho saputo	saprò	. . . . . .
tu sai	hai saputo	saprai	sappi
Lei sa	ha saputo	saprà	sappia
egli sa	ha saputo	saprà	. . . . . .
essa sa	ha saputo	saprà	. . . . . .
noi sappiamo	abbiamo saputo	sapremo	sappiamo
voi sapete	avete saputo	saprete	sappiate

Loro sanno	hanno saputo	sapranno	sạppiano
essi sanno	hanno saputo	sapranno	. . . . . .
esse sanno	hanno saputo	sapranno	. . . . . .

scẹndere, *to go down*

io scendo	sono sceso(a)	scenderò	*normal*

scrịvere, *to write*

io scrivo	ho scritto	scriverò	*normal*

sedersi, *to sit down*

io mi siedo (seggo)	mi sono seduto(a)	mi sederò	. . . . . .
tu ti siedi	ti sei seduto(a)	ti sederai	siẹditi
Lei si siede	si è seduto(a)	si sederà	si sieda (segga)
egli si siede	si è seduto	si sederà	. . . . . .
essa si siede	si è seduta	si sederà	. . . . . .
noi ci sediamo	ci siamo seduti(e)	ci sederemo	sediạmoci
voi vi sedete	vi siete seduti(e)	vi sederete	sedẹtevi
Loro si siẹdono (sẹggono)	si sono seduti(e)	si sederanno	si siẹdano (sẹggano)
essi si siẹdono	si sono sedụti	si sederanno	. . . . . .
esse si siẹdono	si sono sedute	si sederanno	. . . . . .

stare, *to be, to stay, to remain*

io sto	sono stato(a)	starò	. . . . . .
tu stai	sei stato(a)	starai	sta'
Lei sta	è stato(a)	starà	stia
egli sta	è stato	starà	. . . . . .
essa sta	è stata	starà	. . . . . .
noi stiamo	siamo stati(e)	staremo	stiamo
voi state	siete stati(e)	starete	state
Loro stanno	sono stati(e)	staranno	stịano
essi stanno	sono stati	staranno	. . . . . .
esse stanno	sono state	staranno	. . . . . .

tenere, *to hold, to keep*

io tengo	ho tenuto	terrò	. . . . . .
tu tieni	hai tenuto	terrai	tieni
Lei tiene	ha tenuto	terrà	tenga
egli tiene	ha tenuto	terrà	. . . . . .
essa tiene	ha tenuto	terrà	. . . . . .
noi teniamo	abbiamo tenuto	terremo	teniamo
voi tenete	avete tenuto	terrete	tenete
Loro tẹngono	hanno tenuto	terranno	tẹngano
essi tẹngono	hanno tenuto	terranno	. . . . . .
esse tẹngono	hanno tenuto	terranno	. . . . . .

tradurre, *to translate*

io traduco	ho tradotto	tradurrò	*normal*

udire, *to hear*

io odo	ho udito	udirò	. . . . . .
tu odi	hai udito	udirai	odi
Lei ode	ha udito	udirà	oda
egli ode	ha udito	udirà	. . . . . .
essa ode	ha udito	udirà	. . . . . .
noi udiamo	abbiamo udito	udiremo	udiamo
voi udite	avete udito	udirete	udite
Loro ọdono	hanno udito	udiranno	ọdano
essi ọdono	hanno udito	udiranno	. . . . . .
esse ọdono	hanno udito	udiranno	. . . . . .

venire, *to come*

io vengo	sono venuto(a)	verrò	. . . . . .
tu vieni	sei venuto(a)	verrai	vieni
Lei viene	è venuto(a)	verrà	venga
egli viene	è venuto	verrà	. . . . . .
essa viene	è venuta	verrà	. . . . . .
noi veniamo	siamo venuti(e)	verremo	veniamo
voi venite	siete venuti(e)	verrete	venite
Loro vẹngono	sono venuti(e)	verranno	vẹngano
essi vẹngono	sono venuti	verranno	. . . . . .
esse vẹngono	sono venute	verranno	. . . . . .

vịvere, *to live*

io vivo	ho vissuto	vivrò	*normal*

volere, *to wish, to want*

io vọglio	ho voluto	vorrò	. . . . . .
tu vuoi	hai voluto	vorrai	vogli*
Lei vuole	ha voluto	vorrà	vọglia*
egli vuole	ha voluto	vorrà	. . . . . .
essa vuole	ha voluto	vorrà	. . . . . .
noi vogliamo	abbiamo vuluto	vorremo	vogliamo*
voi volete	avete voluto	vorrete	vogliate*
Loro vọgliono	hanno voluto	vorranno	vọgliano*
essi vọgliono	hanno voluto	vorranno	. . . . . .
esse vọgliono	hanno voluto	vorranno	. . . . . .

*The imperative forms of **volere** express the idea "please."

Part IX. Italian-English Vocabulary

a, ad, to, at, in
abbastanza, enough
abbiamo (*pres.* **avere**), we have
abitante (*m.*), inhabitant; (*pl.*), **abitanti**
abitare, to live, to reside
abito, suit, dress, garment
accettare, to accept
acciaio, steel
accompagnare, to accompany
accurato, accurate, careful
aceto, vinegar
acqua, water
acuto, acute, sharp
addio, good-bye
addizione (*f.*), addition
addormentarsi, to fall asleep
adesso, now
adulto, adult
aereo, aircraft
aerogetto, jet airliner
aeroplano, airplane
aeroporto, airport
affatto: niente affatto, nothing at all
affollato, crowded
agente: agente di polizia (*m., f.*), police officer
agli = a + gli, to the
agosto, August
ai = a + i, to the
aiutare, to help
al = a + il, to the
albergo, hotel
albero, tree
Alberto, Albert
album, album
alcuni, some, a few, several

Aldo, Aldus
Alfredo, Alfred
all' = a + l', to the
alla = a + la, to the
alle = a + le, to the
allo = a + lo, to the
allora, then, at that time; so
alpino, alpine
alto, tall, high; **ad alta voce**, aloud
altoparlante (*m.*), loudspeaker
alunno, pupil, student
alzarsi, to get up, to rise
amare, to love
amaro, bitter
americano, American
amico, friend
ammalato, ill, sick
ammirare, to admire
anche, also, too
ancora, yet, still
andare, to go; **andare in bicicletta**, to ride a bicycle
animale (*m.*), animal
Anna, Anne
Annalisa, Anne Lisa
Annamaria, Annemarie
anniversario, anniversary, birthday
anno, year; **aver ... anni**, to be ... years old
annoiarsi, to be bored
antico, ancient, old
aperto, open; **all'aperto**, outdoors
apparecchiare: apparecchiare la tavola, to set the table
applaudire (-isco), to applaud
aprile (*m.*), April

aprire, to open
arancia, orange
arancio, orange tree
Argentina, Argentina
argento, silver
aria, air
arrivare, to arrive
arrivederci (*fam.*), till we meet again; (*pol.*), **arrivederLa**
arrostire (-isco), to roast, to toast
arte (*f.*), art
ascensore (*m.*), elevator
ascoltare, to listen
asino, jackass, donkey
aspettare, to wait (for)
assaggiare, to taste
assai, much, very much, many
assente, absent
assicurare, to assure, to insure
astronauta (*m.*), astronaut; (*pl.*), **gli astronauti**
attaccare, to attack, to stick, to attach
attenzione (*f.*), attention; **fare attenzione**, to pay attention
attivo, active
attore (*m.*), actor
attrice (*f.*), actress
aula, classroom
autobus (*m.*), bus
automobile (*f.*), automobile, car
autorimessa, garage
autostrada, highway
autunno, autumn, fall; **d'autunno**, in the fall
avere, to have
aviogetto, jet airliner

avvisare, to notify, to inform
avvocato, lawyer
azione (*f.*), action
azzurro, blue

babbo, dad
bagaglio, baggage
bagno, bath; **stanza da bagno**, bathroom
ballare, to dance
ballo, dance, ball
balneare: città balneare, bathing resort city
bambino, child, baby
bambola, doll
banca, bank
banco, desk (pupil's)
bandiera, flag
barbiere (*m.*), barber
basso, short, low; **a bassa voce**, in a low voice
battere, to beat
baule (*m.*), trunk; **fare il baule**, to pack
bello, beautiful, fine, handsome; (*other forms*): **bel, bell', bella, bei, begli, belle**
bene, well; **star bene**, to be well
bere, to drink
Bettina, Betty
bevanda, drink, beverage
bianco, white
bibita, drink
biblioteca, library
bicchiere (*m.*), drinking glass
bicicletta, bicycle
biglietto, ticket
biondo, blond
birra, beer
biscotto, biscuit

bisogno, need; **aver bisogno di**, to need
bistecca, beefsteak
bocca, mouth
bocciare, to fail (someone)
bollire, to boil
borsa, purse, handbag
borsetta, purse, handbag
bosco, wood, forest
bottega, shop, store
bottiglia, bottle
braccio (*m.*), arm; (*pl*), **le braccia** (*f.*)
brano, excerpt, passage
bravo, able, fine, skillful; bravo!, excellent!
breve, brief, short
bruciare, to burn
Bruno, Bruno
brutto, ugly
buono, good
burro, butter
buttarsi, to throw oneself

cadavere (*m.*), corpse
cadere, to fall
caffè (*m.*), coffee, coffeehouse
cagnolino, little dog, puppy
calcio, soccer
caldo, heat, warmth; **aver caldo**, to feel warm; **far caldo**, to be warm
caldo, hot
calorifero, radiator, heater
calza, stocking
calzino, sock
calzolaio, shoemaker
camera, room; **camera da letto**, bedroom
cameriera, chambermaid, waitress
cameriere (*m.*), waiter
camicetta, blouse
camicia, shirt; (*pl.*), **le camicie**
camminare, to walk
campagna, countryside, country
campana, bell

campanello, handbell, doorbell
campionato, championship
campo, field
cancellare, to erase
cancellino, blackboard eraser
candelina, little candle
cane (*m.*), dog, **cagna** (*f.*), dog
cantare, to sing
canzone (*f.*), song
capello, hair; (*pl.*), **i capelli**, hair
capire (**-isco**), to understand
capitale (*f.*), capital city
capitano, captain
capitolo, chapter
cappello, hat
cappotto, overcoat
carbone (*m.*), coal
carico, loaded, full; (*pl.*), **carichi**
carino, pretty, dear, darling
Carletto, Charlie
Carlo, Charles, Carl
carne (*f.*), meat
caro, dear, expensive
carrozza, carriage, coach
carta, paper; **carta geografica**, map
cartello, sign, notice
cartellonista, sign painter
cartolina, postcard
cartoni animati (*m.*), animated cartoons
casa, house; **a casa**, at home
casetta, little house
cassa, chest, cashier's desk, box; **cassa da morto**, coffin
cassetto, drawer
cassettone (*m.*), chest of drawers
cassiere (*m.*), cashier
cassino, blackboard eraser
Caterina, Catherine
cattivo, bad
cavallo, horse

celebrare, to celebrate
celebre, famous
celeste, sky-blue
cena, supper; **cenare**, **far cena**, to have supper
centesimo, cent, penny, $\frac{1}{100}$ of a lira
cento, one hundred
cercare, to look for; **cercare di**, to try
certo, certainly
cestino, wastepaper basket
che?, what?; **che cosa?**, what?
che, which, that, than
chi?, who? whom?
chiamare, to call
chiamarsi, to be named, to be called; **mi chiamo**, my name is
chiaro, clear
chiave (*f.*), key
chiedere, to ask
chiesa, church
chilo, kilogram
chilometro, kilometer
chitarra, guitar
chiudere, to close
ci, there, here; **ci sono tre persone**, there are three persons
ci, us, to us
cibo, food
ciliegia, cherry
cimosa, blackboard eraser
cinema (*m.*), movies
cinese, Chinese
cinquanta, fifty
cinque, five
cioè, that is, namely
circolo, club (social)
città, city; (*pl.*), **le città**; **andare in città**, to go to the city
Clara, Clare
classe (*f.*), class
cliente (*m.*, *f.*), client, customer, medical patient
cocchiere (*m.*), coachman
cognata, sister-in-law

cognato, brother-in-law
colazione (*f.*), breakfast, lunch; **prima colazione**, breakfast; **seconda colazione**, lunch; **far colazione**, to have lunch, to have breakfast
colletto, shirt collar, collar
collo, neck
colore (*m.*), color
coltello, knife
coltivare, to cultivate
come, how, as, like
cominciare, to begin, to commence
commerciante (*m.*), merchant
commessa, saleslady
comodo, comfortable
compagno, companion, mate
compire, to accomplish; **compire 20 anni**, to be 20 years old
compito, assignment, homework
compleanno, birthday
componimento, theme, written composition
compositore (*m.*), composer
composizione (*f.*), musical composition
comprare, to buy
comprendere, to understand
comunità (*f.*), community; (*pl.*), **le comunità**
con, with
concerto, concert
condimento, condiment, dressing
conoscenza, acquaintance; **fare la conoscenza di**, to make the acquaintance of
conoscere, to know (people), to be acquainted with
conseguire, to attain, to achieve

conservatorio, conservatory

contadino, farmer, peasant

contare, to count

contento, happy, satisfied

conto, bill

contorno, side dish, trimming; **carne con contorno**, meat and vegetables

contrario, contrary, opposite

conveniente, convenient, suitable

coprire, to cover

coraggioso, courageous

corda, rope, cord

corpo, body

correggere, to correct

correre, to run

corsa, race

cortese, courteous

cosa, thing; **che cosa?**, what?

così, thus, so

cosmonauta (*m.*), cosmonaut; (*pl.*), **i cosmonauti**

costare, to cost

costruire (-isco), to build

cotone (*m.*), cotton

cotto, cooked

cravatta, necktie

credenza, sideboard

credere, to believe

crescere, to grow

Cristina, Christine

croce (*f.*), cross

crudele, cruel

crudo, raw

cucchiaino, teaspoon

cucchiaio, spoon

cucina, kitchen, cooking

cucinare, to cook

cugina (*f.*), cousin

cugino (*m.*), cousin

da, from, by, at, since, as

dà (*pres. of* dare), gives

dagli = da + gli, from the

dai = da + i, from the

dal = da + il, from the

dall' = da + l', from the

dalla = da + la, from the

dalle = da + le, from the

dallo = da + lo, from the

Daniela, Danielle

danno, damage, harm

danno (*pres. of* dare), they give

danza, dance

dappertutto, everywhere

dare, to give

data, date

davanti (a), in front (of), before

debbo = devo, I must

debbono = devono, they must

decimo, tenth

degli = di + gli, of the

dei = di + i, of the

del = di + il, of the

delitto, crime

dell' = di + l', of the

della = di + la, of the

delle = di + le, of the

dello = di + lo, of the

democrazia, democracy

denaro (danaro), money

dente (*m.*), tooth

dentista (*m.*, *f.*), dentist; (*pl.*), **le dentiste, i dentisti**

dentro, within, inside, in

deserto, desert

desiderare, to desire, to wish

destra, right hand; **a destra**, on *or* to the right

detto (*p. p. of* dire), said, called

devo (devi, deve), I must (you must, he must)

devono (*pres. of* dovere), they must

di, of, about, concerning

di (*conj.*), than

dialogo, dialogue

Diana, Diane

dice (*pres. of* dire), he says

dicembre (*m.*), December

dici (*pres. of* dire), you say

diciannove, nineteen

diciassette, seventeen

diciotto, eighteen

dicono (*pres. of* dire), they say

dieci, ten

dietro, behind

difendere, to defend

difficile, difficult, hard

difficoltà, difficulty

diligente, diligent

dimenticare, to forget

dipingere, to paint

dirà (*fut. of* dire), he will say

dire, to say, to tell; **voler dire**, to mean

diretto, direct

direttore (*m.*), principal

direttrice (*f.*), principal

dirimpetto (a), facing, opposite (to)

disco, phonograph record

discorso, speech, talk

disgraziato, unfortunate, wretched

disobbedire (-isco), to disobey

dispiacere (*m.*), displeasure, grief, sorrow

distratto, distracted, absentminded

dito, finger; (*pl.*), **le dita**

divano, sofa, couch

diventare, to become

divertirsi, to amuse oneself, to have a good time

dividere, to divide

divisione (*f*), division

diviso (*p. p. of* dividere), divided

dobbiamo (*pres. of* dovere), we must, we have to

dodici, twelve

dolce (*adj.*), sweet

dolce (*m.*), dessert

dollaro, dollar

dolore (*m.*), pain, grief

domanda, question; **fare una domanda**, to ask a question

domandare, to ask, to inquire

domani, tomorrow; **a domani**, till tomorrow

domenica, Sunday

donna, woman, lady

dono, gift, present

dopo, after, afterward

dopodomani, the day after tomorrow

dormire, to sleep

Dorotea, Dorothy

dottore (*m.*), doctor

dove, where; **dov'è?** where is?

dovere, must, to have to

dovrà (*fut. of* dovere), he will have to

dozzina, dozen

dramma (*m.*), drama, play; (*pl.*), **i drammi**

due, two

duro, hard

e, ed, and

ebraico, Hebrew, Jewish

eccezionale, exceptional

eccitare, to excite

ecco, here is, here are; **eccolo(a)**, here it is; **eccoli(e)**, here they are

edificio, building

egli, he

elefante (*m.*), elephant

elegante, elegant, fashionable

Elena, Helen

Eleonora, Eleanor

elettricista (*m.*), electrician; (*pl.*), **gli elettricisti**

ella, she

Elvira, Elvira

Emilio, Emil

entrare, to enter, to come in

Enzo, Vincent

erba, grass

errore (*m.*), error, mistake

esame (*m.*), examination, test

esco (*pres. of* uscire), I go out, I come out

esempio, example
esercizio, exercise
esplosione (*f.*), explosion
essa (*f.*), she, it
esse (*f.*), they
essere, to be
essi (*m.*), they
esso (*m.*), it
estate (*f.*), summer;
d'estate, in the summer
estero, foreign; andare
all'estero, to go abroad
età, age; (*pl.*), l'età

fa (*pres. of* fare), he
does, he makes
fa, ago; tre giorni fa,
three days ago
Fabrizio, Fabrizio
facchino, porter
faccia, face
facciamo, we do, we
make
faccio (*pres. of* fare), I
do, I make
facile, easy
fagiolino, stringbean
fai (*pres. of* fare), you
do, you make
falegname (*m.*),
carpenter
fama, fame
fame (*f.*), hunger; aver
fame, to be hungry
famiglia, family
famoso, famous
fanciullo, child
fare, to do, to make
farmacia, pharmacy,
drugstore
farmacista (*m.*, *f.*),
pharmacist, druggist;
(*pl.*), le farmaciste, i
farmacisti
farsi: farsi il bagno, to
bathe onself, to take a
bath
fatto (*p. p. of* fare),
done, made
favola, fable
favore (*m.*), favor; per
favore, please
fazzoletto, handkerchief

febbraio, February
fede (*f.*), faith
fedele (*m.*), believer;
(*pl.*) i fedeli, the
faithful
felice, happy
ferro, iron
festa, feast, holiday;
giorno festivo, holiday;
fare una festa, to have
a party
fidanzata, fiancée,
sweetheart
fidanzato, fiancé,
sweetheart
figlia, daughter
figlio, son
fila, line, row
Filippo, Philip
finale, final
finale (*m.*), finale,
conclusion
fine (*f.*), end
finestra, window
finire (-isco), to finish,
to end
fiore (*m.*), flower
Firenze (*f.*), Florence
fiume (*m.*), river
foglia, leaf
foglio: foglio di carta,
sheet of paper
fonografo, phonograph
forchetta, fork
foresta, forest
formaggio, cheese
forno, oven; al forno,
baked, roasted
forse, perhaps
forte, strong
fortuna, fortune, luck
fortunato, fortunate,
lucky
forzare, to force
fotografia, photograph
fra, between, among,
within
francese, French
Francia, France
Franco, Frank
francobollo, postage
stamp
frase (*f.*), phrase,
sentence

fratello, brother
frazione (*f.*), fraction
freddo, cold; aver freddo,
to feel cold; far freddo,
to be cold
freddo (*adj.*), cold
frequentare, to attend, to
frequent
fresco, fresh, cool; far
fresco, to be cool
fretta, haste; aver fretta,
to be in a hurry
frigorifero, refrigerator
fritto, fried
fronte (*f.*), forehead
frutta, fruit; (*pl.*), le
frutta, le frutte
fumetti (*m. pl.*), comics
funerale (*m.*), funeral
funzione (*f.*), function
fuoco, fire
fuori, out, outside

gabbia, cage
gallina, chicken
gallo, rooster
gamba, leg
garbato, polite
garofano, carnation
gatto, cat
gelato, ice cream
generale (*m.*), general
generalmente, generally
genero, son-in-law
genitore (*m.*), parent
genitrice (*f.*), parent
gennaio, January
Genova, Genoa
gente (*f.*), people
gentile, kind, nice, polite
geografico, geographic;
carta geografica, map
geranio, geranium
gesso, chalk
gettarsi, to throw oneself
ghiaccio, ice
già, already
giacca, jacket, coat
giacchè, since
giallo, yellow
giardino, garden
giglio, lily
Gina, Louise
Gino, Louis

giocare, to play
gioia, joy
Giorgio, George
giornale (*m.*), newspaper
giornalista (*m.*, *f.*),
journalist
giornata, day
giorno, day; giorno
festivo, holiday; giorno
di lavoro, workday;
giorno di scuola,
schoolday; di giorno,
by day
giovane (*adj.*), young
Giovanni, John
giovedì (*m.*), Thursday
giradischi (*m.*), record
player
girare, to turn
Gisella, Giselle
gita, tour, trip
Giudetta, Judith
giugno, June
Giulietta, Juliet
giusto, just, right
gli (*m. pl.*), the (before
s + consonant, *z*, and
vowels)
gli, to him
godere, to enjoy
gola, throat
gondola, gondola
gonna, skirt
grammo, gram
grande, big, large, great
grasso, fat
grattacielo, skyscraper
grazie, thank you
Graziella, Grace
gridare, to shout
grigio, gray
gruppo, group
guanto, glove
guardare, to look (at), to
watch
guardaroba (*m.*), cloak-
room, wardrobe
guardia, guard
guardiano, guardian
guerra, war
guidare, to drive, to
guide

i (*m. pl.*), the

idea, idea
ieri, yesterday
il (*m. sing.*), the
imitare, to imitate
imparare (a), to learn
impermeabile (*m.*), raincoat
impiego, job
importante, important
impossibile, impossible
in, in
inchiostro, ink
incidente (*m.*), accident, incident
incominciare, to begin
incontrare, to meet
incuriosito, curious
indietro, behind, back
indirizzo, address
infantile, infantile, childish
infastidire, to annoy
infermiera, nurse
informazione (*f.*), information
Inghilterra, England
inglese, English
inno, hymn, anthem; **inno nazionale,** national anthem
insalata, salad
insegnare, to teach
insieme, together
insipido, insipid, tasteless
intelligente, intelligent
interesse (*m.*), interest
interprete (*m., f.*), interpreter
interessante, interesting
interrompere, to interrupt
intorno, around
inventare, to invent
inverno, winter; **d'inverno,** in the winter
investigare, to investigate
invitare, to invite
invito, invitation; **biglietto d'invito,** invitation card
invocare, to invoke
io, I
isola, island
Italia, Italy

italiano, Italian

l' = la, lo, the
la, her, it
la (*f. sing.*), the
là, there
ladro, thief
lago, lake
lampada, lamp
lampo, lightning flash
lana, wool
largo, wide
latte (*m.*), milk
lavagna, blackboard
lavare, to wash
lavarsi, to wash oneself
lavorare, to work
lavoro, work
le, them, to her
leggere, to read
leggero, light
legno, wood
legume (*m.*), vegetable, legume
lei, her, she
Lei (*pol. sing.*), you
lento, slow
leone (*m.*), lion; **leonessa** (*f.*), lioness
lettera, letter
letto, bed; **andare a letto,** to go to bed; **camera da letto,** bedroom
letto (*p.p. of* **leggere**), read
lezione (*f.*), lesson
li, them
lì, there
libbra, pound
libro, book
lieto, happy, glad
limone (*m.*), lemon, lemon tree
lingua, tongue, language
Lino, Linus
liquore (*m.*), liquor
lira, lira (unit of Italian money)
Lisa, Lisa
lista, list; **lista delle vivande,** menu
litro, liter (approx. 1 quart)
lo (*m. sing.*), the (before

s + consonant, *z*, and *gn*)
Londra, London
lontano, far, distant
Loro (*pol. pl.*), you, to you
loro, they, their, them, to them
Luciano, Lucian
luglio, July
lui, he, him
Luigi, Louis
Luisa, Louise
luna, moon
lunedì (*m.*), Monday
lungo, long

m' = mi, me, to me, myself
ma, but, however
macchina, machine, car
macellaio, butcher
macelleria, butcher shop
madre (*f.*), mother
maestro(a), teacher
magazzino, store
maggio, May
maggiore, greater, greatest, older, oldest
magnetofono, tape recorder
magnifico, magnificent
magro, thin, slender
mai, ever; **non . . . mai,** never
malato(a), sick person, patient
male, badly
male (*m.*), evil, ache; **far male,** to ache, to hurt someone
mancia, tip
mandare, to send
mangiare, to eat
mano (*f.*), hand; (*pl.*), **le mani**
Marcello, Marcel
marciapiede (*m.*), sidewalk
Marco, Mark
mare (*m.*), sea
margherita, daisy
Maria, Mary
Marina, Marina

Mario, Marius
Marisa, Mary Lisa
marito, husband
marrone, brown
Marta, Martha
martedì (*m.*), Tuesday
marzo, March
matematica, mathematics
matita, pencil
matrimonio, marriage, wedding
mattina, morning; **di mattina,** in the morning
mattone (*m.*), brick
Maurizio, Maurice
me, me, myself
medicina, medicine
medico, physician, doctor
meglio, better
mela, apple
melo, apple tree
memoria, memory; **imparare a memoria,** to learn by heart, to memorize
meno, less, minus
mento, chin
mentre, while
menzionare, to mention
meraviglioso, wonderful, marvelous
mercato, market; **a buon mercato,** cheap
mercoledì (*m.*), Wednesday
merenda, light meal, snack
mese (*m.*), month
messaggio, message
metà, half; (*pl.*), **le metà**
metallo, metal
metro, meter
metropolitana, subway
mettere, to put, to place
mezzanotte (*f.*), midnight
mezzo, half, middle; **in mezzo a,** in the middle of
mezzogiorno, noon, south

Michele (*m*.), Michael
microfono, microphone
migliore, better
Milano, Milan
milionario, millionaire
milione (*m*.), million
mille (*m*.), thousand; (*pl*.), le mila
minestra, soup
minuto, minute
mio, mia, miei, mie, my
miope, shortsighted
Mirella, Mirelle
misura, measure
mobile (*m*.), piece of furniture
moda, fashion; alla moda, in the latest style
moderno, modern
moglie (*f*.), wife
molti, many
moltiplicazione (*f*.), multiplication
molto (*adj*.), much, a great deal
molto (*adv*.), very
mondo, world
montagna, mountain
monumento, monument
morbido, soft, tender
morire, to die
morto(a), dead person
mosca, fly
mostrare, to show
motocicletta, motorcycle
muro, wall (outside)
museo, museum
musica, music
musicista (*m*., *f*.), musician

Napoli (*f*.), Naples
nascere, to be born
nascita, birth
nascondere, to hide
naso, nose
nastro, ribbon, tape; nastro magnetico, magnetic tape
Natale (*m*.), Christmas
nato (*p.p. of* nascere), born
nazionale, national

nazione (*f*.), nation
ne, of it, of her, of him, of them, some of it, any of it
nè, neither, nor; nè . . . nè, neither . . . nor
neanche, not even
nebbia, fog, mist, haze
necessario, necessary
negare, to deny
negli = in + gli, in the
negoziante (*m*., *f*.), merchant, shopkeeper
negozio, shop, store; negozio di generi alimentari, grocery store
nei = in + i, in the
nel = in + il, in the
nell' = in + l', in the
nella = in + la, in the
nelle = in + le, in the
nello = in + lo, in the
nemmeno, not even
nero, black
nessuno, nobody, no one, none
neve (*f*.), snow
nevicare, to snow
niente, nothing
nipote (*m*., *f*.), nephew, niece, grandchild
no, no
noi, we, us
noleggiare, to hire, to rent
nome (*m*.), name
non, not
nonna, grandmother
nonno, grandfather
nono, ninth
nostro, nostra, nostri, nostre, our
notizia, news, piece of news
notte (*f*.), night; di notte, by night
novanta, ninety
nove, nine
novella, short story, tale
novembre (*m*.), November
nozze (*f. pl*.), wedding, marriage

nulla, nothing
numero, number
nuora, daughter-in-law
nuotare, to swim
nuoto, swimming
nuovo, new; di nuovo, again
nuvoloso, cloudy, overcast

o, od, or
obbedire (-isco), to obey
occasione (*f*.), occasion, chance
occhiali (*m.pl*.), eyeglasses; occhiali da sole, sunglasses
oceano, ocean
odiare, to hate
offerto (*p.p. of* offrire), offered
offrire, to offer
oggetto, object
oggi, today
ogni, each, every
olio, oil
oltre, beyond, besides
ombrello, umbrella
omicidio, homicide, murder
onomastico, name day
opera, opera, work
operaio, workman, laborer
oppure, or, or else
ora, hour; di buon'ora, early; d'ora in poi, from now on
ora, now
orario, schedule; in orario, on time
orecchio, ear
organino, little organ
originale, original
oro, gold
orologio, watch, clock
orso, bear
ortaggio, vegetable
ospedale (*m*.), hospital
ospite (*m*., *f*.), host, hostess, guest
ottanta, eighty
ottavo, eighth
ottimo, best, excellent

otto, eight
ottobre (*m*.), October

pacchetto, package
pacco, package, parcel
pace (*f*.), peace
padre (*m*.), father
padrone (*m*.), master, owner
paese (*m*.), country, village, little town
pagare, to pay
pagella, report card
pagina, page; a pagina . . ., on page . . .
paio, pair; (*pl*.), le paia
palata, shovelful
palazzo, palace, apartment house
Palermo, Palermo
palla, ball; giocare a palla, to play ball
pallacanestro (*f*.), basketball
pane (*m*.), bread
panetteria, bakery
panettiere (*m*.), baker
panino, roll (of bread), bun
pantaloni, i (*m. pl*.), trousers
Paolo, Paul
parco, frugal
parco, park
parecchio, a good deal of
parente (*m*., *f*.), relative
parete (*f*.), wall (inner)
Parigi (*f*.), Paris
parlare, to speak, to talk
parola, word
particolare, particular
partire, to leave, to depart
partita, game
Pasqua, Easter
passare, to pass; passare il tempo, to spend the time
passato, past
passeggiata, walk, ride; fare una passeggiata, to go for a walk, ride
pasta, dough, macaroni

pasto, meal
pastore (*m.*), pastor, shepherd
patata, potato
patria, native country
Patrizia, Patricia
pattinare, to skate
pavimento, floor
paziente (*m.*), patient
pazza, madwoman
pazzo, madman
peccato, sin; **Che peccato!**, What a pity!
pelliccia, fur, fur coat
pellicola, film
penna, pen
pensare, to think
pepaiola, pepper shaker, pepper mill
pepe (*m.*), pepper
per, for, by, in order to, because of
pera, pear
perchè, why, because
perciò, therefore
perdere, to lose
perfetto, perfect
pericolo, danger
permesso, permission; **con permesso**, with your permission
pero, pear tree
però, but, however
pesante, heavy
pesare, to weigh
pesca, peach
pesca, fishing
pesce (*m.*), fish
piacere (*m.*), pleasure; **per piacere**, please; **fare un piacere**, to do a favor; **Piacere.**, Pleased to meet you.
piangere, to cry, to weep
pianista (*m., f.*), pianist
piano, floor; **al primo piano**, on the first floor; **al pianterreno**, on the ground floor
piano, pianoforte, piano
pianta, plant
piantare, to plant
piatto, dish, plate
piazza, square, plaza

picchiare, to beat, to hit, to tap
piccolo, small, little
piede (*m.*), foot
pieno, full
Pierino, Peter
Piero, Peter
pietra, stone, rock
Pietro, Peter
pigrizia (pigrezza), laziness
pigro, lazy
pioggia, rain, rainfall
piovere, to rain
piroscafo, steamer, steamship
piscina, swimming pool
pisello, pea
pittore (*m.*), painter
pittrice (*f.*), painter
più, more; **non . . . più**, no longer
pizzicagnolo, delicatessen dealer
po' = **poco**, little
poco, little
poesia, poem
poeta (*m.*), poet; (*pl.*), **i poeti**
poi, afterward, then, after
polizia, police
poliziotto, policeman
polso, wrist; **orologio da polso**, wristwatch
poltrona, armchair, easy chair
pomeriggio, afternoon
ponte (*m.*), bridge
porco, pig
porta, door
portabagagli, porter, baggage carrier
portare, to carry, to bring, to take, to wear
porzione (*f.*), portion
possibile, possible
posso (*pres. of* **potere**), I can
posta, mail
posto, place, seat
potere, to be able, can
povero, poor
pranzare, to dine

pranzo, dinner; **sala da pranzo**, dining room
prato, meadow
predica, sermon
preferire (-isco), to prefer
pregare, to pray, to plead
Prego!, Not at all., You're welcome.
prendere, to take
preparare, to prepare, to make ready
presidente (*m.*), president
preso (*p.p. of* **prendere**), taken
prestare, to lend
presto, quickly, soon, early
prete (*m.*), priest
prezzo, price; **a caro prezzo**, expensive, dear
primavera, spring
primo, first
principe (*m.*), prince
principio, beginning; **dal principio alla fine**, from beginning to end
problema (*m.*), problem; (*pl.*), **i problemi**
professore (*m.*), professor, teacher
professoressa, professor, teacher
profugo(a), refugee
programma (*m.*), program; (*pl.*), **i programmi**
promettere, to promise
promosso, promoted, passed
pronto, ready
pronto!, hello (on telephone)
proprietà, property
prossimo, next, following
proverbio, proverb
pubblicare, to publish
pubblico, public
pulire, to clean
pulito, clean
può (*pres. of* **potere**), he can

qua, here
quaderno, notebook

quadro, picture, painting
qualche, some, a few, several
qualcosa, qualchecosa, something, anything
qualcuno, someone
quale(i), which, what, who, whom
quando, when
quanti?, how many?
quanto?, how much?
quaranta, forty
quartiere (*m.*), quarter, district
quarto, fourth
quarto, quarter
quasi, almost
quattordici, fourteen
quattro, four
quello, that; (*other forms*): **quel, quell', quella; quei, quegli, quelle**
questi, these
questo, this, this one
qui, here
quindici, fifteen
quinto, fifth

raccogliere, to pick up, to gather
raccontare, to tell, to relate
racconto, tale, story
radio (*f.*), radio; (*pl.*), **le radio**
ragazzino, little boy
ragazzo, boy
rapido, rapid, quick
rappresentazione (*f.*), performance
re (*m.*), king
recente, recent
recitare, to recite
regalo, gift, present; **fare un regalo**, to give a gift
regina, queen
regione (*f.*), region
registratore (*m.*), tape recorder
regno, kingdom
regola, rule

regolare, to regulate
Remo, Remus
Renato, René
repubblica, republic
respirare, to breathe
ricco, rich
ricevere, to receive
ridere, to laugh
riga, line, ruler
rigo, line
rimandare, to send back, to postpone
rimanere, to remain
rimproverare, to scold, to reprimand
ringraziamento, thanks, thanksgiving
riparare, to repair
ripetere, to repeat
riso (*p.p.* of **ridere**), laughed
risolvere, to solve
rispettare, to respect
rispondere, to answer
risposta, answer
risposto (*p.p.* of **rispondere**), answered
ristorante (*m.*), restaurant
risultato, result
Rita, Rita
ritardo, delay, lateness; **essere in ritardo**, to be late
ritornare, to return, to come back
riunione (*f.*), meeting, reunion
rivista, magazine
Roberto, Robert
Roma, Rome
romanzo, novel
Rosa, Rose
rosa, rose
rosso, red
rumore, noise
Russia, Russia
russo, Russian

sa (*pres.* of **sapere**), he knows
sabato, Saturday
sai (*pres.* of **sapere**), you know

sala, hall, room; **sala da pranzo**, dining room; **sala d'aspetto**, waiting room
salato, salty
sale (*m.*), salt
saliera, saltshaker
salire, to go up
salotto, living room
saltare, to jump
salutare, to greet
salute (*f.*), health; **salute!**, God bless you!
saluto, greeting
salvarsi, to save oneself
sanno (*pres.* of **sapere**), they know
santo, saint; (*also*): **san, sant'**
sapere, to know, to know how
sappiamo (*pres.* of **sapere**), we know
sarà (*fut.* of **essere**), he will be
sarta, dressmaker
sarto, tailor
sbaglio, lo, mistake, error
scaffale, lo (*m.*), bookcase, bookshelf
scala, staircase, stairs, ladder
scappare, to run away, to escape
scarpa, shoe
scatola, box, can
scendere, to go down, to come down
sceso (*p.p.* of **scendere**), gone down, descended
scienza, science
scienziato, lo, scientist
scimmia, monkey
scimpanzè, lo (*m.*), chimpanzee
scorso, last, past
scritto (*p.p.* of **scrivere**), written
scrittore, lo (*m.*), writer; **scrittrice** (*f.*), writer
scrivania, desk
scrivere, to write; **scrivere a macchina**, to type

scultore (*m.*), sculptor
scuola, school
scusare, to excuse; **scusarsi**, to excuse oneself
se, if, whether
sè, himself, herself, yourself, itself, oneself, themselves
secolo, century
secondo, second
sedere, to sit; **sedersi**, to sit down
sedia, chair
sedici, sixteen
segretaria, secretary
segreto, secret
seguire, to follow
sei, six
sei (*pres.* of **essere**), you are
semplice, simple
sempre, always
sentire, to feel, to hear
sentirsi, to feel
senza, without
sera, evening
serata, evening, evening party
Sergio, Serge
servire, to serve
sessanta, sixty
sesto, sixth
seta, silk
sete (*f.*), thirst; **aver sete**, to be thirsty
settanta, seventy
sette, seven
settembre (*m.*), September
settimana, week
settimo, seventh
sgarbato, rude, ill-mannered
si, himself, herself, yourself, themselves
sì, yes
siamo (*pres.* of **essere**), we are
siccome, as, for, since, because
siete (*pres.* of **essere**), you are
sigaretta, cigarette

significare, to mean, to signify
signora, lady, woman, madam, Mrs.
signore (*m.*), gentleman, man, sir, Mr.
signorina, young lady, Miss
silenzio, silence
Silvana, Sylvana
Silvia, Sylvia
simile, similar
simpatico, charming, nice, agreeable, congenial
sincero, sincere
sindaco, mayor
sinistra, left hand; **a sinistra**, on the left
sinistro, left
so (*pres.* of **sapere**), I know
soddisfatto, satisfied
soffitto, ceiling
soffocare, to suffocate
Sofia, Sophie
soldato, soldier
soldo, penny; **soldi**, money
sole (*m.*), sun
solido, solid, firm
sollevare, to lift
solo, alone
soltanto, only
sonno, sleep
sono (*pres.* of **essere**), I am, they are
sopra, on, upon, above
soprabito, overcoat
sorella, sister
sorprendere, to surprise
sorpresa, surprise
sorpreso (*p.p.* of **sorprendere**), surprised
sotto, under, below, down
sottrazione (*f.*), subtraction
Spagna, Spain
spagnolo, Spanish
spago, string, twine
spalla, shoulder
spazio, space
specchio, lo, mirror

spedire, to send
sperare, to hope
spesso, often
spettacolo, lo, show, performance
spiaggia, beach
spiegare, to explain
spiegazione (*f.*), explanation
spillo, pin
sporco, dirty
sport, lo (*m.*), sport; (*pl.*), **gli sport**
sportello, lo, window (of train, car), ticket window
sportivo, lo, sportsman
sposalizio, wedding
sposare, to marry
spuntino, lo, snack; **fare uno spuntino**, to have a snack
squadra, team
stadio, lo, stadium
stagione (*f.*), season
stamane, this morning
stamattina, this morning
stanco, tired
stanotte, tonight
stanza, room; **stanza da bagno**, bathroom
stare, to be
stasera, tonight
Stati Uniti, gli (*m. pl.*), United States
stato, state
stato (*p.p. of* **stare** *and* **essere**), been
stazione (*f.*), station
Stefano, Stephen
stella, star
stesso, same
stivale, lo (*m.*), boot
stomaco, lo, stomach
strada, road, street
straniero, lo, foreigner, alien
strano, strange
straordinario, extraordinary, overtime
strumento, instrument
studente (*m.*), student
studiare, to study

studioso, studious
stufa, stove; **stufa economica**, kitchen range
su, on, upon, up, over, above; (*with def. art.*): **sul, sull', sulla, sullo; sugli, sui, sulle**
subito, at once, quickly, immediately
succedere, to happen
successo, success
sudicio, dirty, filthy
suo, his, her; (*other forms*): **sua, suoi, sue**
Suo, your, yours (*pol.*); (*other forms*): **Sua, Suoi, Sue**
suonare, to play (a musical instrument), to ring
suonatore (*m.*), player (of instrument)
superiore, above, higher
svegliarsi, to awake, to wake up

tacere, to be silent
tagliare, to cut
tanti, so many, as many
tanto, as, so, so much, as much
tappeto, rug, carpet
tardi, late; **più tardi**, later
tasca, pocket
tavola, table
tazza, cup
te, you, to you
tè (*m.*), tea
teatro, theater
tedesco, German
telefonare, to telephone
telefono, telephone
telegramma (*m.*), telegram; (*pl.*), **i telegrammi**
televisione (*f.*), television
televisore (*m.*), television set
tema (*m.*), theme; (*pl.*), **i temi**
temere, to fear
tempesta, storm, tempest
tempo, time, weather; **a tempo**, on time; **fa**

bel tempo, the weather is fine; **fa cattivo tempo**, the weather is bad
tenere, to hold
Teresa, Theresa
terminare, to finish
terra, earth, ground, land
terrazza, terrace
terreno, ground, soil, land
terribile, terrible
terzo, third
tesoro, treasure
testa, head; **mal di testa**, headache
tetto, roof
ti, you, to you
topo, mouse
tornare, to return
torta, pie, cake
tovaglia, tablecloth
tovagliolo, napkin
tradurre, to translate
tranquillo, calm, tranquil
tratto: ad un tratto, suddenly
tre, three
tredici, thirteen
treno, train
triste, sad
tropicale, tropical
troppi, too many
troppo, too much
troppo, too
trovare, to find
tu, you (*fam.*)
tuo, your; (*other forms*): **tua, tuoi, tue**
tuono, thunder
turista (*m., f.*), tourist
tutti, everyone
tutto, all, everything
tutto, entirely, completely

ubbidire (obbedire), to obey
uccellino, little bird
uccello, bird
udire, to hear
ufficiale (*m.*), officer
ufficio, office; **ufficio postale**, post office

ultimo, last
un (*m.*), a, an, one
un', a, an, one
una (*f.*), a, an, one
undici, eleven
unione (*f.*), union
uno, a, an, one
uomo, man; (*pl.*), **gli uomini; uomo d'affari**, businessman
uovo, egg; (*pl.*), **le uova**
uscio, door
uscire, to go out
utile, useful

va (*pres. of* **andare**), he goes; **va'**, go
vacanza, vacation
vacca, cow
vado (*pres. of* **andare**), I go
vagone (*m.*), railroad car, wagon
vai (*pres. of* **andare**), you go
valigia, suitcase, valise
vanno (*pres. of* **andare**), they go
vario, various
vaso, vase
vassoio, tray
vecchietta, little old lady
vecchio, old
vedere, to see
vendere, to sell
venerdì (*m.*), Friday
Venezia, Venice
venire, to come
venti, twenty
vento, wind; **tira vento**, it's windy
venturo, coming, next
verde, green
verdura, vegetables
verità, truth; (*pl.*), **le verità**
vero, true, real
vestirsi, to get dressed
vestito, dress, suit; **vestito da uomo**, man's suit; **vestito da donna**, woman's suit, dress
vetrina, shop window, showcase

vetro, glass
vi, you, to you
vi = ci, there, here
via, road, street
viaggiare, to travel
viaggio, trip; **fare un
  viaggio**, to take a trip
vicino, near
villa, villa, country house
villaggio, village
vincente, winning
Vincenzo, Vincent
vincere, to win
vinto (*p.p. of* **vincere**),
  won
violetta, violet

violinista (*m., f.*),
  violinist
visione (*f.*), vision
visita, visit
visitare, to visit
visitatore (*m.*), visitor
viso, face
visto (*p.p. of* **vedere**), seen
Vittorio, Victor
vivere, to live
voce (*f.*), voice; **a bassa
  voce**, in a low voice; **ad
  alta voce**, aloud
voglia, desire
voglio (*pres. of* **volere**),
  I want

vogliamo (*pres. of*
  volere), we want
vogliono (*pres. of*
  volere), they want
voi, you (*pl. fam.*)
volare, to fly
volentieri, gladly,
  willingly
volere, to want
volta, turn, time
vostro, your, yours;
  (*other forms*): **vostra,
  vostri, vostre**
vuoi (*pres. of* **volere**),
  you want
vuole (*pres. of* **volere**),

he wants
vuoto, empty

zaino, knapsack
zero, lo, zero
zia, aunt
zio, lo, uncle
zitto, silent, quiet
zoo, zoo
zoppo, lame
zucca, pumpkin;
  (*colloq.*), pumpkin-
  head; **una zucca vuota**,
  a blockhead
zucchero, lo, sugar
zufolo, lo, whistle

Part X. English-Italian Vocabulary

a, an, un, un', una, uno
able: to be able, potere
about, di, circa, verso
above, su, sopra, superiore
accompany, accompagnare
active, attivo
actor, attore (*m.*)
actress, attrice (*f.*)
add, addizionare
addition, addizione (*f.*)
after, poi, dopo
afternoon, pomeriggio
ago, fa
air, aria
airplane, aeroplano
all, tutto; **everyone**, tutti
already, già
also, anche, pure
among, fra, tra
and, e, ed
animal, animale (*m.*)
anniversary, anniversario
answer, risposta (*noun*); rispondere (*verb*)
anyone, qualcuno; **not ... anyone**, nessuno
anything, qualcosa; **not ... anything**, non ... niente (nulla)
Anthony, Antonio
apple, mela
apple tree, melo
April, aprile (*m.*)
arm, braccio; (*pl.*), le braccia
arrive, arrivare
as, come
ask, domandare, chiedere
at, a
attention, attenzione (*f.*)
August, agosto

aunt, zia
autumn, autunno

baby, bambino
bad, cattivo
badly, male
baker, panettiere (*m.*)
bakery, panetteria
bath, bagno
bathe, fare il bagno
bathroom, stanza da bagno (*f.*)
be, essere, stare
beach, spiaggia
bear, orso
beautiful, bello, bel, bell', bella, bei, begli, belle
because, perchè
bed, letto
bedroom, camera da letto (*f.*)
before, prima (*adv.*); davanti (*prep.*)
begin, cominciare, incominciare
behind, dietro
believe, credere
bell, campana; **doorbell**, campanello
below, sotto
beneath, sotto
better, migliore (*adj.*); meglio (*adv.*)
bicycle, bicicletta; **to ride a bicycle**, andare in bicicletta
big, grande, grosso
bird, uccello
birthday, compleanno
bitter, amaro
black, nero
blackboard, lavagna
blouse, camicetta

blue, azzurro, celeste, blu
body, corpo
boil, bollire
book, libro
bookcase, lo scaffale (*m.*)
bookshelf, lo scaffale (*m.*)
born: to be born, nascere; **I was born**, Io sono nato(a)
bottle, bottiglia
boy, ragazzo
breakfast, prima colazione (*f.*)
brick, mattone (*m.*)
bridge, ponte (*m.*)
brief, breve
bring, portare
brother, fratello
brother-in-law, cognato
build, costruire (-isco)
building, edificio
burn, bruciare
but, ma
butcher, macellaio; **butcher shop**, macelleria
butter, burro
buy, comprare
by, da, per

can (to be able), potere
candy, i dolci (*m. pl.*)
car, automobile (*f.*), macchina
carnation, garofano
carpenter, falegname (*m.*)
carpet, tappeto
carry, portare
cat, gatto
ceiling, soffitto

celebrate, celebrare
cent, soldo
chair, sedia
chalk, gesso
cheap, a buon mercato
cheese, formaggio
chicken, gallina; pollo
child, bambino
chin, mento
Christmas, Natale (*m.*)
church, chiesa
city, città; (*pl.*), le città
class, classe (*f.*)
classroom, aula
clean, pulito
clear, chiaro
close, chiudere
cloudy, nuvoloso
coat, giacca; **fur coat**, pelliccia
coffee, caffè (*m.*)
cold, freddo (*noun*); freddo (*adj.*); **to be cold**, far freddo
collar, colletto
color, colore (*m.*)
come, venire; **come back**, tornare; **come down**, scendere; **come up**, salire; **come out**, uscire
concerning, di
construct, costruire (-isco)
contrary, contrario
cook, cucinare, cuocere; **cooked**, cotto
cost, costare
cotton, cotone (*m.*)
couch, divano
count, contare
country, campagna, paese (*m.*)
cousin, cugino (*m.*), cugina (*f.*)

389

cow, vacca
cry, pianto, grido (*noun*);
  piangere (*verb*)
cup, tazza
cut, tagliare

daisy, margherita
dance, ballare
dance, ballo, danza
daughter, figlia
daughter-in-law, nuora
day, giorno, giornata;
  day after tomorrow,
  dopodomani; **name**
  day, onomastico
deal: **a great deal,** molto
December, dicembre (*m.*)
dentist, dentista (*m., f.*)
deny, negare
depart, partire
descend, scendere
desire, desiderio (*noun*);
  desiderare (*verb*)
desk, banco, scrivania
die, morire
difficult, difficile
diligent, diligente
dine, pranzare
dining room, sala da
  pranzo (*f.*)
dinner, pranzo
dirty, sporco, sudicio
dish, piatto
divan, divano
divide, dividere
division, divisione (*f.*)
do, fare
doctor, dottore (*m.*),
  medico
dog, cane (*m.*)
dollar, dollaro
door, porta, uscio
down: **come down,**
  scendere
dozen, dozzina
dress, veste (*f.*), vestito
dress, vestirsi
drink, bere
druggist, farmacista
  (*m., f.*)
drugstore, farmacia

ear, orecchio
early, presto, di buon'ora

earth, terra
Easter, Pasqua
easy, facile; **easy chair,**
  poltrona
eat, mangiare
egg, uovo; (*pl.*), le uova
eight, otto
eighteen, diciotto
eighth, ottavo
eighty, ottanta
either, o
electrician, elettricista
  (*m.*); (*pl.*), gli
  elettricisti
eleven, undici
empty, vuoto
end, fine (*f.*)
England, Inghilterra
English, inglese
enjoy: **enjoy oneself,**
  divertirsi
enter, entrare
erase, cancellare
eraser, gomma; **black-**
  board eraser, cancellino, cassino, cimosa
evening, sera, serata;
  this evening, stasera;
  last evening, ieri sera
ever, mai; **not ever**
  (never), non . . . mai
everyone, tutti
everything, tutto
examination, esame (*m.*)
example, esempio
excuse, scusa (*noun*);
  scusare (*verb*)
exercise, esercizio
  (*noun*); (*pl.*), gli esercizi
expensive, caro, a caro
  prezzo
explain, spiegare
eye, occhio
eyeglasses, gli occhiali
  (*m., pl.*)

face, faccia, viso
facing, dirimpetto (a)
fall, caduta (*noun*);
  cadere (*verb*)
fall, autunno
family, famiglia
famous, famoso
fast, rapidamente

fat, grasso
father, padre (*m.*)
favor, favore (*m.*),
  piacere (*m.*)
feast, festa
February, febbraio
feel, sentirsi
field, campo
fifteen, quindici
fifth, quinto
fifty, cinquanta
find, trovare
fine, bravo, buono
finger, dito; (*pl.*), le dita
finish, finire (-isco)
first, primo (*adj.*); prima
  (*adv.*)
five, cinque
flag, bandiera
floor, pavimento, piano
fly, mosca (*noun*); volare
  (*verb*)
fog, nebbia
food, cibo
foot, piede (*m.*)
for, per
forehead, fronte (*f.*)
forever, sempre
forget, dimenticare,
  scordarsi
fork, forchetta
forty, quaranta
four, quattro
fourteen, quattordici
France, Francia
French, francese
Friday, venerdì (*m.*)
friend, amico, amica
from, da
front: **in front (of),**
  davanti (a)
fruit, frutta
full, pieno
fur (garment), pelliccia;
  fur coat, pelliccia
furniture, i mobili
  (*m. pl.*)

German, tedesco
get: **get back,** ritornare;
  get dressed, vestirsi; **get**
  up, alzarsi
gift, regalo, dono
girl, ragazza

give, dare
glass, vetro; **drinking**
  glass, bicchiere (*m.*)
go, andare; **go down,**
  scendere; **go out,** uscire
good, buono, bravo
grandfather, nonno
grandmother, nonna
grass, erba
gray, grigio
great, grande; **a great**
  deal, molto
green, verde
greet, salutare
greeting, saluto
grocer, droghiere

hair (*sing.*), capello
half, metà (*f., noun*);
  (*pl.*) le metà; mezzo
  (*adj.*)
hand, mano (*f.*); (*pl.*),
  le mani
handkerchief, fazzoletto
handsome, bello
happy, contento, felice
hard, duro, difficile
haste, fretta
hat, cappello
have, avere; **to have a**
  good time, divertirsi
have to (must), dovere
he, egli, lui
head, testa, capo
headache, mal di testa
  (capo) (*m.*)
health, salute (*f.*)
healthy, sano
hear, sentire, undire
heavy, pesante
Hebrew, ebraico
help, aiuto (*noun*);
  aiutare (*verb*)
her, suo, sua, suoi, sue
  (*adj.*); la lei (*pron.*)
here, qui, qua; **here is**
  (are), ecco
high, alto
him, lo, lui
himself, si, se stesso, sè
his, suo (*adj.*); suoi, sue
  (*pron.*)
hold, mantenere, tenere
holiday, giorno festivo

hope, speranza (*noun*);
sperare (*verb*)
horse, cavallo
hospital, ospedale (*m.*)
hot, caldo
hour, ora
house, casa
how?, come?; **how
much?**, quanto; **how
many?**, quanti
however, però
hundred, cento
hunger, fame (*f.*); **to be
hungry**, aver fame
hurry, fretta
husband, marito

I, io
if, se
ill, malato
ill-mannered, sgarbato
immediately, subito
in, in
ink, inchiostro
inside, dentro
insipid, insipido
interesting, interessante
it, esso, essa, lo, la
Italian, italiano
Italy, Italia
its, suo, sua, suoi, sue

jacket, giacca
January, gennaio
July, luglio
June, giugno
just, giusto

keep, tenere, mantenere
key, chiave (*f.*)
kilogram, chilo
kilometer, chilometro
kitchen, cucina
knife, coltello
know, sapere,
conoscere; **know how**,
sapere

ladder, scala
lady, donna; **young
lady**, signorina
lake, lago
lamp, lampada
land, terra, terreno
language, lingua

large, grande, grosso
last, ultimo, scorso
late, tardi, in ritardo
laugh, ridere
lawyer, avvocato
leaf, foglia
learn, imparare
leave, partire, uscire da
left, sinistro; **on the left**,
a sinistra
leg, gamba
lend, prestare
less, meno
lesson, lezione (*f.*)
let, permettere, affittare
letter, lettera
library, biblioteca
lie down, coricarsi
light, luce (*f.*) (*noun*);
leggero (*adj.*)
lightning, lampo
like, come (*adv.*); piacere
a (*verb*)
lily, giglio
listen, ascoltare
liter, litro
little, piccolo (*size*); poco
(*quantity*)
live, abitare, vivere
living room, salotto
lock, chiudere a chiave,
serrare
long, lungo
look, guardare
lose, perdere
loudspeaker, altoparlante
(*m.*)
love, amore (*m.*)
(*noun*); amare (*verb*)
low, basso
lunch, merenda,
seconda colazione

madam, signora
magazine, rivista
magnificent, magnifico
make, fare
man, uomo; (*pl.*), gli
uomini
**mannered: well-
mannered**, garbato;
ill-mannered, sgarbato
many, molti; **how
many?**, quanti?

map, carta geografica
March, marzo
market, mercato
marriage, matrimonio,
sposalizio; le nozze
(*f. pl.*)
May, maggio
maybe, forse
me, mi, me
meadow, prato
meal, pasto
measure, misura
meat, carne (*f.*)
medicine, medicina
memory, memoria
meter, metro
midday, mezzogiorno
midnight, mezzanotte
(*f.*)
milk, latte (*m.*)
million, milione (*m.*)
mine, mio, mia, miei,
mie
minus, meno
minute, minuto
Miss, signorina
mist, nebbia
mistake, lo sbaglio
Mister, signore
Monday, lunedì (*m.*)
month, mese (*m.*)
moon, luna
more, più
morning, mattina; **this
morning**, stamattina,
stamane
mother, madre (*f.*)
mountain, montagna,
monte (*m.*)
mouse, topo
mouth, bocca
movies, cinema (*m.*);
(*pl.*), i cinema
Mrs., signora
much: so much, tanto;
how much?, quanto
multipication, moltiplicazione (*f.*)
music, musica
musician, musicista
(*m., f.*)
must, dovere
my, mio, mia; (*pl.*), miei,
mie

name, nome (*m.*); **name
day**, onomastico
napkin, tovagliolo
near, vicino
neck, collo
need, bisogno; **to need**,
aver bisogno
neighbor, vicino, vicina
neither, nè; **neither . . .
nor**, nè . . . nè
nephew, nipote (*m.*)
never, mai, non . . . mai
new, nuovo
newspaper, giornale
(*m.*)
next, venturo, prossimo
nice, bello, simpatico
niece, nipote (*f.*)
night, notte (*f.*)
nine, nove
nineteen, diciannove
ninety, novanta
ninth, nono
nobody, nessuno, non
. . . nessuno
noon, mezzogiorno
nose, naso
not, non
notebook, quaderno
nothing, niente, nulla
November, novembre
(*m.*)
now, adesso, ora
number, numero

obey, obbedire (-isco)
October, ottobre (*m.*)
of, di
offer, offrire
often, spesso
oil, olio
old, vecchio; **to be . . .
years old**, aver . . . anni
on, su, sopra
once, una volta; **at once**,
subito
one, uno, una, un, un'
only, soltanto,
solamente
open, aprire
opera, opera
opposite, dirimpetto (a)
or, o; **or else**, oppure

our, nostro, nostra, nostri, nostre
out, fuori; **to go out**, uscire
outside, fuori
oven, forno
over, sopra

page, pagina
pair, paio; (*pl.*), le paia
pants, i pantaloni (*m. pl.*)
paper, carta
parents, i genitori (*m. pl.*)
parlor, salotto
pass, passare
patience, pazienza
patient, malato(a) (*noun*)
pea, pisello
pear, pera
pear tree, pero
peasant, contadino
pen, penna
pencil, matita
penny, soldo
pepper, pepe (*m.*)
perhaps, forse
permission, permesso
person, persona
pharmacist, farmacista (*m., f.*)
pharmacy, farmacia
phrase, frase (*f.*)
piano, piano, pianoforte (*m.*)
picture, quadro, fotografia
place, posto, luogo (*noun*); mettere (*verb*)
plant, piantare
plate, piatto
play, giocare (*games*); suonare (*instrument*)
poet, poeta (*m.*); (*pl.*) i poeti
poor, povero
porter, facchino, portabagagli (*m.*)
potato, patata
pound, libbra
prefer, preferire (-isco)
president, presidente (*m.*)

price, prezzo
prince, principe (*m.*)
principal, direttore (*m.*), direttrice (*f.*), preside (*m.*)
problem, problema (*m.*); (*pl.*), i problemi
professor, professore (*m.*), professoressa (*f.*)
program, programma (*m.*); (*pl.*), i programmi
promise, promettere
pupil, alunno, alunna
purse, borsa, borsetta
put, mettere

question, domanda
quickly, presto, subito

radiator, calorifero
rain, pioggia (*noun*); piovere (*verb*)
raincoat, impermeabile (*m.*)
rapid, rapido
read, leggere
receive, ricevere
record, disco
record player, giradischi (*m.*)
refrigerator, frigorifero
relative, parente (*m., f.*)
remain, rimanere
repeat, ripetere
rest, riposo (*noun*); riposarsi (*verb*)
restaurant, ristorante (*m.*)
rich, ricco
right, corretto, giusto; **right away**, subito, presto
river, fiume (*m.*)
roast, arrosto (*noun*); arrostire (-isco) (*verb*)
roll (of bread), panino
room, camera, stanza, sala
rooster, gallo
rose, rosa
rule, regola
ruler, riga
run, correre

Russia, Russia
Russian, russo

sad, triste, infelice
Saint, Santo, Santa, San, Sant'
salad, insalata
salt, sale (*m.*)
salty, salato
Saturday, sabato
say, dire
school, scuola
schoolday, giorno di scuola (*m.*)
sea, mare (*m.*)
season, stagione (*f.*)
second, secondo
see, vedere
sell, vendere
send, mandare
sentence, frase (*f.*), proposizione (*f.*)
September, settembre (*m.*)
serve, servire
set (the table), apparecchiare
seven, sette
seventeen, diciassette
seventh, settimo
seventy, settanta
she, essa, ella, lei
sheet (of paper), foglio (di carta) (*m.*)
shelf, lo scaffale (*m.*)
ship, nave (*f.*), piroscafo
shirt, camicia
shoe, scarpa
shoemaker, calzolaio; **shoemaker's shop**, calzoleria
shop, negozio, bottega
short, corto, breve, basso
shoulder, spalla
show, spettacolo (*noun*); mostrare (*verb*)
shut, chiudere
sick, malato
sideboard, credenza
side dish, contorno
sidewalk, marciapiede (*m.*)
silent, zitto
silk, seta

sing, cantare
sir, signore
sister, sorella
sister-in-law, cognata
sit, sedere
six, sei
sixteen, sedici
sixth, sesto
sixty, sessanta
size, misura, numero
skate, pattinare
skates, i pattini (*m. pl.*)
skirt, gonna
sky, cielo
sleep, sonno (*noun*); dormire (*verb*); **to be sleepy**, aver sonno
slow, lento
snack, lo spuntino, merenda
snow, neve (*f.*) (*noun*); nevicare (*verb*)
so, così, tanto
soap, sapone
soccer, calcio
sock, calzino
sofa, divano
soldier, soldato
some, qualche; (*also*): dello, del, della, dell'; dei, degli, delle
someone, qualcuno
son, figlio
son-in-law, genero
sorry: to be sorry, dispiacere a
Spain, Spagna
Spanish, spagnolo
speak, parlare
spend, spendere; **to spend time**, passare del tempo
spring, primavera
staircase, scalinata, scala
star, stella
station, stazione (*f.*)
stay, stare
steel, acciaio
still, ancora
stocking, calza
stomach, lo stomaco
store, negozio
storekeeper, negoziante (*m.*)

storm, tempesta
street, strada, via
strong, forte
studious, studioso
study, lo studio (*noun*);
  studiare (*verb*)
subtraction, sottrazione
  (*f.*)
sugar, lo zucchero;
  sugar bowl, zuccheriera
suit, vestito, abito
suitcase, valigia
summer, estate (*f.*)
sun, sole (*m.*)
Sunday, domenica
sweet, dolce
swim, nuotare

table, tavola
tablecloth, tovaglia
tablespoon, cucchiaio
take, prendere
tall, alto
tape, nastro; **magnetic
  tape**, nastro
  magnetico
tape recorder, magnetofono, registratore (*m.*)
taste, assaggiare, gustare
tasteless, insipido
tea, tè (*m.*)
teach, insegnare
teacher, maestro, maestra
teaspoon, cucchiaino
television, televisione
  (*f.*); **television set**,
  televisore (*m.*)
tell, dire, raccontare
ten, dieci
tennis, tennis
tenth, decimo
than, di, che
thank, ringraziare
thank you, grazie
that, quello (*also* quel,
  quella, quell'); **that is**,
  cioè
the, il, lo, l', la; i, gli, le

their, loro
them, li, le, loro
then, allora, poi
there, là, lì; **there is**, c'è;
  there are, ci sono
these, questi
they, essi, esse, loro
thin, magro
thing, cosa
think, pensare
third, terzo
thirst, sete (*f.*); **to be
  thirsty**, aver sete
thirteen, tredici
thirty, trenta
this, questo
those, quelli; (*also*):
  quei, quegli, quelle
thousand, mille; (*pl.*),
  mila
three, tre
thunder, tuono
Thursday, giovedì (*m.*)
thus, così
ticket, biglietto
tie, cravatta
time, tempo, orario;
  what time is it?, che
  ora è?, **to have a good
  time**, divertirsi
tip, mancia
to, a
today, oggi
tomorrow, domani
tongue, lingua
tonight, stanotte
too, anche, pure; **too
  much**, troppo
tooth, dente (*m.*)
topcoat, soprabito
town, villaggio, paese
  (*m.*)
train, treno
translate, tradurre
travel, viaggiare
trousers, i pantaloni
  (*m. pl.*)
trunk, baule (*m.*)

try, tentare, provare,
  cercare di
Tuesday, martedì (*m.*)
twelve, dodici
twenty, venti
two, due

ugly, brutto
under, sotto
understand, capire
  (-isco)
United States, gli Stati
  Uniti (*m. pl.*)
upon, sopra, su
us, ci, noi
useful, utile

vacation, vacanza
valise, valigia
vegetables, verdura,
  legume, ortaggio
village, villaggio, paese
  (*m.*)
vinegar, aceto
violet, violetta
visit, visita (*noun*);
  visitare (*verb*)

wait, aspettare
waiter, cameriere (*m.*)
waitress, cameriera
wake: wake up, svegliarsi
wall, muro (*outside*);
  parete (*f.*) (*inner*)
want, volere
wardrobe, armadio,
  guardaroba (*m.*)
wash, lavare; **to wash
  oneself**, lavarsi
watch, orologio (*noun*);
  guardare (*verb*)
water, acqua
way, via
we, noi
weather, tempo
Wednesday, mercoledì
  (*m.*)

week, settimana
weep, piangere
well, bene
well-mannered, garbato
what, che, che cosa
when, quando
where, dove
which, quale, quali, che
white, bianco; (*pl.*),
  bianchi
who, chi, che, il quale,
  i quali
whom, che, chi, il
  quale, i quali
whose, di chi
why, perchè
wife, moglie (*f.*)
wind, vento
window, finestra
winter, inverno
with, con
without, senza
woman, femmina, donna
wood, legno
woods, bosco
wool, lana
work, lavoro (*noun*);
  lavorare (*verb*); **workday**, giorno di lavoro
worker, operaio
world, mondo
write, scrivere

yes, sì
yesterday, ieri
yet, ancora; **and yet**,
  eppure
you, tu, Lei, voi, Loro,
  ti, La, vi, Li, Le
young, giovane
your, tuo; (*other forms*):
  tua, tuoi, tue; Suo,
  Sua, Suoi, Sue; vostro,
  vostra, vostri, vostre;
  Loro

zero, zero